Zu diesem Buch

Erwachsen werden heißt vor allem, sich von den Eltern trennen, den wirklichen und den Ersatzeltern. Das ist für Eltern wie für Kinder keine leichte Sache. Bei den Eltern, insbesondere bei den Müttern, bleibt eine Lücke, die nur schwer als neue Chance zu erkennen ist. An Geschichten und Einsichten zeigt Eva Mühlbauer-Braun, was Ablösung für Eltern und Kinder bedeutet, wie sie sich schon von Geburt an vorbereitet, daß sie bei Mädchen und Jungen unterschiedlich abläuft und warum sie vielen in unserer Industriegesellschaft so schwer fällt.

Dieses Buch ermutigt Eltern, die Selbständigkeit ihrer Kinder zu unterstützen. Nur dann kann sich aus dem Verhältnis zwischen Eltern und Kindern eine Beziehung zwischen gleichberechtigten Erwachsenen entwickeln.

Eva Mühlbauer-Braun wurde im Jahr 1934 im Schwäbischen geboren. Nach einer Buchhandelslehre und Arbeit im Buchhandel studierte sie Soziologie und Politische Wissenschaften. Zur Zeit lebt sie in einer Arbeits- und Lebensgemeinschaft auf dem Lande. Sie ist Mutter einer erwachsenen Tochter. Seit 1978 ist sie in der Erwachsenenbildung tätig.

Eva Mühlbauer-Braun

Erwachsen werden

Wenn Kinder sich aus der Familie lösen: Probleme und Ratschläge

rororo

Rowohlt

Redaktion Wolfgang Müller
Umschlagentwurf Klaus Detjen

Originalausgabe
Veröffentlicht im Rowohlt Taschenbuch Verlag GmbH,
Reinbek bei Hamburg, Juli 1987

Satz Baskerville (Linotron 202)
Gesamtherstellung Clausen & Bosse, Leck
Printed in Germany
1280-ISBN 3 499 18348 x

Inhalt

7
Die Kleinfamilie 173

Für Ermutigung
und produktiven Widerstand
danke ich Georg,
Gerhard und Renate Breidenstein,
Godfried Kroes und anderen

I Einleitung

Wie ich dazu kam, dies Buch zu schreiben

Als meine Tochter mit 16 ausziehen wollte, fand ich das gut und richtig. Ich dachte, daß ich ihr gegeben hatte, was ich ihr geben konnte. Ich hielt für sinnvoll, daß sie ihre Möglichkeiten und ihren Horizont erweitern wollte. Die Schulmüdigkeit, aus der ihr Entschluß resultierte, war mir nur zu leicht nachvollziehbar.

Sie zog von der Großstadt aufs Land, zusammen mit anderen jungen Leuten, aus unserer zentralgeheizten Wohnung mit dem Gymnasium um die Ecke in einen Bauernhof mit Ofenheizung, eine Stunde im Schulbus entfernt vom Gymnasium in der nächsten Kleinstadt. Die jungen Leute führten ihren eigenen Haushalt. Sie lernten also, so dachte ich, daß das Essen nicht vom Himmel fällt und die gewaschene und geflickte Wäsche auch nicht, und was das alles so kostet. Nicht, daß sie ein in dieser Beziehung verwöhntes Kind gewesen wäre, aber natürlich bedeutete ein selbständiger Haushalt mehr. Über die anfallenden Arbeiten, auch Putzen und Spülen, würden sich die jungen Leute, so hoffte ich, einigen.

Auch bei mir war Schulmüdigkeit das Motiv gewesen, mit 16 Jahren die Schule zu verlassen und eine Buchhandelslehre zu beginnen. Auch ich war deshalb mit 16 von zu Hause ausgezogen. Ich war allerdings aus der Kleinstadt in die Großstadt gezogen, weil es nur dort richtige Buchhandlungen gab. Lauter «Sachzwänge» also, weniger «innere» Gründe.

Es ist mir gut bekommen, so urteile ich jedenfalls im Rückblick, aus dem kuscheligen, aber engen Familienmilieu herauszutreten. Ich fühlte damals, und daran erinnerte ich mich jetzt, als meine Tochter den Schritt in die Selbständigkeit tun wollte, daß es wichtig für mich gewesen war, mehr und mehr für mich selbst zu stehen.

Ich fand es gemütlich-heimelig bei uns zu Hause mit vier Geschwistern, und ich mußte mich dazu zwingen, die Abstände zwischen den Besuchen zu Hause immer mehr auszudehnen. Zuerst fuhr ich jedes Wochenende heim, dann alle 14 Tage, dann nur noch alle vier Wochen. An den Wochenenden dazwischen unternahm ich etwas mit meinen Freundinnen oder kriegte Besuch von meinem ersten Freund. Aber es war immer ein Gefühl von Ungeschütztheit dabei, von selbstauferlegter Härte, die ich aushalten wollte, weil es gut für mich war.

Als meine Tochter auszog, stand ich auf der anderen Seite bei diesem Prozeß des allmählichen Sichentfernens, auf der Elternseite – und Rea ist meine einzige Tochter.

Nach ihrem Auszug spürte ich erst allmählich, wie ungeheuer schmerzlich und wie endgültig die Trennung war. Etwas war für immer und ewig vorbei. Eine große Nähe und eine große Vertrautheit, die wir 16 Jahre miteinander gehabt hatten. Beides war mehr, als dies je mit einem Liebespartner möglich wäre, und war doch auch mit einer Liebesbeziehung vergleichbar. Beides war in dieser Form unwiderruflich vorbei.

Für solche Eltern, für die diese Äußerung nicht ganz nachvollziehbar ist, möchte ich noch erwähnen, daß ich zwar eine schwierige Mutter des Säuglings und Kleinkindes Rea war, aber eine begeisterte Mutter der Vier- bis Sechzehnjährigen, daß also kaum ein Moment der Erleichterung als Gegengewicht zur Trauer spürbar war. Bei einer Mutter mehrerer Kinder ist das sicher anders.

Um so größer war deshalb mein Erschrecken, als Rea sich mehr von mir ab- und anderen Leuten zuzuwenden schien – mehr als ich dies erwartet hatte. Ich schien nicht mehr – neben ihrem Freund – die wichtigste Person für sie zu sein; plötzlich kam es zwischen uns zu kurzen, harten Auseinandersetzungen; sie reagierte äußerst empfindlich auf die – wie ich meinte – sehr geringen Erwartungen, die ich noch an sie stellte; sie beendete eine Meinungsverschiedenheit am Telefon mit dem Satz: «So wie du will ich ganz bestimmt nie werden!» und stellte mich ein anderes Mal mit ihrer Freundin als Zeugin zur Rede, wegen meiner unerträglichen «Dominanz» in einer Situation des vorangegangenen Tages. Das Wort mußte sie gerade neu gelernt haben.

Ich wurde also allmählich hellhörig dafür, daß es da ein Problem gab, und offenbar gab es das nicht nur bei mir.

Als nächstes fiel mir auf, daß meine Freundin Mascha, deren Tochter Verena Rea mit auf ihren Landtrip gelockt hatte, ebenfalls ziemlich verzweifelt reagierte. Wie bei mir kam diese Reaktion erst nach dem Auszug. Denn auch sie hatte als liberale Mutter sofort zugestimmt, als Verena den Wunsch äußerte, aufs Land zu ziehen. Dabei traf Mascha der Wunsch der Tochter wesentlich unvermittelter als mich, die ich schon ein Dreivierteljahr mit Rea gemeinsam Erkundigungen über die neue Schule etc. eingeholt hatte. Noch mehr wurde sie jedoch überrascht davon, wie schnell und gründlich sich Verena von der Familie absetzte. Maschas Besuche auf dem Hof schien Verena plötzlich nur noch lästig zu finden, auch körperliche Nähe wollte sie auf einmal nicht mehr.

Allmählich gewann ich den Eindruck, daß wir Eltern zwar alle mehr oder weniger damit rechnen, daß unsere Kinder irgendwann erwachsen werden und ausziehen, aber daß wir doch sehr wenig darauf vorbereitet sind. Wir erfahren, wenn wir Glück haben, etwas über Probleme der Erziehung von Säuglingen und Kleinkindern, vielleicht auch noch über die besonderen Schwierigkeiten der Pubertätsphase, aber was danach geschieht und was wir dann als «normal» ansehen sollen und wie eine «erwachsene» Reaktion auf diesen Prozeß des Erwachsenwerdens und der Lösung aus der Familie aussieht, darüber wissen wir äußerst wenig. Zu diesem Thema gibt es wenig Informationen, Beratungs- oder Selbsthilfeeinrichtungen zu diesem Problem fehlen fast vollständig.

Auch die Erinnerung an die eigene Jugend half mir jetzt wenig. Ich erinnere mich nicht, daß ich mich derartig schnell und gründlich von meiner Mutter abgesetzt hätte. Bei mir hatte es sich mehr um die Ablösung aus dem «Familiennest» gehandelt. Rea als Einzelkind hatte wohl weniger dies Nestgefühl, dafür war unser Verhältnis zueinander enger als das zwischen meiner Mutter und mir, zumal meine Mutter fünf Kinder großzog, von denen einige ihr näherstanden als ich.

Anscheinend gab es außerdem ein «historisches» Moment beim unterschiedlichen Verlauf der Ablösung. Die Sätze «Wir waren damals nicht so frech» oder «Bei uns hätte es solche Ansprüche nicht gegeben» bezeichnen nicht *nur* mangelhafte Erinnerung oder Verdrängung von Tatsachen, sie haben auch einen sehr realen Hintergrund. Sowohl Lebenspläne als auch viele Gepflogenheiten und Gebräuche, der Stand der Technik, die materielle Ausstattung des Lebens usw. waren in unserer Jugend völlig andere als heute. Um nur einen Unterschied zu nennen: Heutzutage fahren Jugendliche mit dem Familienauto weg; oft sogar schon mit dem eigenen, das gleichzeitig mit dem Führerschein erworben oder ihnen von den Eltern geschenkt wird.

Bald bemerkte ich, daß Mascha und ich mit unseren Töchtern keineswegs besonders krasse oder dramatische Erfahrungen machten. In einem Volkshochschulseminar «Trautes Heim – Glück allein» erzählte Frau Konrad von ihren Problemen: Sie hatte vor kurzem aufgehört zu arbeiten, um sich ganz ihrer 17jährigen Tochter zu widmen. Aber kein «trautes Heim» kam zustande, geschweige denn traute Zweisamkeit zwischen Mutter und Tochter. Die Tochter war gewöhnt, ziemlich selbstbestimmt zu leben, ihre eigene Musik zu hören, Freunde und Freundinnen mit nach Hause zu bringen, während Frau Konrad im Büro war. Nun fing die Mutter plötzlich an, ihre schräge Frisur und ihre ausgeflippten Kleider zu kritisieren und Kontrolle über ihre Abwesenheiten und ihre Aktivitäten auszuüben. Die Tochter entzog sich diesem Druck und wurde «aushäusig», das führte wiederum zu noch größerem Entsetzen von Frau Konrad. Für uns Zuhörende waren der Auszug der Tochter und auch dessen Formen absehbar. Frau Konrad jedoch berichtete von dem Gefühl, daß ihr die Tochter «mißlungen» sei, während sie ihrer Berufstätigkeit nachgegangen war. Das schlechte Gewissen, das sie schon zur Aufgabe ihrer Arbeit veranlaßt hatte, wuchs: Sie hätte eben früher aufhören sollen...

Die meist jüngeren Mütter in der Gruppe reagierten glücklicherweise liebe- und verständnisvoll: «Wir wissen ja nicht, wie es uns gehen wird, wenn unsere Kinder einmal siebzehn sind. Aber es wäre sicher besser für euer Verhältnis, wenn du deine Tochter, ihr Verhalten und ihren Geschmack akzeptieren könntest. Oder würdest du es mögen, wenn dir jemand vorschreiben würde, welche Frisur und welche Mode du zu tragen hast?» (Frau Konrad war recht bieder gekleidet und frisiert.)

Ein weiterer krasser Fall ist der Rundbrief einer Mutter, Frau

Schalke, geschrieben aus Angst, weil sie sich durch ihre Tochter bedroht fühlte und Freunde und Verwandte verständigen wollte. Die Tochter, die bereits ausgezogen war und in einer anderen Stadt studierte, hatte sie bei einem Wochenendbesuch geschlagen. Kurze Zeit vorher hatte Frau Schalke noch erwogen, gemeinsam mit ihrer Tochter ein Studium anzufangen.
Bisher war nur von Töchtern und Müttern die Rede, bedingt durch meine Lebensgeschichte und meine Erfahrungen. Also ein Zufall. Weniger zufällig erscheint mir, daß Mütter betroffener reagieren als Väter. Diese empfinden die Trennung weniger schmerzhaft oder lassen sich weniger anmerken, was beides sicher mit der typischen Männerrolle in unserer Gesellschaft zu tun hat. (Vergleiche Kapitel 6)

Ich will schließlich noch eine Mutter-und-Sohn-Geschichte erzählen. Bei einer unverbindlichen Informationsrunde vor einem Seminar der Erwachsenenbildung kam eine Mutter mit ihrem 25jährigen Sohn zu mir. Sie sprach ausschließlich stellvertretend für den jungen Mann, so daß ich zuerst dachte, daß sie selbst die Interessentin wäre. Nur mit Mühe konnte ich erreichen, daß der Sohn selbst ein wenig berichtete. Verschiedene Anzeichen in Mimik und Körpersprache deuteten darauf hin, daß er schon Lust gehabt hätte, mitzumachen. Am Nachmittag rief die Mutter an, daß sie das Seminar doch nicht für geeignet halte für ihren Sohn; die meisten anderen Teilnehmer, die sie gesehen hatte, seien älter, da komme er doch nicht mit und würde sich auch nicht wohlfühlen. «Mutter, laß mi raus aus deine Krall'n», fällt mir dazu ein, gesungen von Konstantin Wecker.

Auch auf der Seite der «erwachsenen» Kinder stieß ich, nachdem ich aufmerksam geworden war, immer wieder auf das Problem der Ablösung. Bei gestandenen Männern und Frauen hatte ich jetzt öfter den Eindruck, als hätten sie irgend etwas übersprungen, so daß es ihnen nicht gelungen war, das Verhältnis zu ihren eigenen Eltern zu klären. So war ich einmal mit einer etwa vierzigjährigen Frau, Stiefmutter von zwei fast erwachsenen Töchtern, auf einem Fest. Es war lustig, und es wurde später und später, so daß sie beschloß, an Ort und Stelle zu übernachten und die ca. 30 km zu ihrem Vater (bei dem sie zu Besuch war) erst am nächsten Tag zurückzulegen. Welches Klein-Mädchen-Stimmchen, als die Vierzigjährige am nächsten Morgen den telefonischen Anpfiff ihres achtzigjährigen Vaters entgegennahm, und welcher schrille Ton, als sie sich schließlich zu dem Satz entschloß, *so* lasse sie nicht mehr mit sich reden!

Ich erinnere mich nicht jemals so verprügelt worden zu sein. Ich bin voll blauer Flecken, die ich morgen meinem Psychiater zeigen werde.

Auch bei Teilnehmerinnen meiner Frauenseminare erfuhr ich von Schwierigkeiten mit den eigenen Eltern. Immer wieder sind Übungen und Rollenspiele notwendig, um sich von den Eltern abgrenzen zu lernen, ihnen zu sagen, daß frau sie zwar mag, aber zum Beispiel nicht so oft mit ihnen zusammensein möchte, oder es nicht ertragen kann, wenn die Eltern sich in den eigenen Haushalt oder die eigene Kindererziehung einmischen etc. Immer wieder erzeugt das Thema bebende Stimmen, Erregung. Im Seminar machen wir uns klar, daß es sich um die Ängste des ehemaligen Kindes handelt, den Unmut derer zu erregen, von denen es abhängig ist; daß aber die Abhängigkeit inzwischen objektiv nicht mehr besteht, sich vielleicht sogar verkehrt hat: Das heißt, die Eltern sind jetzt von Sohn oder Tochter abhängig, das «Stimmchen» und die Angst entsprechen nicht mehr der Realität der Beziehungen.

Bei einer geburtstäglichen Tischrunde erwähnte eine junge Frau von etwa dreißig Jahren, daß sie ihre Mutter «o. k.» finde, ja, sie finde sie uneingeschränkt «toll» und fahre auch sehr gerne nach Hause, ohne Wenn und Aber. Die Runde horchte auf. Ungläubige Blicke. Das schien doch nicht möglich. Das Thema war da. Und nun wurde ausgesprochen, daß und warum das bei allen anderen nicht so war.

Meiner Meinung nach gibt es so etwas wie einen Generationsunterschied: Die Ängste und bebenden Stimmchen sind heute, bei unseren Kindern, nicht mehr zu beobachten. Da sind es eher wir, die darum zittern, ob die Kinder uns weiterhin lieben, ob sie uns womöglich anschreien oder gar prügeln, ob sie ihr Leben in irgendeiner Form noch mit uns teilen werden. Der Ton der Kinder uns gegenüber ist burschikos, oft grob, das Verhältnis offen. Es scheint, als handele es sich um zwei verschiedene Vorgänge: Unser Weggehen von den Eltern, ein scheinbar mehr äußerer Vorgang, in dem wir allmählich die Bestimmung über uns selbst übernahmen (im Glücksfall!), und das Weggehen unserer Kinder von uns, vielleicht ein mehr innerer Vorgang, bei dem sich die Identifikation unserer Kinder mit uns auflöst: «So wie du möchte ich nicht sein.»

Für wen ich das Buch geschrieben habe

Alle meine Beispiele und alle, die den Lesern und Leserinnen einfallen werden, zeigen, daß es sich beim Thema «Ablösung» um ein Lebensthema handelt, um eines, das ein Leben lang währt und unser Leben bestimmt. Jeder Mensch plagt sich immer wieder damit herum, besonders heftig in zwei Lebensabschnitten: als Sohn oder Tochter, der oder die sich von den Eltern löst, und dann noch mal als Elternteil, von dem sich ein Kind löst. Und wie die zweite Ablösung gelingt, hängt unter anderem häufig davon ab, wie die erste gelungen ist.

Das Lebensthema Ablösung und Abschied erleben wir aber auch in anderen Bezügen. Eine Ablösung vollzieht sich ja auch, wenn Partner oder Freunde sich trennen, oder dann, wenn ich mich von einem Ort, mit dem mich Erinnerungen verbinden, entferne, von einem Arbeitsplatz, von Gewohnheiten, Standpunkten oder einer Lebensphase Abschied nehme. Dann beginnt die «Trauerarbeit» (wie die Psychoanalytiker sagen), um solche Ablösungen zu verarbeiten.

Wie soll ich also mein Thema eingrenzen und Strukturen gewinnen? Mein Thema ist die Ablösung Jugendlicher vom Elternhaus, vor allem als Problem der Eltern gesehen. Zum Ablösen gehört das Loslassen. Ich schreibe dies Buch also für Eltern und ältere Geschwister oder Lehrherren und andere Personen, die in Elternrollen hineingeraten, und für Vater- oder Mutter-Ersatzfiguren aller Art.

Die Probleme aus der Sicht der Kinder und die psychisch-körperliche Entwicklung, die Kinder im Lauf des gesamten Prozesses durchmachen, stelle ich nur soweit dar, als es für Eltern und deren Verständnis der Ablösung wichtig ist. (Siehe Kapitel 3)

Heinz Piontek
Vergängliche Psalmen

Abschied ist immer Verlust.
Und was Du mir wiederschenkst,
gilt weniger als einst,
ist leichter geworden und durchsichtig:
wie die Rauchfahne des Hirtenfeuers oben im Wind.

(In: vom Abschied, Frankfurt/M. 1987, S. 67)

Die oft heftigen und schmerzhaften Konflikte, die während der Ablösungsphase das Familienleben durcheinanderbringen, werden in aller Regel den Jugendlichen angelastet. Der Sohn, die Tochter ist scheinbar die Ursache des Problems. Ich möchte mit diesem Buch darauf hinweisen, wie stark der Vater oder die Mutter den Konflikt selbst verursachen. Sie, die bereits Erwachsenen und damit diejenigen, die das Geschehen in der Familie vor allem bestimmen, tragen die Hauptverantwortung dafür, ob sich die notwendige Ablösung der Kinder leichter oder schwerer vollzieht.

Was ich nicht möchte, ist schlechtes Gewissen verursachen und damit Eltern zusätzlich verunsichern. Die ständige Frage an sich selbst: «Hab ich auch alles ‹richtig› gemacht?» ist für die Betroffenen wenig nützlich. Es ist wichtiger, sich vor Augen zu halten, daß Konflikte und auch «Fehler» im Ablösungsgeschehen unvermeidlich sind.

Für die Eltern bedeutet das Akzeptieren der Kinder als erwachsen gewordene Personen und das Abschiednehmen, das damit verbunden ist, gleichzeitig den Abschied von ihrer Elternrolle, die auch ihre bequeme Seite hatte. Vor allem hielt sie uns davon ab, zu prüfen, wer wir inzwischen geworden sind, ob wir auch etwas anderes geworden sind außer Mutter und Vater.

Ich möchte außerdem deutlich machen, inwiefern der Abschied von den «Kindern» als Kinder nicht nur Trennung und «Trauerarbeit» bedeutet, sondern auch eine Chance zur eigenen Weiterentwicklung. Wenn die Kinder ausziehen, müssen auch Eltern noch einmal eine Entwicklung beginnen. Sie stehen dann nur noch für sich selber. Solange ein Mensch den Vorwand hat, gebraucht zu werden, das heißt für jemand anderen zu leben, kann er sich leicht davor drücken, sein eigenes Leben zu klären. Mancher arbeitet zum Beispiel Tag und Nacht «für die Familie» und merkt nicht, daß das Überarbeiten längst sein eigenes «Hobby» geworden ist oder daß es seinem eigenen Sicherheitsbedürfnis dient oder der Flucht vor sich selbst entspringt. (Siehe Kapitel 6)

Jedem Leser und jeder Leserin fallen sicherlich zahlreiche Beispiele dafür ein, wie Eltern versuchen, ihre nicht mehr angemessene Rolle beizubehalten und die Kinder in der ihren festzuhalten. Dabei wird es Ihnen gehen wie mir selbst: Sie werden feststellen, daß Sie nicht die / der einzige sind, die oder der Probleme mit Sohn oder Tochter hat, daß solche Konflikte – mehr oder minder stark – in allen Eltern-Kind-Beziehungen auftreten.

Woran ich mich orientiere

Das Thema Ablösung und Erwachsen-Werden ragt in verschiedene Wissenschaftsbereiche hinein. Es hat einen psychologischen, einen pädagogischen, einen soziologischen, einen anthropologischen, einen historischen und einen politischen Aspekt. Ich möchte mich nach Möglichkeit auch dieser Vielfalt stellen, soweit es meine Fähigkeiten zulassen und es im Rahmen eines einführenden, handlichen Buches möglich ist. Unter psychoanalytischem Aspekt möchte ich den Prozeß der Ablösung als einen Prozeß während der gesamten Kindheit darstellen (siehe Kapitel 3). Ich werde dabei notwendig auf die gesellschaftliche und historische Relativierung dieses Aspektes stoßen. Denn die psychoanalytischen Erklärungsmodelle treffen nur für eine bestimmte Gesellschaftsschicht mit einem bestimmten Erziehungsverhalten und wohl auch nur in einer bestimmten historischen Periode und innerhalb eines bestimmten Kulturkreises zu. Aber sicherlich besitzen sie gerade für unseren Kulturkreis große Bedeutung. Einige wichtige psychische Prozesse sind nur mit ihrer Hilfe zu verstehen. Meine wichtigsten Quellen für diesen Aspekt waren die Werke von Erik H. Erikson und Peter Blos, Helmut Schulze und Helm Stierlin.

Damit stellt sich die Frage: Wie vollzieht sich die Ablösung in anderen Kulturen? Gibt es dieses Phänomen dort überhaupt oder etwas ihm Entsprechendes? Zu dieser Frage und damit zur Verdeutlichung dessen, was bei uns geschieht, habe ich in anthropologischen und ethnologischen Berichten nachgelesen (bei Margaret Mead, Cillie Rentmeister, Bronislaw Malinowski, Ruth Benedict und anderen) und werde im Kapitel «Kleinfamilie» (Kapitel 7) darüber berichten.

Die meisten Anregungen über die Erziehung in dem Kibbuzim verdanke ich dem Bericht von Bruno Bettelheim.

Rasche Veränderungen in unserer eigenen Gesellschaft haben weitreichende Folgen für den Prozeß der Ablösung. Diese sollen im Kapitel «Die moderne Industriegesellschaft» (Kapitel 8) erörtert werden. Gedanken dazu habe ich bei Fritz Riemann gefunden.

Ich hatte Gelegenheit, mit Frau Gerlinde Seidenspinner vom Deutschen Jugendinstitut zu reden, die bei empirischen Forschungen beteiligt war, und mit dem Psychologen Wolfgang Purschke, der in einer Erziehungsberatungsstelle mit Ablösungsproblemen konfrontiert ist. Dem Sammelband des Deutschen Jugendinstituts «Immer diese Jugend» habe ich Fakten und Daten zu Kapitel 5 (Mädchen und Jungen) entnommen.

Durch eine Befragung von Jugendlichen, die noch zu Hause wohnen oder vor nicht allzu langer Zeit ausgezogen sind, und eine Befragung von deren Eltern, versuchte ich, aktuell zu bleiben und ein breites Spektrum von Aussagen zu erhalten. Auch wenn ich es keinesfalls leisten konnte, repräsentativ zu befragen und auszuwerten, so ergibt sich, wie ich hoffe, durch die Offenheit und das Vertrauen der Befragten doch ein lebendigeres Bild von dem, «was es alles gibt». Meine anfängliche Hoffnung, daß es möglich wäre, gute Tips und praktische Hilfen zusammenzustellen, ist im Lauf dieser Sondierungen geschrumpft. Ich habe gesehen, daß der Prozeß des Erwachsenwerdens bei jedem Jugendlichen und jedem Elternteil jeweils anders abläuft. Es bleibt wenig übrig, von dem ich sagen würde: «So ist das richtig. So sollte das gehen.» Zumal ich an Patentrezepte ohnehin nicht glaube. Ganz wichtig für das Buch, letztlich wichtiger als die Fachliteratur, die ich zu Rate zog, und wichtiger auch als meine Erhebung, waren zahllose informelle Gespräche mit Freunden und Bekannten, die als Eltern vom Problem der Ablösung betroffen waren und diese Phase offen, bewußt, reflektierend erlebt hatten.

Was ich für das Ziel der Ablösung halte

Eine Ablösung oder Loslösung der Kinder von der Herkunftsfamilie hat, grob gesagt, dann stattgefunden, wenn die Herangewachsenen selbständig im Leben zurechtkommen, das heißt, wenn sie genügend Beziehung (aus der Familienzeit) in sich selbst aufgenommen haben, um sich «bezogen» verhalten zu können. Mit «bezogen» meine ich so etwas wie situationsentsprechend: nämlich ohne immer und überall irgendwelchen Ersatzeltern die Verantwortung für das eigene Leben aufzubürden.

Jugendliche haben sich dann von ihrer Familie gelöst, wenn sie eine Identität für sich entwickelt haben, die nicht lediglich durch den Familienrahmen bestimmt ist, das heißt, wenn sie eigene Lebensziele entwikkelt haben. Ein Kennzeichen dafür, daß sie so «weit» sind, ist meiner Meinung nach ein realistisches Bild von den eigenen Eltern. Ein(e) Herangewachsene(r) kann, wenn er (sie) die Eltern realistisch sieht, ihre guten Eigenschaften benennen und ihre Schwächen. Er (sie) wird nicht, wie Brigitte (23 Jahre), von der Mutter sagen, sie habe keine einzige gute Eigenschaft, oder, wie Felix (22 Jahre), von seiner Mutter behaupten, sie habe keine einzige Eigenschaft, die ihm mißfalle.

Das Wort «erwachsen» bezeichnet ein großartiges, weitgestecktes Ziel, das selten ganz erreicht wird und auch schwer genau zu umreißen ist. Sicher verbindet jede(r) Leser(in) eigene Vorstellungen mit diesem Begriff. Im folgenden will ich versuchen, mich meinem eigenen Begriff vom Erwachsensein assoziativ anzunähern.

Das Wort «erwachsen» deutet für mich eine weitere Wegstrecke an, nachdem die Loslösung bereits gelungen ist. Wenn eine(r) den Eltern *ent*wachsen ist, kann er (sie) *er*wachsen werden. Das Entwachsen ist gewissermaßen die Voraussetzung; aber es muß noch etwas hinzukommen. Erwachsensein bedeutet *mehr* als Abgelöstsein.

Erwachsensein heißt auch: unabhängig sein von den Eltern. Aber gibt es «Unabhängigkeit»? Ein kleines Beispiel: Ein junger Mensch entscheidet sich selbständig, wenn er nicht deshalb eine bestimmte Partei wählt, weil sein Vater sie wählt, aber auch nicht deshalb eine Partei wählt, weil sein Vater gerade diese niemals wählen würde. Die «Unabhängigkeit» ist dabei schwierig zu erkennen, weil ein und dasselbe Verhalten Verschiedenes bedeuten kann. Ein junger Mensch kann autonom, also selbständig, entschieden haben, wenn er dieselbe Partei wählt wie der Vater oder wenn er eine andere Wahlentscheidung getroffen hat als der Vater.

Ich erkenne heute, daß meine Entscheidung, politische Wissenschaften und Soziologie zu studieren, nicht vollständig autonom und damit erwachsen war, weil sie eine Trotzreaktion gegen die Schule enthielt. Ich wollte auf keinen Fall ein Fach wählen, das in der Schule vorkommt.

Erwachsensein heißt also autonom sein, das heißt unabhängig nicht nur von den Eltern, sondern auch von Ersatzeltern aller Art – Schule, Gruppen, Gurus, Ehepartner. Abhängig kann ich sogar von den eigenen Kindern sein. Abhängig von Eltern oder Ersatzeltern bin ich dann, wenn ich diese als mir überlegen empfinde, so wie ein Kind die Erwachsenen sieht. Das schließt nicht aus, daß ich in erwachsener Weise feststelle, daß jemand anderes irgend etwas «besser» kann als ich oder auch spezielle Fähigkeiten hat, die ich vielleicht nicht besitze.

Demnach heißt Erwachsensein unter anderem, daß ich meine Fähigkeiten kenne und einschätzen kann, ebenso wie meine Schwierigkeiten und Schwächen. Daß ich mich nicht als Person anderen unter- oder überlegen fühle, sondern möglichst ohne Selbsttäuschung feststellen kann, daß ich bestimmte Fähigkeiten habe und andere nicht. Aber das eine berechtigt mich nicht, andere zu unterdrücken, das andere berechtigt einen anderen nicht dazu, mich zu unterdrücken. «Er will unter sich keinen Sklaven sehn und über sich keinen Herrn» heißt es im Lied «Und weil der Mensch ein Mensch ist...» von Bertolt Brecht. Ein Kind ist ein Mensch, aber es will über sich einen Beschützer und einen Ernährer sehen, der wirklich erwachsene Mensch nicht mehr.

Das bedeutet beileibe nicht, daß Erwachsene keine Gefühle haben oder zeigen sollen. Es kann furchtbar ärgerlich sein, wenn ich mit einer elektrischen Installation nicht zurande komme, es kann ungeheure Freude bedeuten, wenn sie mir gelingt. Für ein nicht erwachsenes Gefühl halte ich es, wenn ich mich deshalb ärgere, weil die anderen jetzt merken, daß ich nicht so viel Erfahrung mit elektrischen Anlagen habe, und wenn ich mich beim Gelingen darüber freue, daß ich es besser kann als alle anderen, daß ich es ihnen wieder einmal gezeigt habe.

Ein Aspekt des Erwachsenseins betrifft also meinen Umgang mit meinen Gefühlen, ob ich sie wahrnehme, unterdrücke oder wuchern lasse. Erwachsensein verbindet sich mit der Fähigkeit zur Selbstkritik und damit zur Weiterentwicklung der eigenen Person. Es bedeutet aber auch, nicht mehr zu projizieren, das heißt, meine eigenen Gefühle anderen in die Schuhe zu schieben; Eigenschaften, die ich an mir selbst nicht leiden kann, an anderen zu kritisieren; Menschen danach zu behandeln, ob sie mich an Vater, Mutter oder Tante erinnern, ohne daß mir dies zu Bewußtsein kommt.

Ein hohes Ziel also, dieses Erwachsensein. Im Kapitel 8 (Die moderne Industriegesellschaft) will ich mich damit auseinandersetzen, inwiefern dieses Ziel in unserer Gesellschaft keineswegs selbstverständlich ist. Es ist eher ein verdecktes Programm unserer Gesellschaft, die Menschen unerwachsen, «wie Kinder» zu halten. Niemand stört sich daran, daß die Kleinfamilie es den Menschen besonders schwer macht, erwachsen zu werden. (Siehe auch Kapitel 7: Die Kleinfamilie)

Gegenüber der großen, noch unerfüllten Utopie des autonomen, rational entscheidenden Menschen nennen Psychoanalytiker bescheidenere Ziele für den jungen Menschen, den «Anfänger» im Erwachsenwerden. Ihnen kann ich mich anschließen, auch wenn ihre Definition eher dem entspricht, was ich oben unter «Abgelöstsein» beschrieben habe. «Nach dem psychoanalytischen Entwicklungsmodell erlangt der Jugendliche Autonomie und Identität dadurch, daß er Konflikte internalisieren und tolerieren lernt und sich aktiv Partner und Wertvorstellungen außerhalb seiner Familie sucht.» (Stierlin 1975, S. 22)

Die Formulierung «Konflikte internalisieren und tolerieren» meint hier nicht, sie zu verdrängen und zu tabuisieren, sondern mit ihnen klarzukommen, ohne in die Luft zu gehen oder ständig laut zu schreien – also sich mit Konflikten auseinanderzusetzen und damit abzufinden, daß es sie gibt und daß sie nicht von heute auf morgen lösbar sind.

Bei der «aktiven Suche nach Partnern und Wertvorstellungen»

würde ich weitergehen als Helm Stierlin und meinen, daß der (die) Jugendliche sie auch finden oder gefunden haben muß, wenn er (sie) als Erwachsene(r) in dieser Welt existieren will. Das soll und kann nicht heißen, daß Partner und Wertvorstellungen lebenslänglich dieselben sein müssen. Ganz im Gegenteil: auch Wandlungsfähigkeit gehört zum Erwachsensein.

Genau das, eigene Wertvorstellungen und selbstgewählte Freunde, wodurch Jugendliche sich auch den Eltern gegenüber als «erwachsen» darstellen, ist für die Eltern meist schwer zu akzeptieren. Ihr eigenstes Geschöpf bleibt nicht ihr Geschöpf. So ähnlich muß es dem lieben Gott beim Sündenfall ergangen sein.

2 Nesthocker – Nestflüchter

Nesthocker Mensch

«Nesthocker» ist ein Begriff aus der Biologie. Ich wähle ihn, um die Natürlichkeit der Vorgänge, von denen hier die Rede sein wird, zu betonen. Sie sind aber auch direkt vergleichbar. Wenn Vögel ein bestimmtes Alter erreicht haben, werden sie flügge. Sie verlassen das Nest und suchen sich ihre Nahrung selbst. Auch bei den Vögeln kann das mal schief gehen. Ein Kleines traut sich zu viel zu, stürzt ab und wird von der Katze gefressen.

Damit hört die Analogie zwischen Menschen und Tieren auf, sie ist schon fast überzogen. Bei den Vögeln legt der Instinkt fest, daß sie «sperren», das heißt, den Schnabel aufsperren, solange sie auf die Eltern angewiesen sind, und picken, wenn sie dem Nest entwachsen sind. Beides zusammen – sperren und picken – geht nicht.

Helmut Schulze berichtet in seinem Buch «Nesthocker Mensch» von einem Experiment, bei dem elternlose Vögel von einem Menschen großgezogen wurden. Eines Tages mußte der Fütterer verreisen, und sie mußten lernen, ihre Nahrung selber zu picken. Als der Betreuer zurückkam, fingen die Tiere jedoch erneut an zu sperren. Sie magerten zusehends ab und wären verhungert, wenn der Betreuer die Fütterung nicht wieder aufgenommen hätte. Offenbar war ihre «erwachsene» Zeit noch nicht da. Sie waren noch nicht «seelisch» reif zum Picken; und als sie die vertraute Stimme des Betreuers hörten, fielen sie in ihrer Entwicklung zurück und wollten aufs neue gefüttert werden, bis ihre innere Uhr sie tatsächlich flügge sein ließ.

Bei den Menschen dauert der Vorgang wesentlich länger, er ist komplexer und nicht instinktgesteuert. Je zivilisierter die Gesellschaft, desto weniger versteht sich irgend etwas von selbst. Allein der Zeitraum der vollständigen, körperlichen Abhängigkeit des Menschenkindes währt mindestens ein Jahr. Die Entwicklungsschritte des Kindes während dieses ersten Jahres finden bei allen Tiergattungen bereits im Mutterleib oder im Ei statt. Deshalb spricht man auch vom Menschen als dem zu früh geborenen Säugetier.

Dann wird das Menschenkind zwar Monat für Monat selbständiger, aber bis zur Geschlechtsreife, einer weiteren Zäsur im Tierleben, an der sich spätestens die Wege von Tier-Eltern und Tier-Kindern endgültig trennen, braucht der Mensch noch zehn bis dreizehn Jahre.

Bei Völkern, die im Clan oder im Stammesverband leben, beginnen mit der Geschlechtsreife die Initiationsriten und damit die vorgezeichneten Schritte für Jungen und Mädchen, bis ihnen alle Rechte und Pflichten der Erwachsenen zugebilligt werden. «Dieser komplizierte Initiationsprozeß von monate- bis oft jahrelanger Dauer, der mit Angst- und Schreckenerregung, sozialer Isolierung vom bisherigen mütterlichen Nest, eventuell Zufügung von körperlichen Schmerzen, erregenden Tänzen, Belehrungen, Mutproben etc. ausgefüllt ist, muß zwangsläufig zu tiefreichenden, seelischen Erschütterungen der Initianden führen, was auch der Zweck der ganzen Veranstaltung ist. Alle bisher Halt und Geborgenheit gewährenden Lebensbedingungen der Kindheit sind mit einem Schlag aufgehoben, es gibt keine gültige Orientierung an den früheren Maßstäben mehr.» (Schulze 1977, S. 14)

Trotz aller Härte handelt es sich bei diesem Prozeß um ein quasi natürliches Geschehen. Ein Scheitern dieser Art der Ablösung scheint es in Kulturen mit Initiationsriten nicht zu geben. Ebenso scheint es in solchen Gesellschaften nicht vorzukommen, daß jemand groß wird und sich noch weiter «füttern» läßt. Denn das ist die andere Vorstellung, die das Wort «Nesthocker» wachruft: der Hockenbleiber oder unberechtigte Nesthocker. Einem Tier kann das nicht passieren. Wenn es noch nicht stark genug ist, um zu überleben, kommt es um; aber es bleibt nicht über seine Zeit hinaus im Nest hocken. Ein Mensch in «naturnahen» Gesellschaften, wie gesagt, auch nicht. Der Hockenbleiber ist offenbar eine Erscheinung der patriarchalen Familienkultur.

In den industrialisierten Gesellschaften ist die Kindheitsphase extrem verlängert. Bis jemand nur die Pflichtschule hinter sich bringt, ist er schon 15 oder 16. Und solange ist ein(e) Jugendliche(r) auf jeden Fall vom Elternhaus abhängig. Aber auch dann, wenn er (sie) mit 16 eine Lehre beginnt, kann er (sie) sich kaum selbst ernähren und bleibt bei den Eltern.

Ich möchte die These wagen: Je länger ein junger Mensch im Elternhaus lebt, wo die Eltern bestimmen, wie gelebt wird, desto mehr Psycho-Fallen stehen bereit, die ihn davon abhalten können, einen weiteren Schritt in Richtung Selbständigkeit zu tun. Die meisten Fußangeln drohen den Gymnasiasten, die in der Regel ihr Leben bis zum Abschluß des Gymnasiums mit zwanzig oder gar 21 Jahren ausschließlich im Elternhaus verbringen, also eine extrem verlängerte Kindheit erleben. Auszubildende, die auch noch zu Hause leben und sich von der Mutter versorgen lassen, haben wenigstens die Schule abgeschlossen und fangen an, sich in täglicher Acht-Stunden-Disziplin in der Arbeitswelt zurechtzufinden.

In diesem Alter können auch in unserer Gesellschaft Jugendliche längst die seelisch-geistige Reife haben, um selbständig zu leben. In den letzten Jahren ihrer Ausbildungszeit leben Jugendliche in einer Art Zweckgemeinschaft mit ihren Eltern und behalten damit oft eine Vielzahl von Gewohnheiten aus der Kindheit, die ihrem Alter nicht mehr angemessen sind. Warum sollte sich plötzlich ändern, was zwanzig Jahre gut und bequem war, nämlich, daß die Mutter die Lebensmittel besorgt, die Wäsche richtet, das Essen macht?

Die einseitig auf intellektuelle Leistungen ausgerichtete Oberstufe unseres Schulsystems vermittelt Jugendlichen wenige bis gar keine Kenntnisse im hauswirtschaftlichen oder im handwerklichen Bereich. Keineswegs selten sind supergescheite Abiturienten, die druckreife Vorträge über wissenschaftliche Themen halten können, jedoch in ihren praktischen Fähigkeiten auf der Stufe der Vorschulzeit stehengeblieben sind. Das verstärkt ihre Unselbständigkeit und macht den Schritt in die tatsächliche Selbständigkeit größer und schwerer.

Weil dieses Auseinanderklaffen in der Entwicklung der verschiedenen Persönlichkeitsbereiche als «normal» gilt und sich mit «Begabtenförderung» und Starkult deckt, erscheint es auch als «normal» oder gar «rührend», wenn eine seelische oder praktische Abhängigkeit länger erhalten bleibt. Der Typ des zerstreuten Professors ist in unserer Gesellschaft nicht nur negativ besetzt. Bei einer derart einseitigen Entwicklung ist es klar, daß Vater und Mutter oder ihre Stellvertreter in Betrieb, Bildung und Politik noch lange die wichtigsten und für das Leben bestimmenden Personen bleiben.

Es gilt nicht einmal als unnormal, daß ein Jugendlicher, der am Ort seines Elternhauses studiert, auch während des Studiums zu Hause bleibt. Bei einer Bekannten verlängerte sich das Studium durch Krankheit, so daß sie mit 28 Jahren immer noch zu Hause saß. Da kann man es schon fast als Glücksfall ansehen, daß es ihr gelang, noch den Absprung zu schaffen. Denn der ist mit 28 Jahren eindeutig schwerer als mit 18. Ihr Leben hätte sich auch leicht zu einer der zahlreichen Tragikomödien entwickeln können, wenn Menschen die Lösung von zu Hause nicht schaffen und ein Leben lang «Nesthocker» bleiben. Zu ihnen gehört auch der etwa vierzigjährige Mann, den ich im Eierladen beobachtete, wie er für den mütterlichen Haushalt einkaufte. Er ist nicht nur deshalb komisch, weil er noch bei der Mutter wohnt, sondern weil er offenbar innerhalb des mütterlichen Haushaltes nur eine geringe Teilverantwortung übernimmt, nämlich den Einkauf von Eiern. Er beklagt sich zudem im Eierladen, daß er heute keine Schachteln dabei habe, weil ihm die Mutter keine mitgegeben hat. Es sieht so aus, als sei er im Prozeß des Selbständigwerdens auf der Stufe eines Vierjährigen steckengeblieben.

Die Verantwortung für solch ein Nesthockerdasein liegt nie einseitig beim Sohn oder der Tochter, die es offenbar bequemer finden, im Nest zu bleiben, statt ein eigenes zu bauen. Verselbständigung ist ein Vorgang auf der Seite der Kinder *und* der Eltern, der im Fall des Eier-Einkäufers vorzeitig steckengeblieben erscheint. Vielleicht braucht ihn die Mutter als «ewiges Kind» oder als Partner-Ersatz; so oder so hält sie ihn unmündig, um ihn an sich zu binden.

Wenn ein Mitvierziger, der noch bei seiner Mutter wohnt, sich nur heimlich und unter Vorwänden mit einer Frau in seinem Alter trifft, so ist er ebenfalls, physisch und psychisch, im Nest sitzengeblieben, auch wenn er einen Beruf erlernt hat und ausübt, sich somit selbständig ernährt. Offenbar ist er noch in kindlicher Abhängigkeit verstrickt, genauso wie ein anderer gestandener Mann, von dem die Mutter erwartet, daß er ihr alles über sich und seine Freundin erzählt, und der ihr tatsächlich auch alles haarklein berichtet.

Während meiner Studienzeit wohnte ich zur Untermiete bei einem Vermietertrio: ein achtzigjähriger Vater, ein Sohn von etwa 55 und eine Tochter von fünfzig Jahren. Die Mutter war gestorben. Die Tochter führte den kleinen väterlichen Haushalt. Jeden Morgen hörte ich durch die Wand, wie Sohn oder Tochter die Zeitung vorlasen, die der Vater dann kommentierte. Die beiden «Kinder» waren, das weiß ich auch aus anderen Erfahrungen mit ihnen, von der Autorität des Vaters nicht losgekommen. Er bestimmte nach wie vor, was richtig war. So vertraten sie mir gegenüber wie selbstverständlich den Grundsatz: Keine Freunde über Nacht. Wahrscheinlich galt dies für das ältliche Geschwisterpaar auch, so lange, bis es zu spät war, Partner außerhalb der Familie zu suchen und zu finden.

Ganz klar: es gibt ein «Sitzenbleiben» im Nest. Sohn oder Tochter können festgehalten sein in irgendeiner Kindheitsphase, sie können durch einen Elternteil gebunden werden, oder der Antrieb, sich nach draußen zu wenden, kann zu schwach sein, als daß sie es lohnend finden würden, die Nestwärme aufzugeben.

Wenn es in unserer Gesellschaft auch unklar und nicht verbindlich geregelt ist, wann die Ablösung von den Eltern stattfinden und wie sie aussehen soll – mit vierzig Jahren jedenfalls ist es zu spät. Leute, die in diesem Alter noch im Nest hocken, werden vom Witz und vom volkstümlichen Schlager verspottet: «Mammi, ein Mal laß mich doch bitte ausgehen, ich bin auch ganz bestimmt um zehn daheim, ich mach auch ganz bestimmt nichts Schlimmes, ein einziges Mal möchte ich ausgehen... weil doch heute mein vierzigster Geburtstag ist...»

Nestflüchter

Einiges in diesem Abschnitt mag recht verkürzt erscheinen. Ich möchte deshalb betonen, daß dieses Kapitel nur eine erweiterte Einführung in das Thema Ablösung sein soll. Deshalb werden lediglich Teilaspekte der Entwicklung Jugendlicher angeschnitten. Die Erscheinungsformen der Entwicklung sind so vielfältig und wichtig für Ablösung und Erwachsenwerden, daß ich ihnen ein gesondertes, das vierte Kapitel, widmen werde.

Das Wort «Nestflüchter» braucht eine Erklärung. «Flucht» hat für mich keinen negativen Beigeschmack, der diesem Wort in unserer Zivilisation anhaftet, wo einer leicht als «Feigling» beschimpft wird, der nicht den «Mut» hat, einer Gefahr auf jeden Fall standzuhalten. Ich sehe den Begriff als mehrdeutig, worauf ja wohl Bertolt Brecht anspielt, wenn er sagt: «Ein Soldat, der flieht, kann wieder kämpfen.»

Der richtige Zeitpunkt, um auszuziehen

Mit vierzig ist es zu spät, so viel ist sicher. Fast sieht es so aus, als wollte ich dazu raten, die Kinder so früh wie möglich aus dem Haus zu schicken, damit sich Eltern und Kinder nicht in irgendwelchen Psycho-Fallen verstricken und die Kinder dann vielleicht noch mit vierzig zu Hause hocken, innerlich gefangen bleiben und psychisch krank werden. Als könnte es nicht umgekehrt auch *zu früh* sein.

In der Tat ist es nicht leicht, den richtigen Zeitpunkt zur räumlichen Trennung zu erkennen. Die juristischen Anhaltspunkte, daß man mit 18 Jahren «strafmündig» und «wahlberechtigt» und mit 16 Jahren «heiratsfähig» sei, bieten kein psychologisches Kriterium für die Ablösung von der Familie.

Zum Glück vollzieht sich das Absetzen der Jugendlichen vom Elternhaus meist nicht in einem Sprung, sondern in Etappen. Es beginnt häufig mit Zeltlagern für Jugendliche oder ähnlichem, mit Fahrradtouren, Reisen per Autostop oder Interrail, zusammen mit Freunden und Freundinnen. Die Welt ohne Eltern wird ausprobiert: Führt die Entfernung von zu Hause noch zu Heimweh oder macht sie Lust auf länger und mehr?

Auch das Weggehen und Ausziehen erfolgt normalerweise in Etappen. Es ist gut, wenn die Kreise *allmählich* größer werden: zuerst die Schule oder Lehrstelle in der nächsten Stadt, dann ein anderes Bundesland und dann die Entscheidung, wo man ständig leben möchte. Oder erst ein Schüleraustausch ins Ausland, begrenzt, geschützt. Dann noch einmal zurück aus der Distanz und darauf die Entscheidung «ins Freie».

Mit zwanzig Jahren kann es schon recht spät sein. Mit zwanzig kann es aber auch noch zu früh sein, wenn der Sprung zu groß ist, wenn der Auszug von zu Hause zum Beispiel mit der Umsiedlung in ein fremdes Land, in eine andere Kultur verbunden ist.

Wichtig scheint mir, daß ein Jugendlicher nicht schneller und nicht weiter weggeht, als er psychisch und physisch verkraften kann. Bei der Einschätzung dieses «Könnens» neigen Eltern dazu, ihr Kind zu unterschätzen, während ein Jugendlicher sich leicht überschätzt. Da es keine objektiven Maßstäbe gibt, helfen nur offene Aussprache über dieses Problem, experimentelles Herantasten und im Zweifel die Überlegung, daß der Mensch – wie beim Laufenlernen – durch Üben und durch Fehler seine Fähigkeiten steigert.

Konflikte mit den Eltern

Die Ablösung durch Auszug gelingt leichter, wenn über wichtige Fragen wie Wertorientierungen, Lebenspläne usw. klärende Gespräche mit den Eltern vorausgegangen sind. Je klarer sich «das Kind» darüber ist, wer es selbst ist, um so selbständiger ist es.

Ein Grund zu scheinbar voreiligem Auszug kann die mangelnde Bereitschaft der Eltern sein, sich mit ihrem Kind auseinanderzusetzen. Und wenn jemandem bereits als Schülerin klar wird – wie ich es von einer jungen Frau hörte –, daß sie so wie die Eltern auf keinen Fall leben möchte, dann ist sie möglicherweise auch zu diesem Zeitpunkt bereits selbständig genug, es anders zu versuchen.

Oft ist der Kontakt zwischen Eltern und Jugendlichen sehr eingeschränkt, etwa so wie zwischen alten Ehepaaren, die nur noch nebeneinanderherleben. Auch das kann ein Grund für Jugendliche sein, auszuziehen. Nicht selten belebt sich gerade dadurch der Kontakt wieder, die Auseinandersetzung beginnt oft erst nach dem Auszug. Der/die Jugendliche war dann zwar ein Nestflüchter, aber er/sie tat damit das beste, was man/frau in seiner/ihrer Lage tun konnte.

Ist die Atmosphäre zu Hause «die Hölle», weil zwischen den Eltern oder zwischen Eltern und Kind ständig Streit herrscht, dann kommt die Nestflucht einer Vertreibung gleich. Schon mancher noch nicht flügge Jungvogel wurde aus dem Nest gestoßen.

Verlockungen von außen

Nestflüchter sind aber auch solche Jugendliche, die auf die ersten Signale von draußen ansprechen und das Elternhaus plötzlich verlassen, um etwa in einer Jugendclique unterzutauchen oder eine Frühehe zu schließen, bevor sie wirklich selbständig genug sind für eine derartige Entscheidung. Es kann sein, daß sie das selbst bewußt oder unbewußt so empfinden und sich deshalb in eine neue Geborgenheit oder auch neue Abhängigkeit begeben. Ursache wäre dann hier wieder das Elternhaus, in dem es unter Umständen zu wenig Geborgenheit gab.

Allein das Vorhandensein einer Wohngemeinschaft Jugendlicher, die einem anziehend erscheint, oder eine erste tiefe Liebe, verbunden mit der bei 15- bis 17jährigen verbreiteten Neigung zu Schwärmerei und Träumerei, können dazu verlocken, Risiken einzugehen, die die Lebenserfahrung junger Leute übersteigen und von ihnen nicht bewältigt werden können.

Die Nestflucht kann zu einseitigen Bindungen an ein ganz bestimmtes Milieu oder an einzelne Personen führen. Von dieser neuen «Geborgenheit» ist dann erneute Ablösung notwendig. Das heißt jedoch nicht, daß dadurch die Ablösung von den das ursprüngliche Nest beherrschenden Eltern überflüssig geworden wäre. Manchmal erleichtert allerdings die Ablösung vom «zweiten Nest» die Ablösung vom ersten.

Häufig ist die Flucht in eine frühe Ehe. Eine Frau um die dreißig, die nach einem Selbstmordversuch in Therapie war, hatte es nicht ertragen, von ihrem Mann oft allein gelassen zu werden. Dieser arbeitete ohne einsehbare Notwendigkeit sechzig und mehr Stunden in der Woche. Als sie gefragt wurde, wie alt sie sich fühle, antwortete sie: «Sechzehn» und fügte hinzu, daß sie auch nichts gegen dieses Alter habe, sondern sich dabei wohlfühle. Sie war offenbar aus dem Nest des Elternhauses in das Nest der Ehe geflüchtet und auch zur Zeit der Therapie noch nicht in der Lage, ihr Leben selbständig zu führen. Ihr Mann, den sie als Vater und gleichzeitig als jugendlichen Liebhaber brauchte, war mit dieser Doppelrolle vermutlich überfordert. Sie wünschte wohl – wie mit 16 – zum Essen ausgeführt und zum Tanzen begleitet zu werden. Ein Kind wollte sie keinesfalls haben. Denn sie fühlte sich – wie mit 16 – außerstande, die Verantwortung dafür zu übernehmen.

Frühe Kinderwünsche können auf der anderen Seite auch einem Defizit an Nestwärme entstammen. Sie bedeuten dann so etwas wie Flucht von einem Nest ins andere. Eine junge Nachbarin, die mit 17 unbedingt ein Kind haben wollte und auch bekam, wollte vermutlich mit dem eigenen Kind die Nähe und Wärme erleben, die sie als Kind vermißt hatte.

Ausweichen vor dem Leben

Oft ist die Nestflucht – paradoxerweise – eine Flucht vor dem Leben, zumindest vor dem Eintritt ins Erwachsenenleben. Jugendliche «Aussteiger» versuchen, den Leistungsanforderungen der Gesellschaft auszuweichen, zumindest, sich ihnen jetzt und sofort zu stellen.

Kleine «Puffer» wie Sitzenbleiben, Lehrstellenwechsel, Bummelsemester werden heute nicht mehr toleriert, sind gesellschaftlich «unmöglich» geworden. Die Walz der jungen Handwerker gibt es schon lange nicht mehr. Jugendliche Aussteiger beschaffen sich also auf andere Weise den Spielraum, der für die seelische Gesundheit förderlich oder sogar notwenig ist und den die Leistungsgesellschaft den Jugendlichen verweigert. Erst durch die heutige Jugendarbeitslosigkeit ist (unfreiwillig) wieder etwas mehr Zeit-Toleranz entstanden.

Oft haben Nestflüchter die Illusion, einem Leben mit gesellschaftlichen Leistungsanforderungen entgehen zu können. Es kann aber auch sein, daß jugendliche Nestflüchter der Leistung überhaupt auszuweichen versuchen, auch der Lust an der Leistung oder sogar ihrer eigenen Lust, sowohl der sexuellen Lust als auch der Lust, seinen Gefühlen zu folgen. Auch die Lust kann so starke Angst in Jugendlichen auslösen, daß sie vor ihr in Tagträume ausweichen oder sie verdrängen. So als wäre zu befürchten, daß man davon weggetragen wird oder sich in unauflösbare Schuld verstrickt.

Schlimm für Eltern und Jugendliche ist es, wenn die Flucht aus dem Elternhaus zugleich zur Flucht in harte Drogen wird oder gar zur Flucht in den Selbstmord.

Alle anderen, außer diesen beiden extremen Fluchtwegen, können Umwege sein. Die Erfahrung bei Fluchtversuchen aller Art kann zur Desillusionierung und dadurch zum engeren Kontakt mit der Realität führen – so wie auch das Weggehen und Ausziehen zu intensiverem Kontakt mit den Eltern führen kann.

Nestflüchter können Eltern große Sorgen bereiten; sie müssen oft härtere Strecken Weges gehen, als sie das – bei der Flucht – erwarteten. Harte Wegstrecken und harte Erfahrungen enthalten aber die Hoffnung auf tiefe Einsichten und vertiefte Beziehungen. «Nestflüchter» sind also noch unterwegs zum Erwachsenwerden.

Erwachsenwerden heißt Absetzen von den Erwachsenen

Um nicht Nesthocker zu bleiben, müssen Jugendliche zunächst einmal herausfinden, wer und was sie als Erwachsene sein könnten und was sie sein wollen. Das geht anscheinend am besten, wenn sie zunächst für sich klären, was sie *nicht* wollen, nicht sein wollen, nicht werden wollen. «So wie du will ich nicht sein.»

Absetzen innerhalb der Familie

Der/die Jugendliche muß sich zunächst einmal vom gleichgeschlechtlichen Elternteil absetzen. Er bietet das Beispiel eines erwachsenen Mannes oder einer erwachsenen Frau, mit ihnen hat sich der/die Jugendliche als Kind identifiziert.

Mein Fragebogen für Jugendliche enthält eine Frage nach Vorbildern. Erich, knapp 18, nannte einen uns gemeinsamen Bekannten, der sich keinesfalls allgemeiner Wertschätzung erfreut. Ich war zunächst etwas verblüfft. Dann wurde mir klar, daß es sich um das Absetzungsphänomen handelte: das «Vorbild» ist aus einer sicheren Hochschulkarriere ausgestiegen. Er lebt jetzt nach seinen eigenen Vorstellungen und verdient sich sein Leben durch Handwerksarbeit, auch diese nach seinen eigenen Qualitäts- und Zeitvorstellungen. Er arbeitet, wie Erich selbst, pedantisch genau, wenn er arbeitet, legt aber sehr gerne einen «Blauen» ein, wenn das Wetter danach ist oder der Schnee zum Schifahren einlädt. Erichs Vater ist Künstler ohne Karriere. Es ist nicht einfach, sich von ihm abzusetzen, denn gegen «freies» Leben hat Erich nichts, sonst hätte er sich einen Beamten als Vorbild gewählt. Aber gegen «Kohle» und gutes Leben auch nicht; und die verdient das Vorbild sicherer als der Vater.

Eine Kollegin erzählte mir ihre Schwierigkeiten mit ihrer Tochter Annette, als diese noch bei ihr wohnte. Vor allem ging es um die Sauberkeit der Küche, das «soziale Hinterlassen» der Küche sozusagen, und das Ausleihen von Kleidungsstücken, ohne zu fragen. So hatte sich die Tochter eines Tages das Lieblings-T-Shirt der Mutter genommen – sie mußte sich energisch gegen diese Übergriffe wehren. Als Annette ausgezogen war, beklagte sie sich kurze Zeit später bei ihrer Mutter über eine Mitbewohnerin, die mit ihrem Freund Avocados mit Honig verzehrt und danach eine unbeschreiblich klebrige Küche hinterlassen hatte. Und was Annette auch noch nervig fand: die Mitbewohnerin lieh sich ständig, ohne zu fragen, Kleidungsstücke von ihr aus! Die Mutter traute ihren Ohren nicht, als sie sich in diesen Worten Annettes hörte! Warum vorher die Konflikte? Die Tochter hatte sich zuerst absetzen – in diesem Falle auch: die Mutter provozieren – müssen, um herauszufinden, wie sie selbst sich ein Zusammenleben mit anderen vorstellt. Am Ende des Ablösungsprozesses muß nicht unbedingt das Gegenteil dessen herauskommen, was die Eltern sind und tun.

Auf der Suche nach ihrer Identität probieren Jugendliche zunächst einmal aus, wie sich verschiedene Kontrastprogramme anfühlen: wie es aussieht, ganz anders angezogen und frisiert zu sein als Vater oder Mutter; wie es sich anhört, mit im Elternhaus bisher unüblichen Ausdrücken – womöglich einer ganz anderen Sprache – sich mit seinesgleichen zu unterhalten, etwa im Dialekt der Region, in welche die Familie zugezogen ist, oder im Jargon der Clique. Wie es ist, mit ganz anderen Leuten zusammen zu sein als denjenigen, welche die Eltern für sie auswählen würden oder ausgewählt haben. Früher hielten sich Kinder an die mehr oder weniger unterschwelligen Erwartungen: «Spiel nicht mit den Schmuddelkindern, sing nicht ihre Lieder...». Aber heute hat sich das geändert. Es wird einerseits ausprobiert, wie sich das anfühlt, ob man das wirklich selbst möchte. Auf der anderen Seite möchte man wissen, wie die Eltern und andere wichtige Erwachsene auf diese Tests reagieren.

Mir fällt meine Patentochter Sophia ein, deren Entwicklung vom Kind zur jungen Erwachsenen ich miterlebe. Sie kommt aus bürgerlich-intellektuellem Haus und hat zwei bereits erwachsene Brüder. Sie geht auch aufs Gymnasium, ist aber keine besonders gute Schülerin und hat als 14- bis 15jährige Vorlieben, wie sie sonst eher Hauptschülern zugeschrieben werden. Offensichtlich setzt sie sich damit von den Eltern und zugleich den älteren Brüdern ab, beide ehemals gute Schüler mit politischen Interessen und mit Öko-Look. Sie hat ihr Zimmer mit Bildern von Filmstars vollgepflastert, hört stundenlang Popmusik, ist so lange wie möglich auf der Straße unterwegs und bringt ihre (vermutlich ledergekleideten) Leute niemals nach Hause. Sie trifft sich (wie die Eltern mit Mühe erfahren) regelmäßig mit einer Motorradclique an irgendeiner Straßenecke, trägt eine wilde Frisur und entsprechende Klamotten und Ohrschmuck.

Den Eltern ist das alles sehr fremd, denn, wie gesagt, die Brüder waren anders. Aber sie versuchen zu verstehen, was vor sich geht, tolerieren das Verhalten von Sophia und machen ihr so wenig Vorschriften wie möglich: Um 23 Uhr soll sie zu Hause sein, am Wochenende um 24 Uhr; nicht zu Fuß und allein. Die Eltern machen sich vor allem darum Sorgen, daß Sophia «keine Interessen» hat, die zum Beispiel zu einer Berufsentscheidung, aber auch einem Lebensinhalt beitragen könnten. Statt Gymnasium empfehlen sie Fachoberschule.

Die vorsichtige Haltung der Eltern erwies sich bisher als richtig, Sophias Vertrauen zu ihren Eltern blieb bis jetzt erhalten.

Auch die Eltern müssen sich absetzen

Für die Eltern ist wichtig: Auch sie müssen sich absetzen. Das vollzieht sich bei ihnen freilich anders als bei den Jugendlichen. Sie müssen lernen, zu sich selbst zu stehen, sich nicht verunsichern zu lassen wegen ihres «altmodischen» Geschmacks, sich nicht den Jugendlichen um jeden Preis anzupassen. Insofern ist das Verhalten von Frau Konrad (siehe Einleitung) nicht die schlechteste Möglichkeit. Sie findet Frisur und Lebensweise ihrer Tochter entsetzlich und sagt ihr das auch. Die Tochter wurde dadurch in die Selbstbehauptung weiter hineingetrieben, in ihrer neuen Identität bestärkt. Dieser Konfrontationskurs ist freilich für beide Seiten hart.

Eine andere Möglichkeit ist das Verhalten der Eltern von Sophia: Tolerieren und Akzeptieren, und zwar wirklich, nicht nur scheinbar, jedoch ohne die eigenen Verhaltensweisen in Frage zu stellen. Bei Eltern aus der Studentenbewegung von 1968, die auch heute noch in Wohngemeinschaften leben, vielleicht gerne Rockmusik hören, in Discos gehen und nicht mehr auf die Ehe als Lebensform festgelegt sind, haben es die Kinder schwerer, sich davon abzusetzen. Aber auch dies ist eine erwachsene Lebensform, zu der man/frau stehen kann. Sicherlich werden die Kinder der «68er» einen Weg finden, eigene Lebensformen zu entwickeln.

Die junge Generation setzt sich von der «amtierenden» ab

In den USA wurde der Protest-Jugend der Wind aus den Segeln genommen, als 1967 das Musical und später der Film «Hair» herauskamen und zu einem Riesenerfolg am Broadway wurden. Wenn bislang die langen Haare der Jungen ein Absetzen, eine Distanzierung von biederen Karriere-Leuten demonstrierten, wurde hier plötzlich das große Verstehen der Elterngeneration eingeläutet. Die trotz der langen Haare sympathische Hauptfigur sprach nicht nur Jugendliche, sondern auch Erwachsene an. Der Film machte die Haar-Rebellion gesellschaftsfähig.

Bei dem späteren Jugend-Kult-Film «The Rocky Horror Picture Show» wurde es älteren Besuchern etwas schwieriger, Verständnis aufzubringen oder gar sich mit dem Film zu identifizieren. Das machte ihn um so geeigneter als Mittel, sich von der Elterngeneration zu distanzieren.

Tatsächlich gibt es nicht nur individuelles, sondern auch kollektives Sich-Absetzen von der Elterngeneration. Das drückt sich aus in der Musik, die Jugendliche jeweils massenhaft hören, in den Frisuren, die sie sich zulegen, in der Kleidung, die sie bevorzugen, in den Ausdrükken, die sie verwenden, und in den Gewohnheiten, die sich herausbilden. Dabei reagiert eine Generation dennoch nicht einheitlich auf die vorgegebene jeweilige Situation. Sie hat gruppenweise verschiedene Vorstellungen über das Hier und Jetzt und darüber, was von der Zukunft zu erwarten ist: «No future»-Gefühle oder im Gegenteil Vertrauen in die Zukunft. Sie geben diesen Gefühlen als Rocker, Popper, Punker oder Skin-heads jeweils verschiedene Formen, auch wenn sie sich rasch wandeln und schnell ins Modische abgleiten.

Der Gegenentwurf

Wenn Jugendliche herausgefunden haben, was sie nicht wollen (zum Beispiel unbequeme Kleidung, übliche Haartracht, lahme Musik, einen immer gleichen Tagesablauf), dann müssen sie allmählich herausfinden, was sie wollen, wie sie selbst leben wollen. Sie können das wiederum nur durch Ausprobieren herausfinden. Die Proben haben noch keinen endgültigen Charakter. Sie bedeuten aber für die Eltern einen oft schockierenden Test. So setzt sich zum Beispiel jeder Jugendliche damit auseinander, wie weit er Tabak, Alkohol, Hasch oder stärkere Mittel in sein Leben einbeziehen will. Und ich kenne kaum Eltern, die die Tests ihrer Kinder in diesem Bereich kalt ließen.

Das andere Testfeld ist die Sexualität, bei der immer noch viel Tabuisierung zwischen den Generationen steht. Bei meiner Befragung stellte ich die Fragen: «Kannst du mit deinen Eltern über Sexualität sprechen?» und «Sprichst du mit ihnen darüber?» Während die erste Frage meist bejaht wurde, gab es auf die zweite Frage in den allermeisten Fällen negative Antworten. Offenbar machen viele Eltern beide Augen zu, um tolerant zu bleiben und sich selbst vor Sorgen zu schützen. Oder Eltern versuchen, (meist nur ihre Töchter) durch undiskutierte Verbote zu reglementieren. Alle Eltern bejahten die Frage, ob die lockerere Haltung der Jugendlichen gegenüber der Sexualität schwierig für sie sei. In einem Fall nur hörte ich von einer jungen Frau, daß sie nach harten Kämpfen mit ihrer Mutter durchsetzen konnte, bei Freunden übernachten zu dürfen, und daß die Mutter nach zahlreichen Diskussionen allmählich Verständnis für ihre Haltung gewonnen habe.

Ablösung heißt Trennung

Als ich mich intensiver mit dem Thema des Buches zu befassen begann, war ich mir noch nicht sicher, ob es unbedingt nötig ist, daß Kinder ihre Eltern verlassen, wenn sie wirklich selbständig werden wollen und sollen. Ich hatte in einigen Fällen gesehen, daß es ganz gut zu gehen schien, wenn beide weiterhin im selben Haus lebten, aber sich gegenseitig freilassen konnten.

In einem Fall war es ein Bauernsohn und künftiger Hoferbe, der aus praktischen Gründen der Zusammenarbeit bei den Eltern wohnte. In einem anderen Fall lebte eine alleinerziehende Mutter noch bei den Eltern. So hatte sie jemanden zum Aufpassen für das Kind, wenn es nötig war. In einem dritten Fall bewohnten Mutter und Tochter gemeinsam ein Häuschen mit Garten in einem attraktiven Stadtviertel, das jede allein sich nicht hätte leisten können. Ich hörte wiederholt, sie verstünden sich prächtig... Sie waren im Alter relativ nahe beieinander, die Tochter Mitte 20, die Mutter Anfang vierzig. Vielleicht konnten unter diesen Umständen beide weiterhin zusammenleben, und die junge Frau konnte trotzdem allmählich erwachsen werden.

Außerdem fragte ich mich, ob es nicht in einer Wohngemeinschaft möglich sein müßte, daß die Jugendlichen sich trotz der mit ihnen zusammenlebenden Eltern verselbständigen. Sie haben hier, wie in Gesellschaften, in denen sich das Leben in Großfamilien oder Sippen abspielt, mehrere Erwachsene zur Auswahl, sind also weder im Zusammenleben noch bei Auseinandersetzungen auf die leiblichen Eltern angewiesen.

Nach allem, was ich inzwischen gehört und gelesen habe, bin ich mir dennoch ganz sicher: Eine Zäsur, eine äußerliche Trennung ist absolut notwendig. *Junge Menschen müssen aus dem Elternhaus ausziehen.* Sie müssen das Nest verlassen, gleichgültig ob sie Einzelkinder sind oder mehrere Geschwister haben, nur mit einem Elternteil groß geworden sind oder in einer Wohngemeinschaft.

Ich habe gesehen, daß es nicht möglich ist, eigene Wertvorstellungen zu entwickeln in unmittelbarer Nähe der Eltern, die einem in zwanzig Jahren der Abhängigkeit und in den sensibelsten Entwicklungsphasen ihre Werte vermittelt und vorgelebt haben. Und bei näherem Hinschauen war dies auch den Jugendlichen in allen meinen vermeintlichen Idealfällen letztlich *nicht* möglich gewesen. Entweder beruhte das «prächtige» Verständnis darauf, daß die Tochter das Geschöpf der Mutter geblieben war und deren Wertvorstellungen übernommen hatte. Oder es ging nicht lange gut. Im Falle der alleinerziehenden Mutter erwies sich das Babysitting als «zu teuer», weil die Mutter von der jungen Frau eine Art psychischer Bezahlung in erpresserischer Form forderte. Auch der Bauernsohn bezog bald mit seiner jungen Frau eine eigene Etage, während die Eltern ins «Altenteil» zogen.

Ein 18jähriger Junge, der auf meine Frage «Könntest du dir vorstellen, später mit deinen Eltern befreundet zu sein?» spontan «Das bin ich schon jetzt», geantwortet hatte, lebte zu diesem Zeitpunkt noch mit seinem Vater in einer Wohngemeinschaft zusammen. Kurze Zeit später machte er gemeinsam mit einer jungen Mitbewohnerin die typischen Autoritätskonflikte gegenüber seinem Vater durch. Ein paar Monate später zogen sie als Pärchen aus.

Was immer die Gründe dafür sein mögen, daß Eltern und Kinder die räumliche Trennung aufschieben oder nicht einsehen, daß sie überhaupt notwendig ist, sich gegen die Trennung zu sperren, bedeutet zusätzliche Schmerzen, wie bei jedem Schmerz, gegen den man sich sträubt. Und da scheint mir eine wichtige Vorbereitung *das Annehmen* zu sein: das Annehmen der Tatsache, daß die räumliche Trennung notwendig ist.

Ein alleinerziehender Vater aus meiner Befragung erzählte von seinen Schwierigkeiten, als der Sohn mit 16 auszog. Dem Vater hatte überhaupt nicht eingeleuchtet, wofür der Auszug des Sohnes gut sein sollte. Sie hatten sich immer prächtig verstanden, und er hätte den Sohn noch so gut brauchen können für seinen kleinen Ein-Mann-Betrieb, den er selbständig führte und in dem ausschließlich der Sohn ihn vertreten konnte, weil der sich darin auskannte! Es stellte sich heraus, daß der Vater selbst sehr spät zu Hause ausgezogen war und auch schon damals nicht eingesehen hatte, warum das überhaupt sein mußte. Er war bis zum Alter von 23 Jahren bei seiner Mutter geblieben und hatte zunächst auch noch nach seiner Heirat bei ihr gewohnt. Erst ein halbes Jahr nach der Hochzeit zogen beide aus – wohl auf Betreiben der Frau.

Rosemarie Strebe
nabelschnüre – kindertelefone

keine briefe mehr
als antwort
nur hin zu den kindern
die botschaft aus papier
das herzklopfen mitteilen
per luftpost durch wolkenberge
irgendwann später
die bestätigung der ankünfte
durch die sprechende muschel:
uns geht es gut
wie geht es dir?
das wetter könnte besser sein
zur zeit bei uns.

wann lasst ihr wieder
brieftauben fliegen
aus euren nistkästen
schickt wohlschmeckende
buchstaben wie früher
an mich.

ich sollte
kabel zerschneiden
nabelschnüre
und einfach mal
schweigen.

Offensichtlich hatte der Vater diesen Teil seiner Lebensgeschichte nicht verarbeitet, sondern die Wiederholung eines Fehlers geschehen lassen. Denn damals wie heute schienen materielle Gründe dafür zu sprechen, daß Eltern und Kinder weiter zusammen wohnten. Da man sich mochte, schien nichts dagegen zu sprechen. Aber auf Dauer bewährt hatte es sich nicht. Insbesondere Schwiegertöchter oder -söhne müssen Wert legen auf Ablösung und räumliche Trennung ihrer Ehepartner von den Eltern, die sie nicht mitheiraten wollten und deren Anwesenheit oft die Paarbeziehung belastet.

Häufig werden materielle Gründe angeführt oder geben tatsächlich den Ausschlag, um das Ausziehen zu verschieben. Wenn Geld knapp ist, im elterlichen Haus aber noch eine Dach- oder Parterrewohnung frei ist, erscheint es naheliegend, die «Nächsten» damit zu unterstützen. Freilich, der Volksmund weiß, daß Eltern und erwachsene Kinder unter einem Dach nie guttut.

Der Leiter einer Volkshochschule berichtete mir von seinen beiden Söhnen, 19 und 21 Jahre alt. Ich fragte, ob sie noch zu Hause wohnen? Er: «Ja. So gut wie bei uns haben sie es doch sonst nirgends. Sie studieren in M. und können von zu Hause mit der S-Bahn zur Uni fahren.» Ich, vorsichtig: «In dem Alter geht es einem oft nicht nur um die Bequemlichkeit, sondern auch um die Selbständigkeit.» «Dafür weiß ich auch ein Mittel: das Taschengeld wird erhöht. Und auch vermehrte Pflichten im Haushalt machen sie selbständiger!» Ich schätze diesen Vater zwar nicht so ein, daß er seine Söhne noch als Vierzigjährige daheim sitzen haben möchte, aber für die Dauer des Studiums fand er es offenbar «normal». Seine Taschengeldaktion, die ich eher bei Zehn- bis 15jährigen angebracht gefunden hätte, zeigt, daß er die finanzielle Abhängigkeit der Studenten, die seit der BAföG-Kürzung wieder größer geworden ist, als Wasser auf die Familienmühle begriff. Wahrscheinlich waren er und seine Frau nicht vorbereitet auf die Trennung und sich ihrer Notwendigkeit nicht bewußt. Wenn die Söhne tatsächlich die Bequemlichkeit über die Selbständigkeit stellten, wie es durchaus für einen großen Teil der Jugendlichen heute zutrifft, dann verschleppt sich der Prozeß der Verselbständigung oder wird ganz abgeblockt.

Ausziehen aus dem Elternhaus ist auch deshalb notwendig, weil nur dadurch die unterbewußte Schuldverstrickung aufgelöst werden kann, die sich aus der tabuisierten Sohn-Mutter- bzw. Vater-Tochter-Liebe ergibt (Ödipus– Komplex). Es hängt jedoch nicht nur mit dieser besonderen «Ödipus»-Situation zusammen, daß Schuldgefühle entstehen, sondern mit unserer Kleinfamilienstruktur im allgemeinen. Die Kinder geraten heutzutage in «Schuld», weil die Eltern sie zwanzig Jahre lang kleiden, ernähren, pflegen, ohne daß den Eltern dadurch Hilfskräfte für später heranwachsen würden, wie das früher in unserer Gesellschaft der Fall war.

Daß heutzutage die Jungen die Renten der Alten erarbeiten, wirkt diesem Gefühl nicht entgegen. Dafür ist der «soziale Generationsvertrag» zu abstrakt. Konkret und im Einzelfall ist diese Tatsache nicht geeignet, die «Schuld» zu löschen. Ich hörte ein Gebet, das Kindern in den Mund gelegt wurde und diese unfaßbare «Schuld» ausdrückt: «Vergelte, Herr, was ich nicht kann, was sie mir Gutes haben getan.»

In diesem Sinn hegen die Eltern Erwartungen, obwohl sie wissen, daß sie keine haben dürfen, daß sie «nur» ihre Pflicht als Eltern erfüllen, wenn sie den Kindern geben, was diese brauchen. Auch daraus entstehen Schuldgefühle. Eltern haben darüber hinaus selten den wirtschaftlichen und sozialen Status erreicht, den sie in einer Gesellschaft, in der alles am Geld hängt, glauben ihren Kindern bieten zu müssen. Sie haben also oft Versagergefühle, weil sie ihre eigenen Erwartungen an sich nicht erfüllt haben; «normalerweise» haben sie aber auch schon die Erwartungen ihrer Eltern nicht erfüllt.

Immer bleiben bei Eltern Gefühle der Schuld zurück, als Eltern versagt zu haben. Sie hätten dies oder jenes besser machen können. Sie haben irgendwann zu viele Berufsprobleme gehabt oder dem Beruf den Vorrang vor den Kindern gegeben. Sie waren unvorbereitet auf die Elternschaft oder haben zu wenig über bestimmte Phasen oder bestimmte Probleme der Kinder gewußt und haben dadurch, wie sie jetzt meinen, Fehler gemacht. Oder sie sind durch persönliche Probleme, durch die eigene Entwicklung, zu sehr abgelenkt gewesen.

Diese Schuldgefühle machen erpreßbar.

Für die Jugendlichen ist Schuld schwieriger definierbar. Aber auch sie haben mehr oder weniger starke Gefühle, den Erwartungen der Eltern nicht zu genügen, ihnen nicht zu gefallen, so wie sie sind. Manchmal suggerieren bestimmte Äußerungen, Gefühle oder Geschichten, daß die Kinder die Karriere der Eltern, deren Liebesleben oder überhaupt deren Leben gestört oder gar zerstört hätten.

Diese Schuldgefühle bei Eltern und Kindern werden verstärkt durch Freunde, Nachbarn, Verwandte: «Du hättest deine Mutter nicht alleine lassen dürfen mit der ganzen Landarbeit!» Oder: «Du hättest deinem Jungen schon noch eine zweite Ausbildung bezahlen oder eine Wohnungseinrichtung besorgen sollen, wie er es gefordert hat!»

Und auch mit solchen Vorwürfen wird, oft genug, ein bestimmtes Verhalten erpreßt. Die Erpreßbarkeit durch Schuldkomplexe nimmt ab, wenn die Beteiligten auseinandergehen. Da Eltern wohl kaum von ihren Kindern wegziehen, müssen herangewachsene Kinder aus dem Elternhaus ausziehen.

Jenseits der räumlichen Trennung

Es braucht Zeit, bis solche Schuldgefühle abgebaut sind. So ist Ausziehen allein nicht das Mittel, das die plötzliche Heilung bewirken würde. Das Verhältnis zwischen Eltern und Kindern ist nach dem Auszug nicht schlagartig geklärt. Aber Ausziehen ist die Voraussetzung dafür, daß das Verhältnis eine neue Qualität erreichen kann, nämlich die einer Beziehung auf gleicher Ebene zwischen Erwachsenen.

Die Eltern brauchen Zeit, um sich daran zu gewöhnen, daß die «ausgezogenen» Söhne oder Töchter ihre Angelegenheiten inzwischen selbständig in die Hand nehmen. Und junge Erwachsene brauchen Zeit, um zu lernen, ihre Eltern aus der Distanz zu sehen, und sich daran zu gewöhnen, daß sie nicht mehr die Versorger und Retter in allen Lebenslagen sind. Daß Zeit dafür notwendig ist, zeigt sich oft, wenn Jugendliche nach einem ersten Ausflug in die Welt noch einmal zurückkommen, aus materiellen Gründen oder auch weil sie meinen, sie hätten bereits die Distanz, um ihren Eltern auf neue Weise zu begegnen. Das geht oft schief, weil die Selbständigkeit noch nicht selbstverständlich genug geworden ist. Oder weil die Eltern in die alte Rolle zurückfallen und Sohn / Tochter in alter Weise darauf reagieren.

Das erneute Zusammenleben scheint mir auch nicht unbedingt die geeignete Bewährungsprobe für ein neues Verhältnis zu sein. Denn das Elternhaus ist nun mal das Haus der Eltern mit den Lebensgewohnheiten der Eltern, mit ihren Vorstellungen von Verhalten, Sauberkeit, Ordnung usw. Eine endgültige Trennung der Wohnungen ist in aller Regel die bessere Voraussetzung für ein neues Verhältnis.

Wieviel Zeit es braucht, eine neue Beziehung herzustellen, ist sicher je nach Art der Beziehung und der Personen verschieden. Eine Mutter von Söhnen sagte auf meine Frage «Könntest du dir vorstellen, später wieder in einem Haus oder als Nachbarn mit deinen Söhnen zusammenzuleben?» sehr sicher: «Als Nachbarin ja, aber nicht vor dem Alter von 25.» Ihr war die Bedeutung der räumlichen Trennung für sie selber und die Söhne und auch das gegenseitige Verhältnis längst bewußt geworden. Und sie sah auch die Bedeutung der zeitlichen Distanz.

Ausziehen ist nicht alles

Ausziehen muß sein, hieß es im vorigen Abschnitt, ohne Ausziehen keine Verselbständigung und kein Erwachsensein. Und mit dem Ausziehen allein ist es noch nicht getan – Abstand gewinnen braucht seine Zeit. Ich behaupte nun: Auch der zeitliche Abstand von einem, zwei, drei oder fünf Jahren nach dem Ausziehen allein bringt kein neues Verhältnis zwischen Eltern und Söhnen oder Töchtern zuwege. Es muß ein Prozeß der Bewußtwerdung dazukommen: Das bin ich und das sind die Eltern – und umgekehrt. Sonst ist man zwar umgezogen, aber nicht wirklich bei den Eltern ausgezogen.

Verinnerlichte Eltern

Nun ist es nichts Schlechtes, Verhaltensweisen oder Traditionen von den Eltern zu übernehmen. Es gab viele Gesellschaften, die nur aus der Tradition lebten, die eine Generation an die andere weitergab, und trotzdem wurden die Menschen erwachsen.

Heute und bei uns ist das nicht mehr in gleicher Weise möglich, weil die Welt sich zu schnell verändert. Die Erfahrung der Großeltern hat heute kaum noch Bedeutung. Es hilft mir nichts, wenn Großvater und Großmutter Körbe flechten oder mit dem Ochsengespann pflügen konnten, wenn ich vor dem Computer-Bildschirm sitze.

Da kaum noch allgemein gültige und allgemein akzeptierte Formen und Verhaltensweisen existieren, ist es notwendig, jeweils zu überprüfen, ob wir als Personen noch hinter Verhaltensweisen stehen, die wir von Eltern oder Autoritäten übernommen haben.

Ein Beispiel: Nach Festen bei uns hing immer wieder eine leichte Verstimmung zwischen Jean und mir im Raum. Als Auslöser dafür erkannten wir schließlich folgendes: Ich pflege mich von Übernachtungsgästen zu verabschieden, wenn ich müde bin und das Bedürfnis habe, mich hinzulegen. Jean hingegen empfindet als Gastgeber die Verpflichtung, aufzubleiben, bis auch der letzte Gast schlafen gegangen ist. Da wir häufig trinkfeste und zähe Gäste haben, kann sich das leicht bis zum Morgengrauen hinziehen. Nicht daß Jean seine Gastgeberpflicht griesgrämig und freudlos erfüllen würde. Im Gegenteil, auch er ist ein freudiger Zecher und Plauderer. Aber am folgenden Tag ist er manchmal nicht ganz fit, und die Gastgeberpflichten gehen weiter. In dieser Situation tauchte schon wiederholt ein leichter Vorwurf auf, das ich es mir so leicht mache und ihm das Schwere oder «die Verantwortung» überlasse. Wir versuchten, die Gründe für unser unterschiedliches Verhalten zu klären,und kamen dahinter, daß es sich bei uns beiden um Eltern-Kind-Prägungen handelt. Jeans Eltern haben es so gehalten, daß der Gastgeber mit dem Gast aufbleibt und ihm Gesellschaft leistet. Weil er dies als Norm verinnerlichte, fühlt Jean sich nicht frei, zu seiner Zeit ins Bett zu gehen. Daher kommen Neid-und-Ärger-Gefühle in ihm hoch gegen Personen, die es sich erlauben, sich nicht an seine Eltern-Norm zu halten. Mein Verhalten ist durch meine Mutter geprägt. Obwohl auch sie sehr gastfreundlich war, ging meine Mutter, ob Gäste da waren oder nicht, zwischen 22 und 23 Uhr zu Bett. Das Verhalten, das ich offenbar von meiner Mutter übernommen habe, läßt mir die Freiheit, zu tun, was ich möchte, ohne mich zu überfordern und auch – wie ich denke – ohne irgend jemandem etwas wegzunehmen. Jeans Eltern-Norm läßt ihm weniger Freiheit. Überforderung durch eine Norm läßt leicht Neidgefühle entstehen, wie man sie gegenüber Geschwistern hatte: «Wenn ich muß, dann soll der (oder die) auch...»

Wir müssen uns jetzt, als Erwachsene, klarwerden, wie wir es heute mit Gästen halten wollen. Was bedeuten sie für uns und unser Leben, was haben wir mit ihnen vor, wie differenzieren wir zwischen Gästen und Freunden, was können wir verkraften? Wir sind zwar vor vielen, vielen Jahren aus unseren Elternhäusern ausgezogen, aber Teile des «Mobiliars» haben wir beim Umzug mitgenommen.

Rückfälle in die Eltern-Kind-Beziehung

Auch Vierzigjährige, die selber längst Väter oder Mütter und vielleicht «gemachte Leute» sind, werden wieder kleine Jungen oder brave Mädchen, wenn sie die Eltern besuchen. Und manche wiederholen die Besuche recht regelmäßig. Sie lassen sich verwöhnen mit Speis und Trank wie ehemals; die «Jungen» leisten kleine Handwerkshilfen, die «Mädchen» helfen wie früher im Haushalt. Und sie führen die alten Gespräche, den Kampf darum, vom Vater endlich so akzeptiert zu werden, wie man ist, mit dem vielleicht unerwünschten Beruf und der unerwünschten Frau etc., etc. – «Der Mutter zuliebe» nehme er den Frust mit dem Vater regelmäßig auf sich, hörte ich von einem Ausgezogenen, der sich nie trennte, also nur *umzog*, und ihr Essen sei so gut…

Ein anderes Rückfallverhalten, das jede(r) in irgendwelchen Variationen kennt: Eine Frau besucht mit ihrem Mann dessen Eltern. Er hat es sich inzwischen angewöhnt, zu Hause seinen Teil an Hausarbeit zu übernehmen, weil seine Frau ebenfalls berufstätig ist oder es einfach ablehnt, die herkömmliche Rollenteilung so zu akzeptieren, daß sie als Frau sechzig Wochenstunden werkelt und er nach vierzig Stunden Feierabend total macht. Und jetzt der Elternbesuch. Sie traut ihren Augen nicht: Söhnchen sitzt am Tisch und läßt sich bedienen. Na ja, er ist jetzt zu Gast in diesem Haus. Aber es sieht verdammt so aus, als fühle er sich äußerst wohl in dieser Rolle, ja, als wäre es ihm am liebsten, wenn es immer so bleiben könnte, wenn er auch bei ihr zu Hause genauso verwöhnt werden würde. So als sei sein «erwachsenes» Verhalten, das sie von ihm kennt, nur Tünche, als sei er in Wahrheit niemals von zu Hause ausgezogen, lediglich umgezogen…

Bleibende Verflechtung

Der 19jährige Manuel, mit 17 von zu Hause ausgezogen, sagte bei meiner Befragung auf die Frage «Kannst du dir vorstellen, mit deinen Eltern später einmal befreundet zu sein?» wie Erich (siehe oben) sofort: «Das bin ich jetzt schon.» Zufällig war er dabei, als ich seine Mutter besuchte, um auch sie zu interviewen. Manuel reagierte ziemlich empfindlich auf alles, was seine Mutter sagte: Seiner Meinung nach redete sie zuviel, sie sprach nicht zum Thema, sie sagte nicht das Richtige usw. Offensichtlich fühlte er sich ausgesprochen verantwortlich für alles, was seine Mutter tat. Beim ersten Eindruck schien mir das Verhältnis zwischen beiden wie seitenverkehrt: so, als habe Manuel sich jetzt vorgenommen, seine Mutter zu erziehen. Dann erinnerte es mich an manche eingefahrenen Partnerverhältnisse, wo einer sich für das Tun des anderen verantwortlich fühlt, als müsse er sich schämen, wenn der andere dumme Sachen sagt oder macht. Offenbar war Manuel noch nicht so frei, um die Mutter frei lassen zu können, auf ihre Art zu reden und zu sein.

Ein freier Mensch, so meine ich, braucht sich seiner Eltern und seiner Kinder niemals zu schämen noch sie vor Kritik zu schützen, noch sie gegenüber Dritten madig zu machen. Solche Verhaltensweisen deuten darauf hin, daß noch eine tiefe, ungeklärte und unaufgelöste Verflochtenheit zwischen Eltern und Jugendlichem (oder auch zwischen Partnern) besteht. Das «Kind» ist *umgezogen*, aber nicht ausgezogen.

Sich groß machen statt groß werden

Viele Erwachsene haben sich als Kinder sehr klein und unfähig gefühlt. Oft haben sie von den Eltern immer wieder zu hören bekommen, wie klein sie seien und daß sie nichts wüßten und nichts könnten. Sie wurden niedergemacht von den Eltern oder haben es zumindest als sehr schmählich empfunden, daß sie noch nicht konnten, was die Erwachsenen können. Sie haben sich damals geschworen: «Wenn ich einmal groß bin, dann...»

Wenn sie großgeworden sind und dies oder jenes gelernt haben, sitzen sie dann auf ihrem Wissen und Können wie auf persönlichen Guthaben. Sie sind groß, ja «der Größte» (zu lange waren das der Vater oder die Mutter), alle anderen sind Stümper und haben keine Ahnung. Solche «Könner» lassen sich nicht gerne in die Karten blicken, mit welchen Tricks und Techniken sie arbeiten und warum sie dies oder das für günstig halten. Und solche Angeber können nicht zugeben, irgend etwas nicht zu können, bei irgendwelchen Arbeiten oder im zwischenmenschlichen Bereich Schwierigkeiten zu haben...

Mir fallen nur Beispiele aus «männlichen» Bereichen ein, wie Handwerk, Geschäftliches oder Politik. Tatsächlich sind Frauen großzügiger mit der Weitergabe ihrer speziellen Informationen und Kenntnisse aus den Bereichen Haushalt oder Erziehung. Sie sind weniger auf Konkurrenz getrimmt.

Bei beiden Geschlechtern gleich verbreitet scheint mir allerdings die Schwierigkeit, mit anderen zusammenzuarbeiten, entweder gleichrangig oder die Rollen tauschend, mal Handlanger, mal von gleich zu gleich, mal anleitend. Dann verläßt auch frau die Küche lieber ganz, als daß sie mit anschauen würde, wie Sohn oder Tochter oder eine Gastperson sich darin betätigen und alles anders machen, als sie es machen würde. In gewisser Hinsicht sind wir auch in dieser Beziehung aus dem Elternhaus nicht ausgezogen, nur umgezogen. Wir versuchen, den Druck weiterzugeben, den wir als Kinder empfunden haben. Wir müssen uns groß machen, um ja nicht zu empfinden, wie ohnmächtig wir noch immer sind, wie klein, wie wenig erwachsen. Groß werden hieße dann, auch klein sein zu können, sich nicht mehr groß machen zu müssen.

Finanzielle Abhängigkeit

Immer häufiger wird die monatliche Überweisung von zu Hause auch nach dem Ausbildungsende ein Dauerzustand. Das hängt mit dem Arbeits- und Lehrstellenmangel zusammen, aber auch mit verzögerter Verselbständigung.

Eine Mutter fragte mich, ob sie etwas falsch gemacht habe. Ihre Töchter können sich nicht entschließen, irgendeine Ausbildung anzufangen oder zu studieren, aber sie sehen auch nicht ein, warum sie für ihr Leben aufkommen sollten. Vater hat doch ... er verdient doch genügend ... Bei allen Jobs, die sie ihnen vorschlägt, haben sie etwas auszusetzen: So wollen sie sich nicht ausbeuten lassen oder: Sie machen doch nicht die Dreckarbeit (zum Beispiel Putzen) für so ein «Charakterschwein» usw.

Eine andere Mutter erzählte mir, sie könne es sich eigentlich nicht leisten, weniger Überstunden zu machen, obwohl ihr das Leben ohne Überstunden durchaus erstrebenswert erscheine. Aber sie müsse noch alle drei «erwachsenen» Söhne unterstützen, auch den Ältesten mit seinen 35 Jahren. Er hat zwar ein abgeschlossenes Studium, der Beruf befriedigt ihn aber nicht. Ein zweites Studium hat er abgebrochen, weil es ihm nicht gefiel. Jetzt will er eine Ausbildung in einem Computer-Beruf beginnen. Aber ob ihm das gefällt, scheint der Mutter noch äußerst fraglich. Ein Vater, LKW-Fahrer und Bauer, beklagt sich, daß der 23jährige Sohn ihm bereits den dritten Wagen zu Schrott gefahren habe. Unfälle wegen tollkühnen Fahrens... Er hat ja selber auch viel Blödsinn gemacht als Junger, aber so toll hat er es doch nicht getrieben. Ich wundere mich, daß er sein Auto immer wieder hergibt. Darauf er: «Aber er ist doch der Bua...»

Ausgezogen, aber nicht losgelöst und losgelassen. Die Kinder bestimmen zwar, wie sie leben, wie sie wohnen, mit wem sie wohnen, was sie essen, wie sie sich kleiden. Aber zahlen sollen die, die sie in die Welt gesetzt haben. Und die machen das treu und brav! Auch die Eltern sind nicht selbständig genug, um die Herangewachsenen in die Selbständigkeit zu entlassen.

Ersatznester

Ersatznester können vorübergehend benutzt werden: eine Wohngemeinschaft, von der ich mich eines Tages wieder verabschiede, die mir aber zunächst Halt und Geborgenheit gibt, ähnlich dem Elternhaus früher. Ein älterer Freund, ein Lehrherr oder ein/e Lehrer(in), an denen ich mich eine Zeitlang orientiere. Ein Ehepartner, mit dem ich meine Probleme mit Vater und Mutter noch einmal erlebe und vielleicht durcharbeiten und erledigen kann, um auf neuer Basis mit ihm zu leben oder Abschied von ihm zu nehmen.

Ich kann mich aber auch auf Dauer im «Ersatznest» einrichten. Überall, wo ich die Verantwortung für mich aus der Hand gebe, für kürzer, länger oder endgültig, bin ich trotz meines Auszugs nur umgezogen: aus dem Elternhaus in die Ehe oder auf den lebenslang sicheren Arbeitsplatz, in einen Orden oder Schwesternverband usw.

Umziehen in das Nest einer Krankheit

In der Einleitung umschrieb ich Erwachsensein damit, «den Eltern entwachsen, aber auf ein eigenes Ziel, eine eigene Perspektive hin orientiert zu sein». Der Psychoanalytiker Helmut Schulze spricht vom «Druck der Realität» und dem «Sog der Ziele», die beide notwendig sind, um dem autonomen Ich dazwischen Raum zu geben. Wenn ein Mensch die Realität unerträglich findet und in die Neurose, eine psychische Störung, ausweicht, so steht dies oft in Zusammenhang damit, daß er es im Herkunftsnest gemütlich fand und sich nicht davon lösen, nicht selbständig werden will. Helmut Schulze führt 90 % aller Neurosen auf Ablösungsschwierigkeiten zurück. Sicher bedürfen solche Störungen fachkundiger Behandlung. Auch Elternverhalten kann so krankhaft sein, daß nur eine gründliche Therapie heraushelfen kann. Wenn es dem Jugendlichen in der Familie nicht möglich war, eine Perspektive zu entwickeln, so daß der «Sog» fehlt, kann ebenfalls eine psychische Störung, zum Beispiel eine Depression, entstehen. Insofern sind die Sorgen von Eltern, wie zum Beispiel Sophias Vater, daß sie keine ausgeprägten Interessen habe, nicht müßig und von der Hand zu weisen. Es ist lebens- bzw. gesundheitswichtig, daß Jugendliche sich engagieren und Lust an bestimmten Beschäftigungen haben, und sei es auch «nur» der Sport.

Die Krankheit selbst kann aber auch als schützendes Zweitnest empfunden werden, in der ein Mensch sich auf unabsehbare Zeit einrichtet und die es ihm ermöglicht, seine Verantwortung an Personen oder irgendwelche Institutionen, ein psychiatrisches Krankenhaus, die Betreuung in einem Heim o. ä. abzugeben. Selbst eine Psychoanalyse kann sich zum Zweitnest entwickeln, in dem einer hocken bleibt, wenn die Anstrengung ausbleibt, so schnell wie möglich auf eigene Füße zu kommen. Man kann sich darin einrichten, wenn man weiß: einmal in der Woche hört mich einer wie ein Vater an und sagt mir, was mit mir los ist. Dies kann zu einer Art Lebensinhalt werden.

Augenfälliger ist jedoch, daß psychosomatische Krankheiten als Zweitnester genutzt werden können. Krankheit macht den Menschen unselbständig. Er muß im Bett liegen (wie ein Säugling) oder braucht zumindest Sorge und Pflege, Packungen, Einreibungen, Medikamente, wird mit Essen und Trinken versorgt, umhegt mit Wärme, seinen Wünschen wird nachgegeben, wie bei einem Kind. Krankheit ist infantilisierend.

Es gibt auch ganz spezielle Aufgaben in der Realität, die durch Krankheit ausgeschaltet werden können: Putzen durch Asthmaanfälle beim Kontakt mit Hausstaub, Spülen durch Allergien gegen Spülmittel, Berufe wie zum Beispiel Chemotechniker durch Allergien gegen Stoffe, mit denen man es in der Berufspraxis unvermeidlich zu tun hat, zu viel Streß durch Migräne, die weibliche Rolle durch Magersucht. Solche Krankheiten entstehen natürlich unbewußt. In derartigen Fällen wird offenbar die Realität unerträglicher empfunden als das Leiden und keine Möglichkeit gesehen, die Realität für sich zu verändern.

Wenn das Leiden sich verselbständigt und zu belastend wird, dann entsteht genügend «Leidensdruck», der die Betroffenen dazu bringen kann, dem Leiden zu begegnen und sich der Realität zu stellen.

Wenn der Leidensdruck so groß wird, daß es für einen Menschen nichts mehr anderes gibt als Angst, Schlaflosigkeit aus Angst, Bewegungsunfähigkeit aus Angst, Wahnvorstellungen und zusätzlich die Angst, daß es jemand merken und ihn in die Psychiatrie einliefern könnte, dann drohen existentielle Gefährdungen. Man kann nur hoffen, daß der Kranke den Weg zu einer Behandlung finden und die Kraft aufbringen wird, eine anstrengende Therapie durchzustehen.

Für die Herkunft der meisten Neurosen aus Kindertagen nimmt Helmut Schultze an, daß sie weder reine «Verwöhnungsneurosen» noch reine «Frustrationsneurosen» sind, sondern eine Mischung von beidem. Das Kind hat nicht ausreichend gelernt, die Realität, auch in ihrer Härte, kennenzulernen und sich mit ihr auseinanderzusetzen. Die Steine wurden ihm stets aus dem Weg geräumt. Es wurde aber vielleicht während einer anderen Kindheitsphase umgekehrt auch überfordert, so daß es nicht ausreichend Vertrauen in sich selbst und seine Umwelt gewinnen konnte und somit die Realität nicht als reizvolle, gestaltbare Möglichkeit erlebte, mit der es sich lohnt, sich auseinanderzusetzen. Es fehlt dann an Druck und Sog. Übriggeblieben ist die Angst vor der Realität und die Angst vor fernen Zielen, die Angst «vorm Fliegen».

Schwierig ist es, aus der Neurose heraus erwachsen zu werden, wenn weder Realitätsdruck vorhanden ist noch ein bestimmter Leidensdruck empfunden wird. Das trifft zu, wenn der Realitätsdruck durch die Nestpersonen abgenommen wird, die noch finanzieren und ihre Beziehungen gegen andere Schwierigkeiten des Lebens einsetzen, also zum Beispiel Wohnungen oder Arbeitsplätze besorgen. Aber auch ein sicherer

Job, der gutes Geld bringt, kann mich des Realitätsdrucks entheben oder ein Ehepartner, der mich materiell absichert.

Der Leidensdruck wird durch den sogenannten «sekundären Krankheitsgewinn» ausgeglichen. Der Neurotiker bemerkt gar nicht, daß er unfrei ist in seinen Handlungen, daß er im Gefängnis der Neurose festsitzt. Ihm ist es wichtig, verwöhnt zu werden, sich pausenlos beklagen zu können, als Leidende(r) interessant zu sein und andere unter Druck zu setzen durch sein Leiden.

Auch das sind mögliche Formen des Umziehens aus dem Elternhaus, ohne auszuziehen: Umziehen von der Unselbständigkeit des Kindes in die Unselbständigkeit durch Neurose oder psychosomatisch bedingte Krankheit.

Aus Eltern werden Fremde oder Freunde

Im Abschnitt «Nestflüchter» war davon die Rede, daß man dann zu früh von den Eltern weggehen kann, wenn man sich noch nicht mit ihnen auseinandergesetzt hat. Im Kapitel «Umziehen ist nicht alles» wurde von Menschen und Situationen erzählt, die ihre Elternprobleme weiter mit sich trugen und teilweise Kind blieben, obwohl sie längst ausgezogen waren.

Während wir in der Kleinfamilie aufwachsen, verinnerlichen wir so viel von unseren Eltern, daß wir uns immer wieder an Elternfiguren anhängen oder Elternbilder auf andere Menschen übertragen, wenn es uns nicht wirklich gelungen ist, von den Eltern als Eltern Abschied zu nehmen. Es reicht nicht, «die Tür hinter sich zuzuschlagen» und zu glauben, damit habe man mit den Eltern abgeschlossen, wie es ein Mann aus meiner Wohngemeinschaft von sich behauptete, um sich gleich darauf mit dem nächsten WG-Mitglied anzulegen, weil es ihn «so an seinen Vater erinnerte».

Wie es gelingen kann, einmal wirklich von seinen Eltern als Eltern Abschied zu nehmen, ist von Fall zu Fall verschieden. Sicher geht es nicht ohne schmerzliche Erlebnisse für die Eltern. «Die Eltern haben es immer und auf alle Fälle falsch gemacht, ganz egal, wie sie es gemacht haben», sagte mir ein fünffacher Vater, dessen Kinder fast alle ausgezogen waren. Diese Worte hatten keinen resignativen Unterton, oder ich hörte ihn nicht, weil mir diese Erkenntnis «naturgemäß» scheint. Helmut Schulze hält die Konfrontation mit den Nestfiguren für den wichtigsten Schritt der Ablösung. Ich würde sagen, daß allein diejenige Auseinandersetzung, die die Möglichkeit enthält, sich wieder zusammenzusetzen, die Ablösung gelingen läßt, so daß sich aus ihr eine neue Beziehung zu den Eltern entwickeln kann.

Die Psychoanalytikerin Helene Deutsch hält es für völlig normal, wenn Jugendliche eine Zeitlang viel an den Eltern auszusetzen haben; ja, daß sie in ihnen die miesesten, schwächsten, fehlerhaftesten Personen sehen, die sie überhaupt je kennengelernt haben. Helene Deutsch vermutet darin einen gewissen Ausgleich dafür, daß die Eltern früher, während der totalen Abhängigkeit des Kindes von ihnen, ohne besondere Leistungen, quasi automatisch, die Größten in allem waren. Die Kritik an den Eltern ist also als eine Art Richtigstellung anzusehen, an der die oder der Jugendliche arbeitet. Es besteht dann die Chance, dieses jetzt vorübergehend negativ verzerrte Bild der Eltern durch ein realistisches zu ersetzen, ein Bild, das zwischen dem überhöhten Bild des Kindes und dem negativen des Jugendlichen liegen dürfte.

Was erreicht werden soll, ist ein neues Verhältnis zwischen Eltern und Herangewachsenen, nämlich ein Verhältnis zwischen Erwachsenen. Und das muß heißen: ein Verhältnis von gleich zu gleich. Von den Eltern erfordert dies, Fürsorgehaltungen abzubauen, auf das Denken, Handeln und Reden für die Kinder zu verzichten und das Gefühl der Verantwortung und Zuständigkeit dafür abzulegen, was der Sohn oder die Tochter jetzt tut oder läßt, wie er / sie ist. Das verlangt, ihn oder sie so sein lassen zu können, wie sie als Personen inzwischen geworden sind, und nicht mehr an ihnen herumerziehen zu wollen.

Diese Neuorientierung bedeutet nicht, daß Eltern nicht mehr kritisch gegenüber Sohn oder Tochter sein sollen, wie sie das gegenüber Freunden hoffentlich auch sind. Und daß sie Kritik nicht offen und ehrlich äußern dürften, allerdings nicht über die Grenze hinaus, bis zu der sie selber bereit sind, Kritik entgegenzunehmen und zu verarbeiten. Ich glaube sogar, daß das Eltern-Sohn- und Eltern-Tochter-Verhältnis um so enger und echter bleiben kann, je ehrlicher jeder dem anderen sagt, was ihm gefällt und was ihn stört.

Schwierig gestalten sich Beziehungen zu den Eltern immer dann, wenn Söhne und Töchter das Gefühl gegenüber den Eltern haben, es habe gar keinen Sinn, mit ihnen zu reden, sie verstünden einen oder die Welt ja doch nicht. Und sie könnten sich nicht mehr ändern. Manchmal ist das ein Gefühl, das Sohn oder Tochter schon als Kind hatten und bei dem er/sie hängengeblieben ist, ohne es neu zu überprüfen. Aber dies Gefühl kann ja auch zutreffen. Es wird dann passieren, daß Eltern und Kinder sich allmählich fremd werden. Wenn die Kinder wirklich ausgezogen sind, ist das nicht weiter tragisch. Auch sonst werden Leute, die verschiedene Wege gehen, sich allmählich fremd. Das Ziel ist dann bescheidener: gegenseitige Achtung und Toleranz – mit Abstand.

Freilich ist das Fremdwerden der Kinder nicht einfach zu ertragen für die Eltern. Die eigenen «Kinder» sind Erwachsene geworden, mit anderen Interessen, einer anderen Lebensweise, anderen Meinungen. Wenn man ihren Weg nicht nachvollziehen kann aufgrund jeweils anderer Erfahrungen, ist es schwer, sie vorbehaltlos zu akzeptieren. Und Versuche, die Söhne und Töchter auf den eigenen, zwanzig Jahre gemeinsam gegangenen Weg zu verpflichten, sind verständlich, wenn auch gewiß nicht förderlich für das gegenseitige Verhältnis.

Ich kann mir kaum vorstellen, daß die Eltern von Mitgliedern der Baader-Meinhof-Gruppe dem politischen Weg ihrer «Kinder» zustimmen konnten. Soviel ich weiß, haben aber die meisten von ihnen die Achtung vor ihren «Kindern» behalten und versucht, die Verzweiflung ihrer Söhne und Töchter über die politische Situation ebenso zu verstehen wie die Konsequenzen, die sie aus dieser Verzweiflung gezogen haben.

Für Sohn und Tochter sieht der Trennungsprozeß völlig anders aus: Ihr Ziel ist es, ihre Eltern als «gewöhnliche» Menschen kennenzulernen, obwohl man sie bereits gut kennt oder zu kennen glaubt, weil man lange mit ihnen zusammengelebt hat. Wichtig ist, jetzt die Perspektive zu ändern. Nicht mehr ängstlich, aber auch nicht mehr hoffnungs- und erwartungsvoll hinzuschauen (wie in dem Kreisler-Lied «Der Papa wird's scho richten, es g'hört zu seine Pflichten»), sondern so, als würde man sie neu kennenlernen. Was sind das überhaupt für Menschen? Welche Eigenschaften haben sie? Sehe ich darin Stärken oder Schwächen? Und wie komme ich mit diesen Stärken oder Schwächen klar? Welche Lebensgeschichte haben sie, und wie stark sind sie dadurch geprägt?

Ich gehe an dieser Stelle noch einmal auf die «Kinder»-Perspektive des Ablösungsprozesses ein, weil ich denke, daß es sich um eine Art

Kettenreaktion handelt. Wenn wir als Eltern Probleme mit unseren Eltern haben, wird es schwieriger für uns sein, unsere Kinder freizulassen. Dabei sind Eltern von fast erwachsenen Kindern noch jung genug, um ihren persönlichen Ablösungsprozeß zu vollenden und versäumte Schritte nachzuholen. Immer mehr Menschen sind heutzutage bereit, in Therapie- oder Selbsterfahrungsgruppen an diesem Prozeß zu arbeiten.

Deshalb komme ich auf die Konfrontations-Therapie von Helmut Schulze zurück. Er geht davon aus, daß jeder von uns erst dann sich frei bzw. autonom entscheiden und verhalten kann, wenn er alte Ängste überwunden hat. Letzten Endes geht es um die Hauptangst, daß es für mich gefährlich ist, wenn ich mich nicht so verhalte, wie die Eltern es haben wollen. Wenn mich diese Angst aus frühester Kindheit noch quält, muß ich durch eine neue Erfahrung lernen, daß es die Eltern, die ich da verinnerlicht habe, gar nicht gibt. Sie sind Popanze. Um das zu erfahren, muß ich die Eltern mit meiner erwachsenen Meinung konfrontieren und darf mich nicht mehr auf die alten Spiele einlassen.

Diese Angst vor den Eltern sitzt unter Umständen so tief, daß es häufig vorbereitender Übungen bedarf, um sie zu überwinden. Die Patienten Helmut Schulzes probieren also in Rollenspielen aus, wie es sich anfühlt, den Eltern den erwachsenen Standpunkt zu sagen. Sofern die Eltern noch leben, was für den inneren Prozeß der Ablösung günstiger ist, folgt auf die Probe der Ernstfall. Der Ernstfall ist oft zugleich ein Rückfall, der sich wiederholen kann. Ich habe möglicherweise meine Wünsche für unser künftiges gegenseitiges Verhältnis vorgetragen, die Eltern reagieren mit alten, eingefahrenen Spielen, zum Beispiel mit Klagen: Sie hätten alles für einen getan und nun lasse man sie allein usw. Darauf reagiere ich unter Umständen mit alten eingefahrenen Beschwichtigungen. Damit beginnt alles wieder von vorn. Ich muß es ihnen erneut sagen, daß ich das und jenes nicht mehr will und mir diese und jene Einmischung künftig verbitte. So lange, bis das für mich auch wirklich so ist! Wenn es stimmt, werden die Eltern das spüren und dann auch akzeptieren. Helmut Schulze berichtet von einer psychisch kranken Frau, die mit sechzig Jahren ihrer achtzigjährigen Mutter zum erstenmal entschlossen die Meinung sagte: Sie lasse sich nicht länger mit deren Schwäche unter Druck setzen. Danach verschwanden die Symptome der Störung, und sie konnte ein neues Leben beginnen. Es ist also selten zu spät.

Dabei geht es nicht um die Aufrechnung der Vergangenheit mit den Eltern, nicht darum, ihnen zu sagen, was sie in der Kindheit und seitdem alles falsch gemacht haben und was sie überhaupt für Geizkragen, Spießer, Kleinbürger oder… sind. Es geht vielmehr darum, sich selber überzeugend als erwachsenen Menschen darzustellen, als die Person, die man jetzt ist, mit der derzeitigen Identität. Ich zeige mich im Idealfall den Eltern so, wie ich mich auch Fremden gegenüber darstellen würde, die noch keine vorgefaßte Meinung über mich haben, etwa neuen Kollegen oder Freunden von Freunden, die schon mal von mir gehört haben und mich kennenlernen möchten. Die Eltern haben dann die Chance, diesen für sie neuen Menschen zu akzeptieren, so wie er jetzt ist, oder einen Bruch zu riskieren. In den seltensten Fällen kommt es wirklich zum dauerhaften Bruch. Vielleicht herrscht ein paar Jährchen Funkstille, dann lenken die Eltern ein.

Ein geklärtes Verhältnis zu den Eltern auf der Skala zwischen «Freunde» und «Fremde» ist kein Luxus, den man sich leistet oder auch nicht. Diese Klärung macht den Blick erst frei für die Wirklichkeit, wie sie ist, ohne zu idealisieren oder schwarz zu sehen. Solche extremen Sichtweisen deuten auf ungeklärte Eltern-Verhältnisse hin und behindern auch bei Einschätzungen anderer Zusammenhänge. Ein geklärtes Verhältnis zu den Eltern bedeutet auch die Befreiung von Leitfiguren anderer Art. Es macht den Weg frei für die eigene Weiterentwicklung, für ein Reifen ohne Ende.

3 Erwachsenwerden ist ein Prozeß

Schritte der Kinder, Reaktionen der Eltern

Wenn ein erwachsener Mann noch zu Hause bei Muttern hockt wie der vierzigjährige Eiereinkäufer, so heißt das nicht, daß irgendwann ein großer Fehler passiert ist. Zwar hat er wohl um die zwanzig versäumt, von zu Hause auszuziehen. Aber es ist anzunehmen, daß er das mit zwanzig nicht geschafft hat, weil bereits früher, in der Kindheit, von ihm und seiner Mutter wichtige Schritte versäumt wurden. Denn Erwachsenwerden geschieht nicht mit einem großen Knall, es ist ein langsamer und langer Prozeß, der mit der Geburt beginnt und mit dem Tode endet.

Auf diesem langen Weg gibt es deutliche Stationen, zum Beispiel körperliche Entwicklungen wie Gehen- oder Sprechenlernen, die ihre Bedeutung für das Erwachsenwerden in sich selber tragen. Solche Etappen fordern die Eltern zu einer Änderung ihres Verhaltens heraus. Dabei gibt es angemessene und eher unangemessene Reaktionen, möglicherweise sogar eindeutig «falsche». Zum Beispiel ist es falsch, ein Kind, das laufen gelernt hat, ständig herumzutragen, aber angemessen, das Kind, sooft es geht, alleine laufen zu lassen.

Die Gesellschaft gibt Stationen vor wie den Eintritt in den Kindergarten oder in die Schule oder die Rückkehr der Mutter in den Beruf. Für diese Stationen existieren Vorstellungen, Beispiele, Möglichkeiten, wie man als Eltern darauf reagieren könnte, wie man das Kind dabei unterstützen, sein Selbstvertrauen und sein Vertrauen in die Welt stärken könnte.

Daneben gibt es aber auch weniger deutliche Entwicklungsstufen, die trotzdem wichtig zu beachten sind. Wann braucht ein Kind zum Beispiel gleichaltrige Spielkameraden, welche, wie lange, wie oft? Diese Entscheidung ist schon viel offener und schwieriger, die Folgen sind doppelt schwerwiegend für einen Elternteil und seinen Zeitplan, denn in der Großstadt zum Beispiel ist es oft bis zum Schulalter notwendig, die Kontakte für die Kinder herzustellen, indem man/frau sie zu anderen Kindern hinbringt und sie wieder abholt. Aber auch für das Kind ist die Lage uneindeutig, da es zuviel oder zuwenig Kontakte haben kann. Dann gilt es hinzuschauen, was jeweils übliches Verhalten in der Kindergruppe des Kindes oder in der Nachbarschaft ist. Und auch hier ist es nicht einfach, abzuwägen: Was soll und was darf es mitmachen, weil es dabei wichtige Erfahrungen machen kann oder damit es sich nicht isoliert? Als Beispiele dienen Skifahren lernen, Tanzstunde besuchen, an einem Lager oder einer Fahrt teilnehmen, bestimmte Spiele oder Klamotten zu besitzen, die alle haben oder tragen.

Es gilt aber auch herauszufinden, welche speziellen Fähigkeiten und Eigenschaften zu fördern sind, bei was ich das Kind besonders unterstützen oder ihm den Rücken stärken muß, vielleicht weil es weniger übliche oder beliebte Beschäftigungen oder Dinge sind, die aber möglicherweise günstig für seine Entwicklung sind. Dazu gehört die schwierige Frage, welches Musikinstrument es lernen könnte, wieviel es dafür üben muß und wie lange es den Unterricht durchhalten sollte.

Bei allen Entscheidungen werden Tempo und Art der Schritte indirekt durch das Kind bestimmt. Dennoch ist es wichtig, daß die Eltern sich Vorstellungen davon bilden, was jeweils gut und richtig für die Entwicklung des Kindes ist. Aber es ist ebenso wichtig, zu spüren, was jetzt «dran» ist, ob die Zeit für etwas reif ist. Dabei sollten sich Eltern nicht auf «Entwicklungsfahrpläne» verlassen, die Phasen und Zeitpunkte für bestimmte Entwicklungen vorgeben. Wenn Schritte zu groß sind, werfen sie eher zurück. Wird ein Kind zu früh in den Kindergarten gesteckt, hat es später unter Umständen einen Widerwillen gegen

Schule oder Kindergruppen überhaupt, den es nur schwer überwindet. Dasselbe gilt, wenn man es vorzeitig mit Materialien arbeiten läßt, die seine Fingergeschicklichkeit oder geistigen Kombinationsmöglichkeiten noch überfordern. Pastellkreiden sind nichts für Fünfjährige, die in diesem Alter mehr Spaß an Fingerfarben oder Filzstiften haben und mit ihnen den Zugang zu Bedeutungen und Möglichkeiten der Farben ausprobieren lernen.

Das Schwerste für Eltern ist sicher, zu warten und da zu sein, bis sie dann gebraucht werden. Das Kind macht Schritte in die Welt hinein, auf andere Menschen zu. Aber es kommt auch wieder zurück von seinen Ausflügen, und dann braucht es Vater oder Mutter, die ihm zuhören und seine Erfahrungen mit ihm besprechen.

Es fällt auch schwer, wach und aufmerksam für die «inneren Ereignisse» zu sein, die eine Wende ankündigen. Die Vorboten sind meistens sich ändernde Gewohnheiten. Zwar mag es noch nicht deutlich und spürbar sein, daß das Kind mit etwas Neuem beginnt oder sich neuen Personen zuwendet usw., die notwendige Elternreaktion kann aber bedeuten, daß das Kind in seinen neuen Orientierungen bestärkt wird und sich damit auch die Beziehung der Eltern zum Kind verändern kann.

Ich möchte an dieser Stelle noch einmal von meinem Mutter-Dasein berichten. Ich denke an zwei dieser «inneren Ereignisse».

Bis meine Tochter neun oder zehn Jahre alt war, versuchte ich es so einzurichten, daß sie nicht zu viele Abende in der Woche alleine zu Hause blieb. Ich bat also Kollegen, zu mir nach Hause zu kommen, so daß möglichst viele Arbeitsbesprechungen u. ä. bei mir stattfanden. Es bildete sich eine Gewohnheit bei mir aus, die ich durchaus zum Teil als lästig empfand: Immer mußte ich organisieren und arrangieren, daß ich möglichst oft zu Hause bleiben konnte. Als ich es wieder einmal mit knapper Not geschafft hatte, einen Termin bei mir zu vereinbaren, meinte meine Tochter, sie könne auch gut alleine bleiben. Wenn wir beide nichts zusammen machten, sei sie sogar lieber allein zu Hause. Bei mir löste das ein Gefühl aus, in dem sich Erleichterung und Trauer mischten.

Die zweite Situation: Für Rea war es stets ein Fest, wenn wir beide gemeinsam ins Kino gingen. Allzuoft war das nicht möglich, weil wir beide viel unterwegs waren. Rea mag zwölf oder 13 Jahre alt gewesen sein, als ich ihr diese Freude wieder einmal machen wollte und ihr sogar in der Auswahl des Filmes stark entgegenkam: Ich schlug ihr einen John-Travolta-Film vor, der soeben neu herausgekommen war. Sie erklärte mir, daß sie sich für diesen Film bereits mit ihrer Clique verabredet hatte. Wumm... da saß ich. Nicht daß sie es patzig gesagt hätte, ganz im Gegenteil. Sie sagte es mit weicher, teilnahmsvoller Stimme, so als spüre sie ganz genau, daß sich jetzt etwas umzukehren begonnen hatte. Wenn sie bisher auf meine «Gnade» angewiesen war, davon abhing, ob meine zahlreichen wichtigen Aufgaben mir Zeit ließen, mich ihr zuzuwenden, so war es von da an umgekehrt: Ich mußte froh sein, wenn sie noch Zeit für mich hatte.

Es ist wichtig, solche Punkte zu erspüren, an ihnen innezuhalten und zu akzeptieren, daß wir uns noch ein Stück weiter voneinander entfernt haben und daß dies in der Natur der Beziehung zwischen Eltern und Kindern liegt, also so sein *muß*. Sich dagegen zu sträuben, heißt, das Kind festhalten zu wollen, aber auch die Beziehung zu zementieren.

Auf jeden Schritt von Kindes Seite ist ein Schritt von Elternseite fällig. So im vorigen Beispiel: Rea geht jetzt mit ihrer Clique ins Kino. Ich sollte also auch wieder mit meinen Bekannten ins Kino gehen oder etwas anderes unternehmen, was mir Freude macht und wozu ich bisher – um Reas Willen – weniger kam. Hier könnte allerdings zum Beispiel auch ein übles Spiel der Erpressung beginnen: «Zwölf Jahre mußte ich mich um dich kümmern, jetzt habe ich keine Freunde mehr – jetzt mußt du dich um mich kümmern und mit mir ins Kino gehen.»

Ich kann und will nicht behaupten, daß ich diese «inneren Ereignisse» immer gesehen und richtig darauf reagiert habe. Daran haben mich sicher oft meine Persönlichkeitsgrenzen gehindert. Denn nicht immer ist bei der Veränderung der Lustgewinn so eindeutig gegeben, wie es in den beiden berichteten Beispielen für mich der Fall war. Und noch gab es genügend Dinge, die wir gerne gemeinsam machten, wie Fahrradausflüge oder Frühstück im Bett.

Vielleicht gab es eines oder mehrere dieser «inneren Ereignisse», die die Mutter des Eiereinkäufers nicht sehen wollte, weil es zu schmerzlich für sie gewesen wäre, oder auf die sie einfach in ihren Persönlichkeits- oder Schicksalsgrenzen nicht reagieren konnte.

Wichtig ist sicher, in dem Bewußtsein zu leben und sich auch immer aufs neue bewußtzumachen, daß es sich bei der Ablösung von Kindern und Eltern um einen kontinuierlichen Prozeß handelt, so als gäbe es eine seelische Nabelschnur, die stets vorhanden bleibt, solange das

Kind und die Eltern leben, die aber länger und länger wird oder jedenfalls werden sollte. Die Eltern müssen also Stückchen für Stückchen lockerlassen, bis der junge Erwachsene auszieht und die Schnur ihren Charakter verändert. Sie steht dann nicht mehr für unmittelbare Abhängigkeit, sondern eher für gegenseitige Verbundenheit.

Der erste Schritt ist die Geburt

In seinem Buch «Geburt ohne Gewalt» erzählt Frédérick Leboyer von den beiden vorgeburtlichen Phasen im Mutterleib: Während der ersten Hälfte der Schwangerschaft erlebt das Wesen, aus dem ein Mensch werden soll, grenzenlose Freiheit, es fühlt sich leicht wie ein Vogel, beweglich wie ein Fisch. In der zweiten Hälfte wird das Kind im Mutterleib größer und größer, es krümmt sich mehr und mehr, um überhaupt noch Platz zu haben, und stößt trotzdem an seine Grenzen, bis schließlich Rücken des Kindes und Uterus eins werden.

Bei den alten Griechen bestand die Vorstellung, daß das Kind seine Geburt selbst herbeiführe: Gegen Ende der Schwangerschaft merke es, daß die Nahrung allmählich zu Ende geht. Tatsächlich löst ein Hormon, das im Körper des Kindes gebildet wird, die Geburtswehen aus. Das heißt, daß das Kind sich dafür «entscheidet», geboren zu werden, wenn es ihm zu eng wird.

Die Geburt mit der Abnabelung ist der erste Schritt der Ablösung von der Mutter, und er ist Sinnbild für den Weg zur Selbständigkeit des Kindes: Es ist eine Geschichte von Trennungen. Jede dieser Trennungen, von denen in diesem Kapitel die Rede sein wird, ist für das Kind so erschreckend und der Schritt so groß, daß der kleine Mensch meist noch einmal einen halben Schritt zurückgeht oder zumindest zurückgehen möchte, bevor er einen neuen Vorstoß wagt.

So und nicht anders ist Lernen und Erkennen für den Menschen möglich: einen Schritt vorwärts und einen halben zurück. Es gelingt dem Menschen und seinem Wahrnehmungsapparat nicht, völlig Neues und Unbekanntes zu begreifen. Im Neuen muß genügend Altes, Bekanntes enthalten sein, damit wir es erkennen und in unser eigenes Deutungsgefüge der Welt einbauen können. Altes und Bekanntes löst Langeweile und Stagnation aus. Nur Neues bedeutet Entwurzelung und Irritation. Statt die Trennung zu betonen, ist es bei der Geschichte der Lösung des Kindes von den Eltern genausogut möglich, die Gemeinsamkeit zu betonen. Wir können also auch von einer Geschichte sprechen, die von einer ursprünglichen Gemeinsamkeit zu einer anderen, neuen Gemeinsamkeit führt: Die alte Gemeinsamkeit zwischen Mutter und Kind, die während der Schwangerschaft bestanden hat, war die Nabelschnur. Die nächste Gemeinsamkeit ist die Luft, die sie jetzt beide atmen, dann der Busen, den die Mutter lustvoll anbietet und an dem der Säugling lustvoll saugt. Dann die Gegenstände, zu denen die Eltern eine Beziehung haben: Das Baby beginnt, sie wahrzunehmen und eine Beziehung zu ihnen zu entwickeln. Dann die Gemeinsamkeit des Gehens – sie können jetzt nebeneinander gehen, aber auch jeder für sich. Die Kette der Gemeinsamkeiten ist damit noch lange nicht zu Ende, selbst wenn Töchter und Söhne ausgezogen und selbständig geworden sind, können wir es noch so sehen, daß sie – wie wir – ein erwachsenes Leben führen. Jetzt haben wir gemeinsame Probleme: zum Beispiel eine Berufstätigkeit, die zufrieden machen und gleichzeitig Geld bringen soll; eine gemeinsame Welt, die unsere Gesellschaft im Begriff ist kaputtzumachen, während wir ihre Schönheit – soweit noch vorhanden – gemeinsam sehen.

Vielleicht fällt es oft leichter, die notwendige Trennung zu vollziehen, wenn wir uns mehr das Verbindende vor Augen führen und sehen lernen, daß die Trennung von einer Gemeinsamkeit zu einer neuen Gemeinsamkeit führt. Diese Sichtweise hat den Vorteil, daß sie den kommunikativen Aspekt der Beziehung betont, die gemeinsame Kenntnis einer Sache, das gemeinsame Verstehen, nicht das Mißverstehen, das zu tieferer Trennung und Fremdheit führt.

Sobald ein Kind gehen kann, ist es in der Lage, den notwendigen Schritt zurück selbst zu tun: «Da besinnt sich das Kind / geht zurück geschwind.» Bei der Geburt, die einen besonders großen Schritt nach vorn bedeutet, nämlich den Übergang von der einen Welt in die andere, vom Wasserwesen zum Luft atmenden Erdenwesen, von der Dunkelheit zum Licht müssen wir dem Menschenkind noch dabei helfen, den Übergang auf gute Art zu bewältigen.

Trennung muß kein Schock sein

Die herkömmlichen Geburtsmethoden in unserer Gesellschaft bedeuten zweifellos einen mehr oder weniger großen Schock für das Neugeborene. Das beweist das entsetzliche Wehgeschrei des Neugeborenen, das noch sehr häufig durch einen Klaps und das Hochhalten an den Füßen ausgelöst wird. Für die nicht aufgeklärten Mütter und Geburtshelfer ist es ein «freudiger» Beweis dafür, daß das Kind lebt, in Wirklichkeit ist es vermutlich Ausdruck des Entsetzens über das grelle Licht und die Kälte und das neue Element Luft, also Ausdruck starker Angst.

Wenn ich oben gesagt habe, das Neugeborene könne nicht zurückgehen, nämlich den halben Schritt zurück, der zur Anpassung an den riesigen Schritt vorwärts notwendig wäre, so stimmt das nur zum Teil. Man braucht sich nur die Körperhaltung und die Körperreaktionen des Neugeborenen zu vergegenwärtigen, um festzustellen, daß noch einige davon aus der Zeit im Mutterleib stammen: die Beinchen treten und stoßen ins Bodenlose, die Augen bleiben fest geschlossen, im Badewasser fühlt sich das Baby wie in seinem ureigenen Element.

Das Wecken und Wachhalten dieser Erinnerungen an die Zeit im Mutterleib erleichtert dem Neugeborenen die erste Trennung. Dies geschieht zum Beispiel durch sanften Gegendruck mit der Hand, wenn die Beinchen ins Bodenlose strampeln, durch Massieren, das an die Bewegung im Mutterleib erinnert, durch Dämpfen des Lichtes im Zimmer, durch warmes Badewasser sofort nach der Geburt. Die Geburt selbst ist sanfter und damit «menschlicher», wenn das Kind noch einige Minuten durch die Nabelschnur mit der Mutter verbunden bleibt und durch sie noch mit Sauerstoff versorgt wird, während es sich an das Atmen gewöhnt. Es kann dabei auf dem Bauch der Mutter liegen, ein nicht so total fremdes Gefühl, wie wenn es gleich in Tücher gewickelt oder auf die Waage gelegt würde. Der Hautkontakt findet für das Neugeborene an der gleichen Stelle statt wie vorher im Mutterleib. Die Wölbung des Bauches hat sich allerdings verkehrt, die Berührung ist jetzt warm und trocken, aber der Herzschlag, das Wogen und Pulsieren sind noch genauso spürbar wie während der letzten neun Monate. Das Prinzip «Einen Schritt vor, einen halben zurück» ist also auch bei der Geburt mit Hilfe der Erwachsenen möglich und macht diese erste wichtige Trennung zu einem natürlichen Übergang statt zu einem Schock fürs Leben.

Trotzdem ist und bleibt die Geburt ein abenteuerlicher Sprung, der sich sicher trotz aller möglichen Erleichterungen noch bedrohlich genug anfühlt für den kleinen Menschen. Frédérick Leboyer, der die Möglichkeit der sanften Geburt hierzulande verbreitet hat, stellt sich die Gefühle des Neugeborenen widersprüchlich vor. Er hält das Neue, das auf das Baby zukommt, auch dann noch für erschreckend genug, wenn es sich zuvor im Mutterleib beengt gefühlt und das Neue herbeigesehnt haben mag. Diesem Gefühl versucht er poetisch Ausdruck zu geben: «Das Gefängnis, die Zelle: sie sind verschwunden. Nichts mehr. Ist das Universum zersprungen? Nein. Ich bin geboren. Um mich herum ist Leere. Unerträgliche Freiheit. Du hast mich fast zu Tode gedrückt, aber Du hast mir Form gegeben. Verfluchtes Gefängnis, meine Mutter, wo bist Du? Ohne Dich wird mir ganz schwindlig. Komm, komm wieder, halte mich fest. Nimm mich zurück, umschlinge mich, zermalme mich, aber laß mich sein.» (Leboyer 1981, S. 44)

Der Säugling im ersten Lebensjahr

Fast sieht es so aus, als habe der erste riesige Schritt aus der Welt des Mutterleibes in die große Welt draußen das Kind überfordert, so daß die nächsten winzigen Schrittchen vorwärts langsam und vorsichtig erfolgen müssen. Die erste Zeit erscheint – gerade im Vergleich zur Tierwelt – wie ein Zurückbleiben. Das Thema Trennung scheint für diese Zeit ziemlich absurd, das tatsächliche Thema heißt offensichtlich «Beziehung *auf*bauen» und nicht «*ab*bauen». Vielleicht gleicht die Natur die fehlenden Instinkte der Menschen-Eltern dadurch aus, daß sie den kleinen Menschen «zu früh» in die Welt schickt und so extrem hilflos macht, daß die Eltern gezwungen sind, eine Beziehung zu ihm aufzubauen. Nur so können sie offenbar leisten, was sie 15 bis zwanzig Jahre tun müssen, das heißt, was das Baby und spätere Kleinkind, Kind, Schulkind für seine gesunde Entwicklung nötig hat.

Die Mutter hat dabei einen großen Vorsprung. Weniger, wie häufig angenommen wird, weil sie das Kind geboren hat und säugen kann. Mehr, weil sie – bei der normalen Geburt – von der ersten Sekunde an mit ihm zusammen ist und seine Appelle erfährt und zu deuten lernt, sich also mit ihrem Kind bekannt macht. Schon Kaiserschnitt-Mütter und Narkose-Mütter tun sich in der Regel schwerer mit dem Aufbau der ersten intimen Beziehung zu ihrem Kind.

Um so schwieriger ist es für den Vater, wenn Mutter und Kind erst nach etlichen Tagen aus dem Krankenhaus zurückkommen, wo sie sich bereits kennengelernt haben. Da steht er dann wie Josef bei Maria ein bißchen dumm herum, weiß nicht, was er machen kann, fühlt sich fremd und fragt sich fast, ob er überhaupt der Vater ist. Gleichzeitig hat sich die Frau so seltsam verwandelt und ihre ganze emotionale Zuwendung auf das Kind ausgerichtet, von ihm weg, wie es ihm scheint, so daß er erst recht in der Ecke steht.

In seiner Verlegenheit tut er für das Baby, was er kann, handwerkelt, geht zu Ämtern usw. – und vergrößert so den Abstand eher, jedenfalls wenn er mit diesen Tätigkeiten ersetzen will, was vom Gefühl her nicht da ist und gar nicht da sein kann, auf diese Weise allerdings auch kaum entsteht. Aus dieser Anfangsgeschichte einer Vater-Kind-Beziehung entwickelt sich häufig der Nützlichkeitscharakter dieser Beziehung. Es kann zu Verständnislosigkeit bis Fassungslosigkeit und Hilflosigkeit führen, wenn das Kind anders reagiert als erwartet, entsprechend der Einstellung: «Ich hab doch alles getan (mit Geld und mit Sachen) – warum ist das Kind jetzt immer noch unzufrieden?» Diese Haltung (die sich in Partnerbeziehungen wiederholen kann) ist keine besonders günstige Voraussetzung für die Ablösung. Es ist zu wenig aufgebaut an tieferer, emotionaler Beziehung, was dann abgebaut werden könnte. Statt dessen ist da eine unerfüllte Sehnsucht, die auch bleibt, falls sie nicht verdrängt wird.

Ganz anders sieht es heute bei solchen jungen Vätern aus, die vollen Anteil an der Schwangerschaft nehmen, bei der Geburt mit dabei und von da ab «Vater» sind. Das erste Lebensjahr ist das Jahr, in dem das «Urvertrauen» aufgebaut werden muß. Das geschieht vor allem im oralen Kontakt mit der Mutter, die immer zur Stelle ist, wenn das Baby nach ihr schreit. Das hilft dem Baby, Zutrauen zu gewinnen zur Welt und zu sich selber als vertrauenswürdiger Person (Erik H. Erikson), weil ihm immer, wenn es etwas braucht, gegeben wird. Nicht nur Nahrung wird dem Säugling gegeben, sondern auch Wärme und Berührungskontakt (die er auch vom Vater kriegen kann!) und von denen er nicht genug bekommen kann. Erst mal nehmen, nehmen, nehmen! Das muß oft genug und lang genug geübt und gelernt werden, so lange, bis das kleine Kind sicher sein kann, daß die Mutter da ist oder andere Personen, die Nahrung und Freundlichkeit spenden «und sich nach Mutter anfühlen» (Erik H. Erikson).

Dann kann das Kind, ganz allmählich, durch Identifizierung mit der Mutter auch *geben* lernen. Zunächst ein Lächeln, gurgelnde Laute der Zufriedenheit, und dann kann allmählich wieder eintreten, was Thema dieses Kapitels ist: ein Schritt vor, ein halber zurück. Dieses Pulsieren können wir überall in der Tierwelt beobachten, zum Beispiel bei den Küken: ein kleines bißchen von der Mutter weg, alles am Boden schnell untersuchen und aufpicken und schnell wieder zurück zur Glucke.

Beim Säugling ist das – entsprechend seinem «zurückgebliebenem» Entwicklungsstand – eine weniger selbständige Bewegung ins Weite. Zunächst muß er greifen lernen, erst mit dem Mund, später auch mit den Zähnen und den Händen. Dadurch lernt das Baby be-greifen, was um es herum ist. Zuerst geschieht das nur in kurzen Episoden, in denen das Ausprobieren von Zähnen oder Händen wichtiger ist als die Nähe zur Mutter. Etwa parallel dazu entwickelt sich das bewußte Sehen – mit den Augen Konturen und Strukturen wahrnehmen, wahrscheinlich auch schon Farben, immer genauer, immer besser unterscheiden lernen: die Mutter, den Vater, andere Personen, Gegenstände.

Die nächste große Trennung vollzieht sich meistens noch innerhalb des ersten Lebensjahres, und zwar das Abstillen. Das Abstillen ist so etwas wie die endgültige Vertreibung aus dem Paradies. Es bedarf vieler Tröstungen, um es ohne Schaden zu überstehen und ohne das aufgebaute Vertrauen in die Welt und die Betreuungspersonen wieder zu verlieren. Viel Körperkontakt sorgt am besten für den Ausgleich, viel Streicheln, oft auf dem Schoß sitzen, mit ins Bett nehmen, viel Nähe der vertrauten Person.

Trotzdem bleibt das Abstillen eine harte und endgültige Trennung. Wie die späteren Trennungen enthält jedoch auch diese bereits ein befreiendes Moment. Mutter und Kind sind nicht mehr so total aufeinander angewiesen und voneinander abhängig wie bisher. Die Mutter kann ihr Kind alleine lassen, ohne Angst haben zu müssen, daß das Kind Hunger leidet. Denn jetzt kann ja der Vater oder eine andere vertrauenswürdige und vertraute Person das Nähren und Wärmen übernehmen.

Die pulsierende Bewegung Weg-von-der-Mutter / Hin-zur-Mutter beginnt im zweiten Lebenshalbjahr, kräftiger zu werden, wenn der Säugling das selbständige Fortbewegen durch Robben und dann durch Krabbeln lernt. Der Radius wird größer als beim Beißen, Greifen, Sehen, für das die Erwachsenen Gegenstände zur Verfügung stellen oder auch wieder wegnehmen. Die Phase des Krabbelns bedeutet ein viel weiteres Ausgreifen in den Raum und dadurch auch größere Bedrohung aus der Sicht der Eltern und für das Kind. Schließlich können und wollen wir nicht in leeren Zimmern leben und können und wollen es auch nicht dem Säugling zumuten, das zu tun. Er muß also einen gewissen selbständigen Untersuchungsbereich bekommen und damit die Möglichkeit, die harten und heißen Tatsachen ohne allzuviel Gefahren selbst zu erfahren.

Diese Erfahrungen sind dann die neue Basis der Gemeinsamkeit, die jetzt gültige Ebene der Kommunikation: Wenn das Kind einmal erfahren hat, was «heiß» ist, kann ich ihm das auch bei anderen Gegenständen mitteilen, von denen es das noch nicht weiß, und es so vor Verbrennungen bewahren. Bei anderen Gefahren, zum Beispiel bei spitzen oder scharfen Dingen, ist es vielleicht besser, die Bekanntschaft damit noch etwas zurückzustellen. Aber eben nicht im Sinne eines Tabus (Berührungsverbots), sondern als allmähliche Annäherung, entsprechend der zunehmenden Fähigkeit, kontrolliert Dinge zu handhaben, und entsprechend der Gefährlichkeit der Geräte.

Bedrohlich ist diese Phase der Kontaktaufnahme zur Realität auch insofern, als das Baby erst lernen muß, herauszufinden, wie weit ihm seine körperlich-geistig-seelischen Fähigkeiten erlauben, sich von den Bezugspersonen zu entfernen. Es muß erst lernen, zurückzukommen, wenn es gefährlich werden könnte, und erkennen lernen, was «gefährlich» überhaupt bedeutet. Bei Küken ist das vom Aufpicken des Eis an durch Instinkt festgelegt, das Küken geht nicht weiter von der Glucke weg als sein Gesichtskreis reicht. Beim Menschenkind müssen der Vater und die Mutter dafür sorgen, daß das Baby in Sicht- und Hörweite bleibt, sobald es sich selbständig bewegen kann, und zwar bis es gelernt hat, selbst Gefahren einzuschätzen, was noch zwei bis drei weitere Jahre dauert. Das erste Jahr ist also der Eltern-Kind-Beziehung und der häuslichen Umwelt gewidmet. Auf der Grundlage des gewonnenen Urvertrauens wird eine erste Form der Selbständigkeit zum Ziel dieser Phase: weg von der Mutter, hin zu anderen Personen und zu den vielen, vielen interessanten Gegenständen.

An dieser Stelle muß ein wenig ausgeholt werden. Dieses erste Jahr ist nämlich keineswegs ausschließlich Privatsache von Eltern und Kind. Vielmehr hat jede Gesellschaft und jede Schicht ihre eigenen Erziehungsvorstellungen – gerade für das erste Jahr. Sowohl die Wissenschaft als auch das Wissen der Völker der Welt gehen davon aus, daß das erste Jahr besonders prägend ist. Erik H. Erikson erzählt von der Begegnung mit einer alten Indianerin, die entsetzt darüber war, wie man in den USA (auch hierzulande war dies üblich) die Säuglinge schreien ließ, bis sie blau wurden, «damit sie starke Lungen kriegen». Sie nahm an, daß dies der Grund dafür sei, warum sich der «Weiße Mann» sein ganzes Leben lang nach dem Himmel sehnt – bei einem solchen Empfang auf der Erde. Sie fand es aber ganz normal, daß in ihrem Stamm die Säuglinge einen Schlag auf den Kopf bekommen, wenn sie die Mutter in die Brust beißen, denn «das macht starke Krieger aus ihnen».

Bei diesen Vorstellungen, in denen Aberglauben und tiefe Weisheiten sich mischen, spielt auch wiederum die Art und Tatsache der Trennung, Getrenntheit oder Nähe zwischen Eltern und Kind eine große Rolle. So wurden in den höheren Schichten der europäischen Gesellschaften früher Mutter und Kind ganz bewußt früh getrennt. Man ging davon aus, daß das Gefühl der Ausgeliefertheit und Isolierung in der frühen Kindheit den Menschen später die Fähigkeit und den Willen zur Macht geben würde, den sie für ihre Stellung und die Erhaltung des Besitzes brauchten. (Bei Menschen aus der Unterschicht wurde dieselbe Fähigkeit und derselbe Wille dann als «kriminell» bezeichnet.)

Sicher hat es auch in unserer heutigen Gesellschaft Auswirkungen, daß die schockartige Trennung nach der Geburt noch immer die Regel ist und daß im ersten Jahr oft kein ausreichendes Urvertrauen entsteht. Ich denke, daß die unter uns weitverbreitete Trennungsangst, das Festhalten, ja Festklammern an Menschen, die einem bereits vertraut sind, mit diesem Defizit zusammenhängen. Oft ist bei diesem Klammern auch «Machtstreben» im Spiel.

Im politischen Bereich könnte man ebenfalls das Festhalten an allem Gewohnten und Vertrauten, eine bestimmte Art von Konservativismus und Stagnation darauf zurückführen. Mir fällt häufig auf, daß «der kleine Mann» in politischen Biertischgesprächen äußerst kritische Einstellungen, auch gegenüber der herrschenden Partei, vertritt, diese Partei bei der nächsten Wahl aber trotzdem wählt, weil die so lange schon dran ist und er sie deshalb so lange schon kennt.

Das sind Mutmaßungen, denn man weiß noch sehr wenig Gesichertes über solche Auswirkungen. Auch jenes Material, das Anna Freud u. a. über Kinder, die im KZ im ersten Lebensjahr elternlos wurden, zusammengetragen hat, ist sehr unterschiedlich interpretierbar. Individuelles Machtstreben scheint bei diesen Kindern weniger vorhanden zu sein, auffallend ist jedoch ihr sehr ausgeprägter Gruppenzusammenhalt und ihre lange gehegte Skepsis gegenüber allen Erwachsenen.

Die Willensentwicklung des Kindes

Die frühe Kindheit etwa zwischen ein und drei Jahren, von der Psychoanalyse als «anale» Phase bezeichnet, ist die erste typische Ablösungsphase bei Kindern und Eltern. Das Kind wird fähig, seine Muskeln nach seinem Willen zu betätigen. Es lernt gehen, wegzugehen und wiederzukommen. Es wird allmählich «sauber», das heißt, es lernt auch, die Schließmuskeln willkürlich und mit Lust zu betätigen, lernt festzuhalten und loszulassen und den Sinn von beidem; auch Dinge lernt es festzuhalten oder wegzuwerfen, selbst Kot und Urin. Während es lernt, die Muskeln seinem Willen zu unterwerfen, entdeckt es seinen Willen überhaupt, und damit sein Ich im Gegensatz zum Du, dem Elternwillen. Es kann sich entscheiden, zu tun, was die Mutter will, es kann sich aber auch dagegen entscheiden.

Die Psychoanalytiker haben sehr genau darauf hingewiesen, was in dieser Phase alles schiefgehen kann, wenn Eltern darauf bestehen, daß der Wille des Kindes «gebrochen» wird, daß es sich dem Willen der Eltern fügen muß – der Redensart folgend «Kinder mit 'nem Willen kriegen was auf die Brillen». Das kann beispielsweise dann geschehen, wenn man das Kind zwingt, möglichst schnell «sauber» zu werden. Sie haben auch darauf hingewiesen, daß dadurch Zwangscharaktere herangezogen werden, die nicht mehr frei entscheiden können, sondern dem angedrillten inneren Muß folgen, ohne viel Freude an ihrem Tun empfinden zu können. Aus Widerstand dagegen fallen manche Kinder dieses Alters in die Mund-Lust-Phase (orale Phase) des ersten Jahres zurück. Sie berufen sich dabei sozusagen auf die alte Gemeinsamkeit:

Damals waren wir uns doch einig: Wenn ich schreie, kriege ich was zu trinken. Und warum soll nicht, was damals Milch war, jetzt ein Lolly oder eine Cola sein? Manche Kinder erfinden auch zwanghafte Rituale, die die Eltern einhalten müssen, damit das Kind schläft oder damit es ißt oder damit es bereit ist, mit zum Einkaufen oder auf Reisen zu gehen.

In dieser Phase sollten die Eltern das Kind als eigene Person mit eigenem Willen kennen- und respektierenlernen. Das beduetet keinesfalls, daß sie sich dem Willen des Kindes unterwerfen und auf den eigenen Willen verzichten müssen. Vielmehr müssen sie sich dem Kind ebenfalls als Person mit eigenem, oft entgegengesetztem Willen darstellen – und zwar möglichst klar, konsequent und nachvollziehbar für das Kind. Durch Zeichen und Gesten wird gezeigt, was für Eltern unverzichtbar ist, wo sie nicht bereit sind nachzugeben. Das Kind tritt in «Verhandlungen» ein, probiert aus, was an Spielraum möglich ist, kämpft um seine eigenen Unverzichtbarkeiten.

Um diese neue Ebene der Gemeinsamkeit und der Kommunikation – «mein Wille (unverzichtbar) – dein Wille (unverzichtbar)» – zu erreichen, müssen viele Eltern erst noch lernen, sich selbst abzugrenzen. Sie müssen für sich selbst klären, welche Sachen, zum Beispiel Bücher, Zeitschriften, Töpfe und Geräte, sie dem Kind zum Untersuchen überlassen und damit eventuell der Zerstörung preisgeben wollen und welche sie für unverzichtbar halten und was sie dem Kind deshalb ersatzweise anbieten wollen. (Das letztere ist meist nur eine Frage der Phantasie.) Dasselbe müssen die Eltern für ihre verfügbare Zeit klären: Wieviel brauchen sie zum ungestörten Lesen, Arbeiten, Alleinsein? Wieviel Zeit und Zuwendung ist für das Kind unabdingbar? Dafür gibt es eindeutige Anzeichen im Verhalten des Kindes.

Die Lösung für Probleme in dieser Phase (oder das Erreichen einer neuen Ebene von Gemeinsamkeit) bedeutet für die Eltern eine wichtige Erfahrung. Es gibt viele Eltern, die in ihrer «Großzügigkeit» so weit gehen, daß sie alles zulassen und zuschauen und zuschauen, bis die Nerven platzen und sie anfangen loszuschreien. Das Kind ist dann sehr irritiert, weil nach freundlichen Reaktionen ganz unvermittelt Gebrüll ausbricht. Die neue Gemeinsamkeit, die neue Ebene der Kommunikation, ist offenbar noch nicht gefunden worden. Denn wenn ich lange an mich halte und dann plötzlich losdonnere, heißt das, daß ich meine Grenzen nicht kenne, noch nicht weiß, was ich aushalten kann, und wann der «Faden reißt». Ich kann meine Toleranzschwelle also nicht vorhersehen.

Ich kann diese Erfahrung mit mir in der Phase der Willensentwicklung meines Kindes jedoch auch als Herausforderung betrachten, meine Grenzen auszuweiten und den Geduldsfaden dicker zu spinnen. Vielleicht muß ich überprüfen, ob die Unversehrtheit von Gegenständen in jedem Fall so existentiell wichtig ist, wie sie mir zunächst erscheint. Ob nun etwa das heile Sofa so wertvoll ist, daß ich die Freiheit des Kindes dafür einschränken muß. Damit möchte ich der ebenfalls häufig zu beobachtenden Tendenz von Eltern nicht das Wort reden, die eigene verdrängte Aggressivität und Zerstörungslust durch ein hemmungsloses Kind stellvertretend ausleben zu lassen. Das wäre dessen Entwicklungsaufgabe hinderlich, Gegenstände und Materialien als das achten zu lernen, was sie für Natur und Menschen bedeuten.

Wie geschickt man auch alles angehen mag, indem man Grenzen prüft und Grenzen ausweitet, so bleibt diese Phase für Eltern gerade in unserem Kulturkreis anstrengend. Daß der Radius der Möglichkeiten des Kindes wächst, bedeutet zwangsläufig, daß der ungestörte Raum der Mutter oder der Eltern schrumpft. Das riecht nach Verzicht und Opfer, und das ist es auch meist für die Eltern. Die Zeit, in der sich zwei «vernünftige» Menschen darüber einig wurden, wie sie ihre Freizeit verbringen, ist zunächst vorbei. Ganz leicht kann der Zirkel Verzicht – Vorwurf sich auf das Kind richten. Mir fällt ein Abend mit Freunden ein, die ein Kind von 15 Monaten haben. Es wurden interessante Themen diskutiert. Trotzdem zog die junge Mutter sich gegen 22 Uhr mit ihrem Kind zurück. Am nächsten Tag hagelte es dann Vorwürfe an den Vater des Kindes, weil er sich nicht um das Kind gekümmert habe. An den Anstrengungen, die dieses Alter zwischen Windeln und Fläschchen für die Eltern mit sich bringt, können diese leicht verzagen und eine Verzicht-Vorwurfshaltung entwickeln. Es sei denn, es gelingt ihnen, noch einmal zusammen mit dem Kind in das Reich der Phantasie einzutauchen und selbst Lust am Spiel zu entwickeln, richtiger gesagt, sie wiederzuentdecken. Denn das berühmte «Kind im Manne» findet sich genauso in der Frau und widerspricht in keiner Weise dem Erwachsensein. Das Kind und auch die Sehnsucht, ihm öfter nachzugeben, lebt in jedem Erwachsenen, wie verschüttet auch immer. Es ist natürlich der 21jährigen, die ich gestern lachend auf dem Dreirad sitzen sah, näher als der dreißigjährigen Mutter oder 55jährigen Großmutter. Die 21jährige kann sich fast noch erinnern, wie lustig es war, als Zweijährige auf dem Hof oder Bürgersteig herumzukurven.

Der Körper ist in diesem Alter, in dem die Sprache sich erst zu formen beginnt, ein wichtiger Verbündeter des Kindes und für die Eltern ein Wegweiser zur Person des Kindes. Wenn sie das Kind gewähren lassen, seinen Körper zu entdecken und ihm und seinen Empfindungen nachzugehen, werden sie es leichter miteinander haben. «Ich will» und «Ich bin» ist für das Kind nämlich nahezu identisch.

In diesem Alter der Willensbildung überlegt das Kind noch nicht wie ein Erwachsener, was es will. Sein Körper folgt seinen Impulsen nach Wärme oder Essen, indem es auf den Schoß klettert, einen Happen schnappt oder auch etwas Größeres, zum Beispiel einen Apfel, den es dann nur anbeißt. «Ich will» heißt für das Kind «mein Körper will» oder genauer «mein Bauch will, meine Hand will, mein Mund will». Und entsprechend sind auch die Maße: ein Mundvoll, eine Handvoll. Wenn es pinkeln muß, reicht es ihm, auch wenn es schon trocken ist, höchstens noch um eine Ecke.

Je mehr das Kind mit sich und seinem Körper identisch wird, desto unabhängiger kann es von der Mutter werden, desto eher kann es mit anderen Erwachsenen oder Kindern Freundschaft schließen, um so weniger muß es sich an die Mutter hängen. Es braucht dann nicht loszuschreien wie ein Baby, wenn es etwas möchte, sondern kann es sich holen, auch Wärme oder Schutz, zum Beispiel eine Hand. Dahinter muß freilich die emotionale Rückendeckung der Mutter oder des Vaters stecken, so daß es weggehen und dabei ganz sicher sein kann, immer zurückkommen zu können und aufgenommen und geliebt zu werden.

Die Eltern müssen in dieser Zeit akzeptieren lernen, daß das Kind eine Person mit anderem Rhythmus und anderen körperlichen Bedürfnissen ist als sie selber. Gerade in dieser Phase wird deutlich, daß selbständiger zu werden kein Kampf sein muß, bei dem es um Sieg oder Niederlage geht, sondern ein Prozeß mit immer mehr Absprachen und Kompromissen. Im Hinblick auf die Ablösung gilt es in dieser Phase, die Selbständigkeit des Kindes ernst zu nehmen, ja zu fördern, ohne die Autonomie als Erwachsener aufzugeben. Im Gegenteil: auch wenn oben davon die Rede war, daß die Eltern jetzt noch einmal zurückstekken müssen – ihre Eigenständigkeit wächst gleichzeitig, je mehr sich das Kind zu einem Gegenüber entwickelt.

Die Entdeckerphase

«Mir gehört die Welt!» könnte ein Kind etwa im Alter zwischen drei und sechs Jahren laut denken – und gleich danach, etwas kleinlauter: «Papa und (oder) Mama gehören auch mir!» Denn diese beiden Gefühle wechseln in ihm ab. Es ist das Alter der selbständigen Ausweitung von Kenntnissen und Erfahrungen, des Ausprobierens und des «Löcher-in-den-Bauch-Fragens». Ein Entwicklungsstadium mit viel Neugier und innerem Schwung, die das Kind befähigen, auch Mißerfolgserlebnisse und Rückschläge, die zum Lernen gehören, zu verkraften, aber nur wenn es zwischendurch die Geborgenheit eines Zuhauses erfährt.

Ab dem dritten Lebensjahr wird die Sprache allmählich flüssiger, die Bewegungen, Gehen und Laufen, werden selbstverständlich. Das Kind kann jetzt vergessen, «daß es das Gehen ‹tut›, und statt dessen entdecken, was es damit tun kann». (Erikson 1981, S. 118)

Wenn das Kind davor herausgefunden hat, daß es eine Person mit eigenem Willen ist, so beginnt es jetzt herauszufinden, was für eine Art Person es ist, u. a. indem es Rollen ausprobiert oder sich vorstellt, sehr konkret und sehr «mächtig», aber auch indem es sich mit anderen Kindern aus der Nachbarschaft oder im Kindergarten auseinandersetzt. Zum erstenmal erfährt es jetzt außerhalb des Elternhauses Anerkennung oder auch Zurückweisung, Kampf und Konkurrenz, und zwar Kampf durchaus auch körperlich: Kinder puffen und schlagen einander in diesem Alter, um ihre Kräfte zu messen oder um ihnen wichtige Interessen durchzusetzen oder auch aus Verzweiflung, weil der andere so «dumm» ist und man deshalb nichts mit ihm anfangen kann. Das Selbstbewußtsein bildet sich heraus und auch seine ersten Verletzungen.

Das Thema Grenzen zwischen Eltern und Kindern, das bei der Willensbildung angeschnitten wurde, ist noch nicht erledigt; es wird vom Kind, hartnäckiger als vorher, wieder aufgegriffen. Immer wieder wird ausprobiert: wie weit kann ich bei Mama gehen, wie weit kann ich bei Papa gehen? Wann gibt sie nach, wann gibt er nach? Und in welchen Fällen bleiben sie unnachgiebig? Gleichzeitig findet das Kind heraus, wie wichtig ihm selber eine Sache ist, wie sehr es darauf bestehen muß, zum Beispiel bei einem anderen Kind übernachten zu dürfen oder ein Werkzeug (zum Beispiel einen Hammer) oder ein Küchengerät (zum Beispiel eine Kartoffelreibe) ausprobieren zu dürfen.

Die Abgrenzungskämpfe mit den Eltern werden zwangsläufig zäher, weil das Kind jetzt schon so viel kann, daß das Argument der Gefährdung («Messer, Schere, Gabel, Licht...») oft nicht mehr stichhaltig ist. Auch sozial ist das Kind weniger als bisher auf die Eltern angewiesen. Es kann vom Teller essen und aus der Tasse trinken und sich vielleicht schon selbständig an- und ausziehen. Und es kann sprechen und sich mit jemandem aus seinem Kulturkreis verständigen. Es braucht deshalb weniger als bisher die Eltern, die seine ganz persönlichen Lebensgewohnheiten kennen, die wissen, welche Äußerungen oder Körperzeichen bei ihm «Hunger» bedeuten und welche «Müdigkeit», wann ihm etwas weh tut und wann «sehr weh». Wenn das Kind «sprachmächtig» ist, hat es auch die Macht, andere Menschen als seine Eltern um Nahrung zu bitten, um Wissen, um Hilfe beim Anziehen oder beim Reparieren des Spielzeugs. Oder es kann sie auffordern, mit ihm zu spielen. Es kann sogar bei Freunden seiner Wahl selbständig anrufen und sich mit ihnen verabreden und hat dann schon doppelt so viele Chancen, daß die eigenen oder die Eltern des andern Kindes bereit sind, es zu holen oder zu bringen (wenn das wie in der Großstadt noch nötig ist). Kinder in diesem Stadium sind zunehmend in der Lage, über Vorschläge zu verhandeln, Vereinbarungen zu treffen und einzuhalten. Sie werden damit buchstäblich Gesprächspartner für die Eltern.

Eltern von drei- bis sechsjährigen Kindern mit «liberalem» Erziehungsstil antworteten auf meine Frage nach auffälligen Veränderungen der Kinder im Kindergartenalter: «Sie (oder er) wird ganz schön frech» oder «ziemlich selbstbewußt». Sie berichteten von der Dringlichkeit, mit der das Kind mit anderen Kindern zusammensein will, auch außerhalb des Kindergartens, und mit Spielkameraden der eigenen Wahl. Nach wie vor ist die Rückendeckung durch die Eltern wichtig, das wird ebenfalls immer wieder betont.

Ein Kollege erzählte mir, daß seine Tochter, viereinhalb Jahre alt, sehr gerne bei Kindern aus dem Viertel übernachtete, daß diese ihre Gegenbesuche jedoch auf den Tag beschränkten und überhaupt lieber Besuch bei sich zu Hause empfingen. Für mich ist das ein Zeichen, wie stark sie noch den Familienrückhalt brauchen, während die Tochter meines Kollegen offenbar nicht mehr so abhängig davon war – vielleicht weil sie sich des Schutzes durch die Eltern besonders sicher sein konnte.

Bewußte Eltern betonen auch die zunehmende Bedeutung von anderen erwachsenen Vertrauenspersonen. «Die Zwei-Eltern-Familie ist zu engmaschig», meinte Magda, Mutter von drei Kindern im Alter zwischen vier und knapp sechs Jahren. Insbesondere bei ihrem Ältesten hat sie beobachtet, daß sie ihn fast den ganzen Tag nicht zu sehen bekommt, wenn er genügend Ansprechpartner (Kinder und andere Erwachsene) hat. Wenn er hingegen mit beiden Eltern und den beiden jüngeren Geschwistern zu Hause ist, kommt schon öfter die Frage: «Was kann ich machen?»

Die Psychoanalyse bezeichnet diesen Teil der Kindheit als «phallisches» Stadium, dem der eindringende Modus entspricht. Erik H. Erikson sieht in dieser Phase das Eindringen fast durchgehend im Verhalten des Kindes. Er nennt «1. das Eindringen in den Raum durch kraftvolle Fortbewegung; 2. das Eindringen in das Unbekannte durch verzehrende Neugier; 3. das Eindringen in anderer Leute Ohren und Denken durch aggressive Stimme; 4. das Eindringen auf oder in anderer Leute Körper durch körperlichen Angriff; 5. und, oft sehr schreckerregend, die Vorstellung vom Phallus, der in den weiblichen Körper eindringt.» (Erikson 1981, S. 118) (Auf den letzten Punkt und damit die Bedeutung dieser Phase für die Psychoanalyse komme ich noch zurück.)

Hier möchte ich wieder die Frage nach der Ablösung in diesem Alter aufwerfen, die meine Überlegungen in diesem Buch bestimmt. Das Kind macht also in dieser Phase zwei kräftige Schritte vor, aber auch einen «geschwinden» großen Schritt zurück, wenn Mama «sehr weinet» (in der Vorstellung von Hänschen, das heißt, daß er selbst noch weinen muß, wenn die Trennung von Mama zu lange dauert).

Die Eltern sollten die Bewegung des Kindes von der Familie weg, sein Eindringen in die Welt unterstützen, das Kind vertrauensvoll zu anderen Kindern und Erwachsenen entlassen, wissend, daß es genügend Liebenswürdigkeit und Kraft entwickelt hat, um zurechtzukommen, ja auch um Mißerfolge zu verkraften.

Die Ausschließlichkeit der Beziehung zwischen Eltern und Kindern ist damit endgültig zu Ende. Die Eltern müssen sich jetzt als selbständig genug erweisen, um das Kind nicht – bewußt oder unbewußt – bei sich festzuhalten, etwa unter dem Vorwand, es könne bestimmte Sachen nur mit ihnen oder nur zu Hause machen. Es wäre gut, wenn sie sich so weit auf die Seite des Kindes stellen könnten, daß sie sich, ohne Neid und Eifersucht, freuen, wenn es dem Kind woanders gut geht, womöglich sogar «besser» als zu Hause.

Auf der anderen Seite – und das ist in diesem Stadium für manche

Eltern so schwierig – sollten Eltern voll und ganz für die Kinder dasein, wenn sie von ihren Ausflügen nach Hause zurückkommen. Noch immer brauchen sie Wärme (auch Schoß-Sitzen und Kuscheln), Sicherheit und Rückhalt zu Hause. Selbst wenn sie woanders übernachten, ist es für sie wichtig zu wissen, daß sie jederzeit zu Hause anrufen können, wenn das nötig wäre.

Magda sprach von den «runden» Gesichtern, die ihre Kinder bis ins Kindergartenalter noch hatten, Gesichter, die noch von nichts Bösem wußten. Nach den ersten «bitteren» Zusammenstößen «draußen» seien diese Gesichter etwas hagerer geworden, gleichsam geprägt. Beim Zurückkommen von «draußen» hätten sie die Wärme des Mutterschoßes wieder bitter nötig gehabt. Aber nur für kurze Zeit. Dann trieb es sie zu neuen Begegnungen hinaus.

Manche Eltern sind jetzt, nach dem Stress der Willensbildungsphase, in Versuchung, das Kind sooft wie möglich bei anderen Leuten oder Kindern unterzubringen, gleichsam abzuschieben, wo dies doch jetzt möglich geworden ist und vom Kind sogar gewünscht wird. Zuviel Wechsel kann trotzdem eine Überforderung für das Kind bedeuten. Das Bewußtsein dieser Tatsache oder auch nur die Angst, sie würden ihre Kinder überfordern, kann bei Eltern wiederum zu schlechtem Gewissen führen, und schon haben wir wieder die Voraussetzung für das Spiel von schlechtem Gewissen auf der einen und Erpressungsmöglichkeit auf der anderen Seite, ein der Ablösung nicht förderliches «Zusammenspiel» zwischen Eltern und Kindern.

Um sich der Geborgenheit zu versichern, berufen sich Kinder gern auf Rituale, wie zum Beispiel Vorsingen oder Vorlesen, weil sie dann die Sicherheit haben, daß Mutter oder Vater sich die Zeit nehmen, sich ihnen in Muße und mit Körperkontakt zuzuwenden, wie beim allabendlichen Ritual der Gutnachgeschichte vor der allabendlichen Trennung, auf das kaum ein Kind verzichten mag.

Die neue Gemeinsamkeit zwischen Eltern und Kindern bilden die Verhandlungen: Verhandlungen über die Gemeinsamkeiten des Zusammenlebens und auch über den nicht gemeinsamen Teil, zum Beispiel die Bettgeh-Zeiten, das Freundebesuchen, die Rummelplatz- oder Kinobesuche. Die Verhandlungsbereitschaft der Erwachsenen gegenüber Kindern ist nun sehr unterschiedlich, je nach Persönlichkeit und Lebensgeschichte. Gar keine Verhandlungsbereitschaft von der Erwachsenenseite und, wie jedes Kind in diesem Alter schmerzlich erkennen muß, auch kein ausreichendes Angebot von der Kinderseite existiert zum Problem der Sexualpartnerschaft in der Kleinfamilie. Es ist ja ein Kennzeichen der «phallischen» Phase, daß Kinder sich in Erwachsenenrollen hineinphantasieren und sich in ihnen erfahren, und zwar als potentiell mächtig. Sie sind in dieser Phase an Sexualität interessiert. Ein(e) geliebte(r) Partner(in) wäre ja auch vorhanden; es handelt sich sogar um die liebsten Personen auf der ganzen Welt, die Eltern. Und nun muß das entdeckende Kind, das so stark liebt und sich auch wiedergeliebt fühlt, erleben, daß gerade seine sexuellen Wünsche nicht akzeptiert werden. Es verdrängt schleunigst alle derartigen Wünsche, durch die es bereits schuldig geworden ist. Der Entdecker des daraus entstehenden Ödipus-Komplexes, Sigmund Freud, hielt ihn für ein allgemein menschliches Phänomen. Tatsächlich entsteht er aber nur in der Isolierung der patriarchalischen Kleinfamilie unserer Kulturform.

Das Lernalter

«Die Weisheit des Grundplanes fügt es so», schreibt Erik H. Erikson etwas pathetisch über das Schulalter, «daß das Kind zu keiner Zeit derartig bereit ist, schnell und begierig zu lernen, groß zu werden im Sinne der Übernahme von Verpflichtungen, Disziplin und Leistung» (Erikson 1981, S. 125), wie in der Zeit nach dem schwungvollen Entdekkungsalter, in dem sich noch sehr viel in der Phantasie abspielt. Es ist deshalb sinnvoll – wie es in allen Gesellschaften geschieht –, in diesem Alter mit dem Erlernen von Fähigkeiten und Techniken zu beginnen, die ein Mensch als Erwachsener in der Gesellschaft braucht. In unserer modernen Industriegesellschaft brauchen Kinder in der Schule zehn Jahre, um die allgemeinen Voraussetzungen für die heutzutage hochspezialisierten Berufe zu erwerben. Sie werden zunächst schrift- und zahlenkundig gemacht, dann «allgemeingebildet».

Die Schule ist wie eine eigene Welt, die oft nur sehr wenig mit dem zu tun hat, was das Kind jetzt immer brennender interessiert: das Leben der Erwachsenen und welche besonderen Fähigkeiten es selbst hat, wozu es imstande ist, was es als Erwachsenen auszeichnen könnte. Es ist entscheidend, in diesem Alter Interessen und damit Aufgaben für sich zu entwickeln, um damit Selbstvertrauen aufzubauen statt unter Umständen in langanhaltende Minderwertigkeitsgefühle abzugleiten. «Schließlich besteht die vermutlich verbreitetste Gefahr, daß während der langen Jahre des Schulbesuchs ein Kind niemals die Freude an der Arbeit und den Stolz, wenigstens eine Sache wirklich gut zu tun, erwirbt.» (Erikson 1981, S. 128) Alle ursprüngliche Freude am Lernen wird in unseren Schulen geradezu systematisch erstickt (zum Beispiel durch das Lob-und-Tadel-Prinzip der Benotung).

Es ist deshalb auch entscheidend wichtig, die richtigen Lehrer oder andere Erwachsene zur richtigen Zeit zu finden, die den Anlagen entsprechende Angebote machen und die Begabung fördern oder auch den Schüler oder die Schülerin freilassen können, um die Sachen zu tun, die für ihr eigenes Lernen wichtiger sind als die Unterrichtsinhalte in der Schule. Diese Bedingungen in unserem starren, intellektuell ausgerichteten Schulsystem anzutreffen ist Glücksache. Darüber kann und soll hier nicht im einzelnen gesprochen werden.

In dieser Zeit, in der das Kind etwas leisten und Pflichten erfüllen muß, ist es wichtig und schwierig, den schmalen Grat zwischen Freiheit und Disziplin zu finden, zumal er für jedes Kind etwas anders verläuft. Bei zuviel Disziplinierung besteht die Gefahr, allzu pflichtbewußte Menschen heranzuziehen, die nie lockerlassen können, auch nicht, wenn es für sie selbst oder andere, zum Beispiel ihre eigenen Kinder, wichtig wäre. Zuviel Freiheit wird dem starken Bedürfnis dieses Alters nach Anleitung nicht gerecht. Ein Kind ist oft überfordert, wenn es gefragt wird: «Was interessiert dich? Was möchtest du machen?» Es ist richtiger beraten, wenn es hört: «Schau, das ist was Interessantes, probier's doch mal!» Dann wird sich zeigen, ob es das Richtige ist und dem Kind Spaß macht. Sonst kann man etwas anderes vorschlagen. Ein zu großes Maß an anregungsloser «Freiheit» kommt in der Frage des Großstadtkindes an seinen Lehrer zum Ausdruck: «Müssen wir heute tun, was wir wollen?» (nach Erikson 1981, S. 129)

Glück der Lebensumstände – heute mehr denn je – bedeutet es, im Schulalter auf dem Lande oder in einer Umgebung großzuwerden, wo noch Anregendes zu sehen ist, wie zum Beispiel Handwerker bei der Arbeit oder Bauern bei ihrer Tätigkeit, und wo es noch Möglichkeiten gibt, selber etwas zu planen oder auszuführen. So erzählte Anna, Mutter von drei Kindern im Grundschulalter und einem Kindergartenkind, die mit der Familie auf dem Land lebt, daß sie ihre Ältesten tagelang kaum zu sehen bekam, als sie zusammen mit Nachbarskindern in einer alten Scheune sich einen eigenen Raum einrichteten. Sie schafften dabei ein erstaunliches Pensum schwerer Arbeit, die sie auf Anweisung der Mutter nie zu leisten bereit und wahrscheinlich auch nicht imstande gewesen wären. Sie entdeckten eine Tür, die völlig unter Schutt und Staub vergraben war, buddelten sie aus und setzten sie zur Verblüffung der Mutter selbständig ein. Ihre zehnjährige Tochter, die pferdebegeistert ist und wöchentlich einmal die Gelegenheit hat, bei einem Pferdebesitzer zu reiten, plante die Aufzucht eines eigenen Pferdes. Die Eltern sagten: «Es ist zu teuer.» Louisa rechnete und rechnete: So viel Hafer und Heu pro Tag und Woche macht im Monat usw. Nie hätte sie solch riesige Rechnungen freiwillig angestellt, wenn es nicht darum gegangen wäre, über ein eigenes Pferd zu verfügen. Daß die Eltern auch daran zweifelten, ob sie die ständige Pflege zuverlässig leisten würde, steht auf einem anderen Blatt. Zunächst geht es darum: Was meinen die Erwachsenen, wenn sie etwas «zu teuer» finden?

Diese Art Einübung ins Leben gibt es in der Stadt kaum noch. Da müssen die Kinder schon das große Glück haben, in der Nähe eines Abenteuerspielplatzes mit Betreuern zu wohnen, um ähnliche Erlebnisse zu haben wie die, eine eigene Hütte zu bauen, einen Garten anzulegen oder ein Tier zu betreuen.

Die Einübung von Pflichten ist auf dem Land wie in der Stadt ein schwieriger, langer Lernprozeß. Klare Regeln erleichtern es den Kindern: Der Tischdienst wechselt wöchentlich, jeder übernimmt eine Gemeinschaftsaufgabe, die Zeit der Hausaufgaben muß nachmittags eingeplant werden, Taschengeld gibt es erst dann, wenn die Zimmer aufgeräumt sind. In der Stadt besteht die Gefahr, daß sich die Pflichten zu sehr in den Vordergrund schieben, während das spielerische Ausprobieren sich auf Basteleien und Reparaturen, bestenfalls noch Fahrradflicken beschränkt.

Die Übernahme von Pflichten in einer Gemeinschaft, die in diesem Alter eingeübt wird, ist Voraussetzung für die praktische Selbständigkeit. Mutter und Vater machen sich zum Teil selbst überflüssig, wenn die Kinder gelernt haben, ihr persönliches Ordnungsminimum selbständig zu meistern. Die Gemeinschaftsordnung und der Haushalt sollten nicht als alleinige Aufgabe der Mutter oder der Erwachsenen gelten. Auch das ist ein Lernziel des Schulalters, und zwar für Jungen gleichermaßen wie für Mädchen. Anders ausgedrückt: Im Schulalter der Kinder werden häufig die mehr oder weniger subtilen «Ketten» insbesondere von Müttern geschmiedet, die zwar alles selber machen, aber dadurch das verwöhnte Söhnchen oder Töchterchen von sich selbst abhängig halten.

Insgesamt sind die Schritte auf dem Weg zur Ablösung im Schulalter für die Eltern relativ leicht zu tragen. Das Verlassen des Elternhauses, um andere Kinder oder auch andere Erwachsene zu besuchen, wurde bereits im Vorschulalter eingeübt. Vater und Mutter hatten Zeit, sich daran zu gewöhnen, daß sie nicht mehr die einzig interessanten Personen für die Kinder sind. Daß die Kinder jetzt zunehmend selbständiger werden, ihre Freunde besuchen (im vierten Schuljahr legen sie die Fahrradprüfung ab!), Übernachtungen organisieren oder Freunde mitbringen, ist für die Eltern eine Entlastung. Außerdem ist es tröstlich, daß die «Tiefe der Beziehung» noch dem Elternhaus gilt, so wie Anna das sieht. Das Spielen mit anderen Kindern und die Freundschaften mit Gleichaltrigen sind entscheidend wichtig und brauchen immer mehr Zeit. Auch die Schule hat für die Kinder ihre Hauptbedeutung in der Begegnung mit anderen Kindern. Die Beziehungen zu Schulkameraden und Nachbarskindern laufen über gemeinsame Schulaufgaben, Unternehmungen, Basteln, Spielen. Über Trennungen kommt man hinweg, denn es gibt ja noch andere Kinder. Die Rückversicherung bei Mutter oder Vater, ihre Teilnahme und Unterstützung bleiben wichtig, Rat und Tat der Eltern bleiben gefragt.

Eine weitere Entschädigung fürs häufige Weggehen der Kinder ist der Elternstolz. Die Kinder gehen weg, um «Taten zu vollbringen». «Louisa fand sich in den Ferien selbständig im Straßen- und U-Bahn-Netz in München zurecht», berichtete Anna stolz von ihrer zehnjährigen Tochter. Handwerkliche, sportliche und intellektuelle Leistungen machen den Kindern in diesem Alter Freude, aber auch den Eltern, die fast in jedem Fall stolz auf ihre Kinder sein können.

Eine neue Ebene der Gemeinsamkeit besteht in der Leistung und im Wissen. In diesem Alter sind Kinder auch zunehmend interessiert an anderen Milieus. Sie besuchen Schulfreunde(innen) zu Hause, und sie nehmen wahr, daß da vieles anders ist und daß es dort anders zugeht. Es ist zwar in diesem Alter meist noch so, daß Kinder aus derselben oder einer ähnlichen sozialen Schicht bevorzugt werden, so daß die jeweiligen Eltern oft auch etwas miteinander anfangen können. Manche

Familienkontakte entstehen über die Kinder. Anna hatte zum Beispiel die Eltern der Schulfreundin Louisas zum Essen eingeladen und wurde wiederum – mit Mann – zum Essen oder Kaffee eingeladen. Man fand sich gegenseitig sympathisch, gemeinsam organisierte man Anmeldung und Fahrdienst fürs Gymnasium in der nächsten Stadt.

Die «alternative» Helene wurde etwas stärker auf die Probe gestellt. Jeder ihrer drei Söhne war im Alter von neun bis zehn Jahren fasziniert vom Reihenhaus-Kleinfamilien-Milieu, in dem alles sauber ist und das Essen nach der Schule pünktlich auf dem Tisch steht. Alle zogen sie vorübergehend fast ganz bei solchen Schulkameraden ein, deren Familien dieser Beschreibung entsprachen. Bei Helene geht es manchmal chaotisch zu, sie interessiert sich mehr für Antiquitäten als für staubfreie Teppichböden. Glücklicherweise hatte sie genügend Vertrauen zu ihren Kindern (vgl. Kapitel 6, S. 166) und den langen Atem, um warten zu können, bis sie wieder «zurückkehrten». Auch ihre Gelassenheit reichte (knapp) aus, um hämische Nachbarinnen-Bemerkungen darüber, daß die Kinder wohl doch da oder dort besser als zu Hause aufgehoben seien, ertragen zu können. Es war eine gute Übung für die endgültige Ablösungsphase.

4 Die Adoleszenz

Die nun anschließende Entwicklungsphase des Kindes, von jetzt an des/der Jugendlichen, wird gemeinhin als «Pubertät» bezeichnet. Ich verwende lieber den Fachbegriff «Adoleszenz» (von lateinisch «adolescere» = erwachsen werden), weil er umfassender ist und auch die Jahre nach der eigentlichen Pubertät umfaßt, nämlich den ganzen Zeitraum von zwölf bis 25 Jahren. Da diese Phase für unser Ablösungsthema die spannendste und zugleich entscheidendste ist, widme ich ihr ein ganzes Kapitel. Trotzdem können die folgenden Seiten das Thema keineswegs erschöpfend behandeln; es ist zu umfangreich und zu vielschichtig.

Schon die Dauer dieser Phase wird im Lexikon mit neun bzw. elf Jahren angegeben; bei Jungen reicht sie vom 14. bis zum 25. Lebensjahr, bei Mädchen vom zwölften bis zum 21. Diese sehr lange Zeit verläuft bei Jugendlichen in sehr unterschiedlicher Weise. Nur weniges gleicht sich bei allen Jugendlichen: Der Körper verändert seine Gestalt, der junge Mensch wird «geschlechtsreif», das heißt, er entwickelt seine Weiblichkeit oder seine Männlichkeit. Es sind in jedem Fall einschneidende und für die Eltern oft erschreckende Veränderungen, die sich in dieser Phase ereignen. Gerade vertraute, liebgewordene Züge wandeln sich so stark, daß die Eltern nicht mehr wissen, worauf sie sich einstellen sollen.

Dieses Kapitel hat vor allem die Aufgabe, ein wenig von der Stimmung und der Turbulenz der Adoleszenzphase einzufangen und etwas über deren Hintergründe mitzuteilen. Es soll Verständnis wecken für das, was mit den Jugendlichen in dieser entscheidenden Übergangszeit vom Kindes- zum Erwachsenenalter geschieht und wie sich das Eltern-Kind-Verhältnis in dieser konsequenzenreichen Ablösungsphase verändert. Nichts soll verniedlicht oder verharmlost werden, die Adoleszenz ist eine Phase des Einbruchs und Umbruchs. Sowohl für die Eltern wie für die Kinder ist sie eine harte Zeit.

Ich meine jedoch, daß man leichter tragen und ertragen kann, was man wenigstens durchschaut und versteht. Deshalb sollen die «Stimmungsbilder» aus dieser Periode auch durch Überlegungen und Ergebnisse der Wissenschaft ergänzt werden.

Psychologen unterteilen die lange Adoleszenzphase meist in mehrere Abschnitte. Ernst Ell zum Beispiel unterscheidet die «leibliche Pubertät» vom elften bis zum 14. oder 15. Lebensjahr von der «seelischen Pubertät» vom 15. bis zum 18./19. Lebensjahr und von der «sozialen Pubertät» vom 19. bis zum 25. Lebensjahr, wobei er den betreffenden Unterphasen die jeweiligen Themen «Leib», «Seele» und «Umwelt/Gesellschaft» zuordnet (Ell 1973). Wichtig ist sicher, sich klarzumachen, welches Thema gerade das Hauptthema der Entwicklung ist, aber nicht zu vergessen, daß trotzdem alles drunter und drüber geht.

Wissenschaftlich stichhaltiger ist vielleicht die Einteilung von Peter Blos in Latenzperiode, Voradoleszenz, Frühadoleszenz, eigentlicher Adoleszenz, Spätadoleszenz, Postadoleszenz, die der unter Psychoanalytikern üblichen Einteilung entspricht (Blos 1983). Aber ich kann mir kaum vorstellen, daß es dem Vater von Hansi etwas nützt, zu erfahren, daß sein Sohn sich gerade in der Spätadoleszenz befindet, wenn er sich den Schrotthaufen anschaut, der einmal sein Auto war.

Wenn es das Ziel der Adoleszenzphase ist, herauszufinden, wer ich bin und was ich auf dieser Welt soll, so ist damit nicht ein Fixpunkt gemeint, der zu erreichen wäre, wie ein Läufer etwa sein Ziel erreicht. Ein Mensch ist nie am Ziel seiner Entwicklung, sondern immer auf der Suche nach seiner Identität, die sich auch immer wieder wandeln kann.

Statt weiter Theoriebrocken aufzuzählen, möchte ich lieber zunächst drei «Fallgeschichten» erzählen, die etwas von jenen millionenfachen Alltagserlebnissen mit pubertierenden Jugendlichen vergegenwärtigen.

Nella und Judith

Als ich sie vor vielleicht drei oder vier Jahren kennenlernte, war Judith ein schönes, liebes Kind mit langem, blondem Zopf. Sie war offen, wie frei erzogene Kinder offen sind; sie erzählte mir als «neuem» Gast sogleich einiges von der Schule, vom Sport, von Unternehmungen mit ihrer Freundin Elke, ließ mich sozusagen teilnehmen an ihrer ganzen Welt. Mit ihrer Mutter Nella (damals 35 Jahre alt) war sie ein Herz und eine Seele. Sie machten alles gemeinsam, soweit dies Nellas Halbtagsarbeit zuließ. Aber sie hatte diese Arbeit sich eigens so eingerichtet, damit genug Zeit für das Kind übrigblieb.

Vor vielen Jahren, als Judith gerade vier war, hatte sich Nella von ihrem Mann Uli getrennt. Als Judith sieben war, begann Nella eine neue, tiefe Liebesbeziehung, die mehrere Jahre dauerte. Wenn ich mich richtig erinnere, ist diese nicht zuletzt an Auseinandersetzungen um Judith gescheitert. Der neue Partner Heinz konnte es nicht verkraften, daß Judith soviel «durfte». Er hatte die Auffassung «Kinder lügen» und hielt es für richtig, daß diese sich grundsätzlich nach den Erwachsenen zu richten haben.

Nella hatte wenig Geld. Der Halbtagsjob und was Uli ihr für Judith gab, reichten nicht, große Sprünge zu machen. Aber Zeit mit Judith zu haben war ihr wichtiger, als ein dickes Auto zu fahren, eine Tip-Top-Einrichtung zu besitzen und nach der neuesten Mode gekleidet und frisiert zu sein. Außerdem machte es viel mehr Spaß, zu improvisieren. Nella und Judith holten sich die herrlichsten Pullis und Jeans vom Flohmarkt und schnitten bzw. kämmten sich gegenseitig die Haare. Auch Kochen und Backen – ohne allzu großen Aufwand – waren gemeinsame Freuden oder auch das sich wechselweise Verwöhnen mit Gebackenem und Gebratenem. Nella und Judith aßen jedoch vorwiegend Obst, Salate und frisches Gemüse.

Vor kurzem traf ich Nella wieder. Die Beziehung zwischen Mutter und Tochter hatte sich seit etwa einem Jahr sehr verändert. Seit Judith aus den Ferien bei einer Tante zurückkam, motzt sie nur noch herum, und Nella kann ihr nichts mehr recht machen.

Judith ist noch immer mit ihrer Freundin Elke zusammen, einer Tochter reicher Eltern mit «gehobenem» Konsum. Judith übernachtet jetzt auch öfter bei Elke. Und wie es dort zugeht, das ist ihr neuer Maßstab. Nicht, daß sie von den Verhältnissen dort erzählen würde und vielleicht von der Einrichtung, den Autos und dem Essen, das serviert wird, nur schwärmen würde. Nein, sie fordert nun dieselben Dinge für sich. In ihr vom Vater Uli soeben frisch gestrichenes Zimmer sollen ein schicker Schreibtisch und eine «Bettgarnitur» hineingestellt werden, den alten Schreibtisch findet sie zu schäbig. Nella muß passen, sie kann sich das nicht leisten. Außerdem findet sie, daß der alte Schreibtisch noch gut ist. Sie könnten ihn ja neu streichen, vielleicht mal rot oder gelb, das wäre freundlicher. Judith: «Was, in einer so popeligen Einrichtung soll ich lernen? Ich denke ja gar nicht dran. Da fällt mir ja kein Satz und keine Zahl ein! Da kann ich gleich von der Schule gehen!» Und so geht das den ganzen lieben Tag. Mit den gemeinsamen Flohmarkt-Besuchen ist es aus. Mit der «Penner»-Kleidung, die dort zu kriegen ist, will sich Judith nicht mehr sehen lassen. Sie findet auch, daß Nella wirklich mal zum Friseur gehen könnte und sich Dauerwellen machen lassen sollte. Seit Jahren hat sie diese langweilige Frisur vom vorigen Jahrhundert. Unerträglich. Es ist ihr peinlich, wenn Elkes Mutter vorbeikommt, um Elke abzuholen.

Der Haushalt, der früher ihre gemeinsame Sache war und bei dem Nella der Meinung ist, daß frau auch mal fünf gerade sein lassen kann, wird jetzt von Judith als Nellas alleinige Aufgabe betrachtet. Manchmal kommt es Nella vor wie in ihrer früheren Ehe. Judith kommt von der Schule nach Hause, schmeißt die Schultasche in die Ecke und mault: «Wie's hier wieder ausschaut! Ist es nicht schlimm genug, daß wir eine so miese Einrichtung haben? Muß auch noch der Staub meterdick herumflacken!» Oder: Nella kommt mit schwerer Einkaufstasche voller Obst und Gemüse nach Hause, in der anderen Hand hat sie noch eine Jute-Tasche. Sie bittet Judith, ihr eine von beiden abzunehmen und die Tasche in die Küche zu stellen. Judith, motzig: «Du kannst doch zweimal gehen. Bin ich denn deine Zugehfrau, oder was?»

Am schlimmsten ist für Nella, daß überhaupt keine «weichen Wellen» dazwischenkommen, kein «Verzeih mir, da bin ich wohl zu weit gegangen» oder «Ich wollte dich nicht verletzen». Im Gegenteil, Judith will Nella verletzen, und sie schafft es auch, da die beiden sich kennen. Das Ganze läuft nun seit einem Jahr ohne Atempause, ohne ein friedliches Frühstück oder einen schönen gemeinsamen Ausflug dazwischen. Nella muß sich ständig abgrenzen: «Kümmere dich um deinen Schrank! Die Ordnung in meinem Schrank ist meine Sache. Du brauchst ja nicht dranzugehen!» Manchmal ist sie sehr müde, hat gar keine große Lust, nach Hause zu gehen, um sich wieder einer «Szene» auszusetzen. Und diese kleine Hexe kann sie nicht vor die Tür setzen wie ehemals ihren Vater. Zwar weiß Nella «Das ist Pubertät! Die Kinder sind dann launenhaft, sind voller Protest gegen alles und jedes», und sie weiß auch «Das geht vorbei», aber ganz so schlimm und so lange hat sie es sich nicht vorgestellt, und vor allem nicht so verletzend.

Ein kleiner «Trost» bleibt Nella: Den Vater Uli hat es schon vor ihr getroffen. Als Judith gerade zwölf war, kritisierte sie ständig an ihrem Vater herum, wenn sie bei ihm zu Besuch war. Damals noch auf Nellas Linie: «Nur Büchsenfraß gibt es bei ihm, und wir sitzen dort nur vor der Glotze». Eines Tages ging sie einfach nicht mehr zu ihm, ein ganzes Jahr lang. Das war für Uli schmerzhaft, aber auch erleichternd, weil er die Nörgelei nicht mehr ertragen mußte.

Judith besuchte auch gerne ihre Oma. Und kürzlich hörte Nella von einer Nachbarin, daß ein herziger kleiner Blumenstrauß, Süßigkeiten und ein Gedicht vor der Wohnungstür der Oma gelegen hätten. Das hatte sie sich von ihrem Taschengeld abgespart. Das sah ganz nach der «alten Judith» aus!

Edith und Leonhard

Edith hatte darauf gewartet, daß bei ihrem Sohn Leonhard (16) alles das auftreten würde, was sie über die Pubertät gehört hatte: Aufmüpfigkeit, Unausgeglichenheit usw. Bis jetzt kann sie nichts davon feststellen. Doch, zwei Veränderungen könnte sie vielleicht benennen, die ihr auffallen: erstens große Empfindlichkeit, was seine Person betrifft; da muß sie jetzt sehr aufpassen. Und große Sprödigkeit, das heißt, er erzählt nicht viel von dem, was in ihm vorgeht. Nicht, daß er generell verschlossen wäre; er berichtet oft sehr ausführlich von der Schule. Aber es gibt Dinge, über die er nicht spricht. Sie hat jetzt auch den «Kindesvater» gebeten, mal von Mann zu Mann mit ihm zu sprechen, falls da irgend etwas noch nicht klar sein sollte. Er ist noch sehr kindlich, nicht wie seine Klassenkameradinnen, die schon richtige junge Frauen sind.

Im übrigen kommt sie sehr gut mit ihm aus zur Zeit. Er ist selbständig und zum Beispiel ein angenehmer Reisebegleiter. Er hat sich von sich aus für einen Schüleraustausch nach USA beworben, für ein Jahr wäre er dann drüben. Sie denkt, daß sich dort einiges seiner Entwicklung erledigen würde, was dann nicht auf ihrem Rücken ausgetragen wird.

Der einzige Konfliktpunkt mit ihm betrifft die Ordnung. Sein Zimmer ist unsagbar chaotisch. Dabei zieht er sich an wie aus dem Ei gepellt. Selbst er findet nichts, wenn er etwas sucht. Es kann vorkommen, daß angegessene Stullen aus der vorigen Woche zwischen Schulsachen rumliegen. Da gab es einige Mißstimmungen zwischen ihnen. Sie hat mit allen Mitteln versucht, das zu ändern: Taschengeldreduktion, Fernsehverbot usw. Inzwischen hat sie selbst dazugelernt. Sie betritt sein Zimmer nur noch einmal die Woche, wenn Leonhard nicht da ist, um Meerschwein und Hase zu füttern. Die Unordnung in seinem Zimmer, denkt sie nun, ist doch wirklich sein Problem.

Karin und Max

Ich lese Karin die Geschichte von Nella und Judith vor. Eine Fallgeschichte will sie nicht sein. Die Probleme von Nella hat sie mit dem 16jährigen Max überhaupt nicht. Es kommt ihr so vor, als ob Nella etwas falsch machte. Das einzige, was sie selbst quält im Hinblick auf Max, ist, daß sie so wenig weiß von ihrem Jungen. Er erzählt ganz wenig von sich und davon, was bei ihm so läuft. Er macht alles mit sich selber ab.

Ein zweiter Punkt ist noch, daß öfter Mißstimmungen zwischen ihnen entstehen durch die leidige Ordnungsdiskussion. An solchen Tagen ist dann gar nichts mehr möglich zwischen ihnen, schon gar nicht ein vernünftiges Gespräch.

Neulich hat sie sich ziemliche Sorgen gemacht. Max ging sehr häufig zu einem Freund, und einiges, was sie aus Erzählungen heraushörte, schien ihr drogenverdächtig. Als sie dann an einem Wochenende, an dem noch kein Ordnungsstreit stattgefunden hatte, mit Max zusammensaß, nahm sie sich ein Herz und sprach diese Sorge an. Sie nannte Anzeichen, die in ihren Augen dafür sprachen, daß bei dem Freund zumindest Haschisch konsumiert würde. Sie wollte ihm damit auch zeigen, daß sie sich auskennt. Max hat ihr mehrfach versichert, daß ihre Sorge unbegründet sei, aber auch betont, daß es gut gewesen sei, daß sie ihre Sorge ausgesprochen habe. Zweimal hat er das gesagt, am Schluß des Gesprächs noch einmal. Sie selbst ist froh, daß sie das Thema angesprochen hat. Sie fühlt sich im Moment einigermaßen entlastet.

Nichts steht an seinem Platz

Wenn die Eltern gerade beginnen, sich in der Hoffnung zu wiegen (oder sich sogar der festen Überzeugung hingeben), sie hätten einen nützlichen, liebenswerten Menschen herangezogen, und wenn sie sich darüber hinaus noch einbilden, sie wüßten in etwa, wer dieser Mensch ist, bricht plötzlich die Pubertät herein. Und alles wird auf einmal unsicher, nichts ist mehr vorhersehbar, nichts geregelt, nichts «steht an seinem Platz». Zu dem wenigen Verläßlichen in der Pubertätszeit gehört die Entwicklung der sekundären Geschlechtsmerkmale, Busen und Schamhaare, sowie der Beginn von Menstruation und Pollution. Normal sind auch große Gefühlsschwankungen: von «himmelhoch jauchzend» bis «zu Tode betrübt». Aber ob das bisher weiche, fügsame Kind plötzlich schroff, hart und fordernd wird wie Judith oder das bisher offene Kind plötzlich verschlossen wie Max, für die Eltern heißt das, einem ganz fremden Menschen zu begegnen. Und meist ist es ein nicht besonders liebenswürdiger, sondern eher ein ruppiger, schwieriger, unzuverlässiger Zeitgenosse. Die Eltern können nicht mehr stolz auf Tochter oder Sohn sein, wie das in den vorausgegangenen Jahren der Fall war. Die Schulleistungen fallen plötzlich drastisch ab, und noch einmal scheint es vollkommen offen, ob «etwas» aus ihm oder ihr wird.

Sicher ist nur, daß es so wie bisher nicht weitergeht. Die Sonntagsspaziergänge mit den Eltern, die Urlaube mit den Eltern, selbst die gemeinsamen Mahlzeiten, all das wird für beide Seiten zur Tortur. Viele Dinge, die längst «gelernt» schienen, ja sogar die Ziele der Entwicklungsphasen, die erreicht schienen, werden erneut in Frage gestellt. Zum Beispiel das Ergebnis der analen Phase, Sauberkeit, Ordentlichkeit, Pünktlichkeit, Zuverlässigkeit, kann noch einmal umgestoßen werden. Und je mehr die Eltern diese Ziele hochhalten, desto fragwürdiger erscheinen sie jetzt den Jugendlichen. Wenn die Sauberkeit in einer Familie allzu zwanghaft war, kann es Jahre brauchen, bis ein Mensch ein eigenes Verhältnis zur körperlichen Sauberkeit gewinnt und Freude am Duschen oder Baden entwickelt. Ich weiß von einem Fall, in dem ein junger Mann jahrelang fast verwahrlost und stinkend, in geflickten oder sogar ungeflickten Sachen zur Universität ging, bis er herausgefunden hatte, wie oft er selber duschen oder baden sollte, um sich wohl zu fühlen. Die Krawatte, für seinen Vater Symbol des Aufstiegswillens, blieb freilich endgültig im Schrank. Auch die orale Phase scheint in den seltensten Fällen erledigt. Das Rauchen, Saufen, Inhalieren, Fressen und Schlecken der Jugendlichen entspricht aber sicher nicht nur dem Nachholbedürfnis derjenigen, die an der Mutterbrust nicht genug bekommen haben. Diese Verhaltensweisen sind auch dazu geeignet, die Erwachsenen zu ärgern oder ihnen den Spiegel vorzuhalten, wenn sie selber noch in dieser Phase hängen. Schließlich kann man sich auch so Merkmale der Identität zulegen, die von den einen unterscheiden, die aber mit anderen, etwa den Leuten der eigenen Clique oder «Szene», verbinden.

Till von Heiseler
Ach

Ich kann die Wichtigkeit z. B. des Aufstehens am Morgen nicht erkennen. Jemand fragte mich nach meiner Lieblingsfarbe. Ich sah ihn nur erstaunt an, da ist nichts, Nichts, ein Strudel, lallende Gedanken, Eindrücke, Stimmung, in die Tiefe reißend, ohne Struktur, ohne haltenden Rahmen. Lachen, krampfhaftes Weinen, Worte, Schweigen, manchmal eine

fremde Straße hinunter. Das Außen weht mich an,
aber im Innern: ein Loch.

Freilich man hat Gedanken,
wird nahezu wahnsinnig,
sitzt in Kneipen,
verliebt sich in den Tod,
und dann im Gespräch
sagt man, man halte dieses oder jenes für richtig,
dreht sich um und bricht in Tränen aus.

(Aus: Till von Heiseler: Schwarze Rosen, Göttingen 1983, Selbstverlag)

Die Jugendlichen scheinen in vielen körperlich-sinnlichen Dingen plötzlich wieder am Anfang zu stehen. Schmecken und Riechen werden neu entdeckt. Räucherstäbchen oder Parfums werden benützt und ergeben den jeweils eigenen Geruch einer Clique; wegen eines bestimmten Gebäcks oder eines bestimmten Getränks trifft man sich in bestimmten Kneipen. Es finden sogar Streifzüge durch Kaufhäuser statt, die nur dem kostenlosen Schnuppern von allerlei Gerüchen dienen. Auch das Hören spielt eine gewichtige Rolle in der «Jugendkultur»: durch das Hören anderer Klänge und insbesondere lauter Musik unterscheiden sie sich und lernen über sich.

Das eigentliche Lernalter ist vorbei. Die Jugendlichen sind jetzt mit dem Wichtigsten überhaupt, mit sich selbst, beschäftigt. Sie befinden sich jedoch innerhalb unserer Gesellschaft zunächst noch in der Schule, später in anderen Ausbildungen und müssen eine riesige Menge von «Stoff» lernen, der aber allzuoft gar nichts mit ihnen selbst, mit ihren Fragen und ihrem Suchen zu tun hat. Aus dieser Diskrepanz, aber auch aus dem häufigen Anecken und Zusammenstoßen mit Erwachsenen, das gar nicht so unbeabsichtigt ist, entsteht das meist vage, aber übermächtige Gefühl «Niemand versteht mich». Dies hängt auch damit zusammen, daß überhaupt viel Gefühl im Jugendlichen brodelt, dem gegenüber die «erwachsene» Umwelt als kalt und gefühllos empfunden wird. Die können gar nicht verstehen, was in einem Jugendlichen vorgeht, der morgens voller Entzücken in die Welt hinausstürmt und alle umarmen könnte und der abends so am Ende ist, daß er nicht mehr leben möchte. Wozu auch, für wen? «Mich versteht ja doch niemand!»

Wenn die Integration der Persönlichkeit Ziel dieser Phase ist, dann ist die jetzt häufig zu beobachtende totale Disintegration der Persönlichkeit offenbar die Voraussetzung für den Neuaufbau des noch unbekannten jungen Menschen. Dieser soll und will auch Aufgaben in der Gesellschaft übernehmen, aber erst, wenn er selbst bestimmt hat, wozu er auf der Welt ist.

Hallo Kerstin, *27.2.86*

...Mein Gefühl sagt mir, daß etwas Neues anbricht, oder schon angebrochen ist. Ist es nur durch den Wandel der Umgebung, weg von der Schule, neue Gedanken und Möglichkeiten; nein, nicht nur, es ist, als ob sich mein Inneres wandelt, als ob ich offener werde für Neues; ein tolles Gefühl...

Liebe. Die Erweiterung des Horizonts

Mit den körperlichen Veränderungen bei Jungen und Mädchen wird das Interesse am anderen Geschlecht wieder intensiver, das sich im «Lernalter» (psychoanalytisch Periode der «Latenz» = verborgenes Dasein) nicht offen zeigte oder hinter dem Lerninteresse zurückstand. Jetzt ist es schwer, den Pflichten in Schule oder Lehre und im Elternhaus nachzukommen und sich zu konzentrieren, persönliche Beziehungen sind wichtiger. Erste Freundschaften werden geknüpft oder phantasiert, voller Sehnsucht und Verlangen. Die tatsächlichen Freundschaften sind manchmal kurz; es kommt vor, daß sie nur Tage dauern. Aber in diesen Tagen oder Stunden werden Ewigkeiten durchmessen und Welten brechen zusammen, wenn sie enden. Ich erinnere mich an die Begegnung mit einem 15jährigen Hauptschüler, den ich von einem Seminar kannte. Ein oder zwei Tage davor hatte er von seiner ganz großen Liebe berichtet und was für eine phantastische «Braut» sie wäre. Als ich mich jetzt nach seiner «Flamme» erkundigte, reagierte er, als hätte es das Mädchen und die Freundschaft mit ihr überhaupt nicht gegeben.

Auch wenn die ersten Freundschaften von längerer Dauer sind, wäre es sicher falsch, die ersten Freunde und Freundinnen der Kinder zu betrachten, als wären es die künftigen Schwiegertöchter und Schwiegersöhne. Noch geht es den Jugendlichen in erster Linie um etwas völlig anderes als «Partnersuche», und es liegt ihnen fern, Vater oder Mutter werden zu wollen. Worum es geht, ist Selbstfindung. Der oder die andere stellen den Spiegel dar, mit dessen Hilfe ich herausfinden kann, wer ich bin. Deshalb auch die Bedeutung von Gesprächen in diesen frühen Beziehungen. In allen Mehr-Kinder-Familien schwellen die Klagen über die stundenlangen Telefonbelagerungen ihrer Teenies an, und kaum eine Gruppe der Bevölkerung dürfte durch den Achtminutentakt so hart getroffen worden sein wie die Jugendlichen.

Kein Spiegel ist so wahr wie das jugendliche Gegenüber. Ich erinnere mich, wie mir in meiner eigenen Jugend die Komplimente, die ich über mein Aussehen erhielt, als entscheidende Informationen über meine eigene Körperlichkeit dienten, über die ich trotz Spiegel im Kleiderschrank meiner Mutter ziemlich ahnungslos war. Wichtig ist dabei, wie ich im Vergleich zu anderen abschneide. Und das gesellschaftliche Moment, was als schön gilt, ist wichtig. Wenn ich wieder und wieder auf meine «schönen» Beine oder meine «schönen» Augen oder Haare angesprochen werde, so heißt das nicht zuletzt, daß sie der derzeitigen Mode und dem gerade propagierten Schönheitsideal entsprechen.

Dasselbe geschieht im seelischen Bereich. In langen Gesprächen versuchen Jugendliche herauszufinden, was für ein Mensch sie selbst sind. Was fühlen sie selbst, was fühlt der andere, was wünschen sie sich, was wünscht der andere, was wünschen sie sich vom anderen, auch als Mädchen oder Junge? Wenn ich Jugendliche bitte, ihre Erwartungen an eine(n) Freund/in anonym aufzuschreiben, steht stets an erster Stelle: «... daß man mit ihm/ihr über alles reden kann» – und nicht etwa sexuelle Erwartungen. In meinen Seminaren mit Jugendlichen war es immer wieder besonders beliebt, Bilder und Beschreibungen zum Thema

«Wie stelle ich mir meinen Traum-Mann oder meine Traum-Frau vor» zu fertigen. Aber am liebsten hingen die Jugendlichen in gemischten Gruppen zu Cassetten-Musik in den Zimmern herum und redeten.

Till von Heiseler
Liebesgedicht

Ich habe keine Angst vor dem dritten Weltkrieg,
obwohl er wahrscheinlich ist.

Ich habe keine Angst, keine Arbeit zu finden,
obwohl ich wenig Chancen habe.

Ich habe keine Angst, durch einen Unfall zum Krüppel zu werden,
obwohl ich nachts oft mit Betrunknen fahre.

Ich habe Angst, dir in die Augen zu sehn.
Warum?

(Aus: Till von Heiseler: Schwarze Rosen, Göttingen 1983, Selbstverlag)

Bei meinen psychoanalytischen Gewährsleuten wird festgestellt, daß auch die scheinbar bewältigte Ödipus-Verstrickung, die Liebe zum andersgeschlechtlichen Elternteil, in der Adoleszenz noch einmal aufgegriffen wird (Erik H. Erikson; Peter Blos). Sicher kann man das so sehen, egal ob noch einmal besonders innige Geplänkel oder Neckereien zwischen Vater und Tochter ablaufen oder nicht, und auch die Wiederannäherung nach einer Distanzierung hat eine erotische Komponente. Selbst wenn sich die Tochter als erste Freunde absolute Gegenstücke zum Vater auswählt, ist das indirekt auf den Vater bezogen. Bei Jungen ist es am auffälligsten, wenn sie sich in Frauen verlieben, die dem Alter nach ihre Mutter sein könnten.

Für die Eltern ist schwieriger, zu verarbeiten, was Freud bei seiner Entdeckung des Ödipus-Komplexes schlicht «vertuscht» hat, wie Florence Rush und Alice Miller meinen: daß nämlich viele Eltern ihre Kinder nicht nur «platonisch» lieben, sondern durchaus eine erotische Anziehung der Kinder empfinden, sogar Verliebtheiten spüren. Auch die Kindesverführungen und -vergewaltigungen durch Väter gehören in diesen Zusammenhang. Es kommt also sicher so etwas wie Eifersucht ins Spiel, wenn die Kinder sich jetzt Partnern zuwenden. Wir, die bisherigen Hauptliebesobjekte der Kinder, werden entthront! Sie ziehen jetzt andere Menschen vor. Und wie um uns zu ärgern, wählen sie Freunde(innen), die uns gar nicht gefallen, deren Wahl wir nicht verstehen können.

In der langen Zeit vom 13. bis zum zwanzigsten Lebensjahr der Kinder kommt uns Eltern kaum in den Sinn, daß sie uns keineswegs als Eltern gewählt haben, etwa weil wir so schöne, sie entzückende Eigenschaften haben, sondern daß sie schlicht keine Wahl hatten, daß sie stets von uns abhängig waren. Um zu «überleben», machten sie sich mit unseren Eigenschaften vertraut. Sie mußten uns sehr gut kennen, um uns zu gefallen, aber auch um auf uns eingehen und mit uns auskommen oder uns ausweichen zu können. Gerade für dieses Ausweichen bietet die Kleinfamilie kaum Chancen (vgl. Kapitel 7). Manchmal haben Jugendliche das Glück, im Freundeskreis Erwachsene zu finden, zu denen sie gehen können, wenn es mit den eigenen Eltern zu schwierig ist. Aber um selbständig zu werden, müssen sie es darauf ankommen lassen, den Eltern gerade nicht zu gefallen (vgl. Howard Halpern 1981).

Wenn ich in Kapitel 2 geschrieben habe, daß aus Eltern Freunde oder Fremde werden, so kann das vom Standpunkt des Liebenden auch so verstanden werden: Er oder sie hat mich verlassen, was mache ich nachträglich aus dem Verhältnis? Ich kann, um mit dem Verlust fertigzuwerden, den (oder die) ehemalige(n) Geliebte(n) schlechtmachen und kein gutes Haar an ihm (ihr) lassen. So hat es Bettinas Mutter gemacht. Sie spricht sogar von ihrer eigenen «Verblendung» über die Eigenschaften ihrer Tochter. Ich kann den ehemaligen Gegenstand meiner Liebe tabuisieren und nichts mehr mit ihm zu tun haben wollen. Aber ich kann mich auch um ein neues Verhältnis bemühen, mich damit abfinden, daß wir keine Geliebten mehr sind, und eine neue Ebene zu ihm (ihr) suchen. Die komplette Persönlichkeitsveränderung der Kinder, die allgemein schwer hinzunehmen ist, ist so gesehen eine Hilfe: Auf einer neuen Ebene können wir mit einer Person, die wir neu kennenlernen, ein neues freundschaftliches Verhältnis entwickeln.

Von der fließenden Verbindung zwischen Soll und Ist

Ein Jugendlicher schreibt: «Ich? Ich? Was bin ich? ‹Ich bin allein mit dem Schlagen meines Herzens.› Ich, heda, Ich! Was ist Ich? ‹Es ist das Einsame und das Verlorene, immer auf der Suche nach ... wem?› Nach einem anderen Ich? Nach einem Ich, das mir antwortet? Nein? Aber was dann? Da ist mehr; das Ich ist der Weg vom Inneren zum All, vom Kleinsten im Selbst zum Größten in allem.

Nun sehe ich in mich selbst hinein und sehe mein Ich, das schwache und ziellose Ding, das mich ausmacht. Mein Ich ist nicht stark und sollte es sein. ‹Ich› muß eine Richtung gewiesen bekommen, hat aber keine. Mein Ich ist unsicher, da sind zu viele Unrechte und gemischte Wahrheiten drinnen zu erkennen. ‹Ich› verwandelt sich und weiß es nicht. ‹Ich› kennt wenig Wirklichkeit und viele Träume. Was ich jetzt bin, ist nicht das, was ich sein möchte, wenn ich auch nicht sicher bin, was es ist, das ich nicht möchte. Aber dann: was ist ‹Ich›? Mein Ich ist meine Antwort auf jedes All von allen Leuten. Es ist das, was ich der wartenden Welt zu geben habe, und daraus kommt alles, was anders ist. ‹Ich› muß schaffen.» (Aus einem dramatischen Gedicht von John D., 17 Jahre, nach Peter Blos 1983, S. 5)

Dieses Gedicht, das aus der Seele eines Siebzehnjährigen herausbricht und versucht, seine Gefühle in Worte zu fassen, enthält ziemlich viel von dem, was mit der Person im Jugendalter geschieht, wenn man dem psychoanalytischen Modell vom Ich, Es und Über-Ich folgt. Man kann die Person als eine Gesamtmasse von Energie verstehen. «Es» ist das Triebhafte – «das Tier» im Menschen. Im Über-Ich sind die gesellschaftlichen Normen angesiedelt, die die Eltern (mit)teilen. Ein Mensch verinnerlicht diese Normen durch Identifizierung mit den Eltern, er hält sich daran oder übertritt sie mit schlechtem Gewissen. «Ich» ist schließlich der integrierende Teil der Persönlichkeit.

Nach Anna Freud ist es für die Jugendphase typisch, daß ein relativ schwaches Ich einem relativ starken Es gegenübersteht. Das Ich, für das von der Gesamtenergie wenig übrigbleibt, hat jedoch zwei lebenswichtige Aufgaben für die Person zu erfüllen: erstens den Zusammenhalt der Psyche überhaupt und zweitens den Kontakt zwischen Person und Realität. Genau mit diesen beiden Dingen hat der Schreiber des oben zitierten Gedichts wie jeder andere Jugendliche auch erhebliche

Schwierigkeiten: Die eigene Seele scheint ihm zu verschwimmen, wegzulaufen, auseinanderzulaufen, überflutet zu werden. «Ich kennt wenig Wirklichkeit und viele Träume.» Die Träume sind auf der Ebene des Es, des Unbewußten, angesiedelt. Die Jugendlichen befinden sich nicht nur bei Nacht auf dieser Ebene, sondern häufig auch am Tage. Sie überlassen sich Tagträumereien, sind «weggetreten» oder «nicht ganz da». Dem dichterischen und künstlerischen Vermögen kommt der Überfluß des Es-Pols zugute. Gerade poetische und frei gestalterische Begabungen kommen häufig im Jugendalter zum Durchbruch.

Dagegen ist es schwierig für einen Jugendlichen mit seinem schwachen Impuls vom Ich-Pol, die Realität um sich und in sich wahrzunehmen. Er überschätzt sich, er unterschätzt sich, er überschätzt die Möglichkeiten der Erwachsenen (der Eltern, der Lehrer), er unterschätzt die Möglichkeiten der Erwachsenen wie Recht, Macht und Polizeigewalt. Er überschätzt die Möglichkeiten der Bürger und ihrer Mitbestimmung, die Wirkung von Demonstrationen und anderen Aktionen. Er unterschätzt die Möglichkeiten der Mitbestimmung. Kleine Nadelstiche wie zum Beispiel Leserbriefe sind nichts, von dessen wie immer gearteter Wirksamkeit ein junger Mensch zu überzeugen wäre. Er ist viel zu sehr mit sich selbst (das heißt mit dem brodelnden Es) beschäftigt, als daß er sich kleinkarierte Taktiken überlegen wollte. Lieber die ganze Gesellschaft umkrempeln: «Daraus kommt alles, was anders ist.»

«Wer mit zwanzig kein Sozialist ist, hat kein Herz, und wer mit dreißig noch Sozialist ist, hat keinen Verstand.» Dieser Spruch, der meines Wissens von André Gide stammt, meint den enthusiastischen Schwung dieses Alters, der oft in Höhenflügen sich über die Realität erhebt. Der Dreißigjährige wird dann von dieser eingeholt, oft von zuviel Realität, denn mit «den Gegebenheiten» wird auch Resignation entschuldigt, wird gut oder schlecht verstandenes Eigeninteresse begründet, werden Bedenklichkeiten, Vorsicht, Ängste vertuscht – und das heißt dann «Verstand» oder «Vernunft». Tatsächlich stellt diese Diskrepanz zwischen dem Lebensgefühl des Zwanzigjährigen und dem des Dreißigjährigen einen Teil des sogenannten Generationsproblems dar.

Offenbar ist es notwendig für die Entwicklung eines Jugendlichen, noch einmal ohne Erfahrungen wie ein unbeschriebenes Blatt dazustehen. Die Verhaltensregeln, nach denen er (sie) sein (ihr) Leben bisher ausgerichtet hat, werden jetzt abgelehnt, eigene Erfahrungen sind jedoch noch nicht für alle Lebenslagen gewonnen worden. So kommt es zu den vielfältigen «Ausrutschern», bei denen sich alle Welt wundert, wie sie dem (der) Jugendlichen trotz ihrer Erziehung (!) passieren können. Tatsächlich fallen die Ergebnisse der Erziehung gleichsam von ihnen ab.

Till von Heiseler
Vater und Sohn

«Du wirst dir die Finger verbrennen»
«Du wirst all deine Kräfte verzehren»
«Du wirst blind werden denn Du siehst immer ins Licht»
sagte der Vater zum Sohn
und alterte
ohne sich die Finger verbrannt zu haben
ohne Kräfte und blind
langsam und bangsam
und starb

(Aus: Till von Heiseler: Schwarze Rosen, Göttingen 1983, Selbstverlag)

Aber nicht nur die Verhaltens-Erziehung bricht mehr oder weniger zusammen. Immer wieder hat mich erstaunt, wie Töchter und Söhne von guten Freunden plötzlich alles an Werten und Zielen negierten, was ihre Eltern ihnen kindheitslang zu vermitteln versucht hatten. Das alles schien jetzt wie ausgelöscht aus dem Bewußtsein. Später, auch wieder überraschend, taucht eine Meinung oder ein Teil-Ziel der Eltern wie aus Eigenem bei dem(r) Jugendlichen wieder auf. Aber manchmal bleibt bei Adoleszenten über längere Strecken hinweg ein Tabula-rasa-Gefühl bestehen. Sie erscheinen ihrer Umwelt «wie die ersten Menschen», so als hätten sie keine persönliche, noch gäbe es eine gesellschaftliche Geschichte.

Es ist deshalb auch nicht erstaunlich, wenn Fragen, die uns längst geklärt oder «ausdiskutiert» erscheinen, von der jungen Generation plötzlich wieder als brennend aktuell empfunden werden. Und es ist gar nicht ganz einfach, als Elternteil oder Erzieher(in) sich solchen «alten» Fragen, die längst abgehakt erschienen, noch einmal «neu» zu stellen. Für mich persönlich war die sogenannte Gewaltfrage eine Frage mit einem langen Bart. Es kostete mich Überwindung, mich dieser Frage mit meiner Tochter und deren Freunden noch einmal zu nähern, als wäre sie mir noch neu, nur daß ich schon ein paar Überlegungen darauf verwandt hatte. Ganz ähnlich erging es mir mit Literatur von «damals», die überraschend wieder in Mode kam und von den Jugendlichen gelesen und diskutiert wurde, wie zum Beispiel Hermann Hesse. Auch dafür war ein Aufraffen meinerseits notwendig, ein Kampf gegen die innere Überheblichkeit und Trägheit (vgl. den Abschnitt «Von Kindern lernen», S. 156ff).

Wenn oben davon die Rede war, daß die Ablehnung vieler bisher selbstverständlicher Verhaltensregeln zum Jugendalter gehört, so heißt das, daß das Über-Ich abbröckelt. Für den (die) Jugendliche(n) mit dem Energieschub vom Es-Pol ist es günstig, wenn der Über-Ich-Pol mit dem übrigen System verbunden bleibt, so daß er (sie) einen gewissen Halt besitzt und nicht völlig dem Triebansturm ausgeliefert ist. Ich meine damit Normen, die ihm (ihr) nicht unvereinbar erscheinen mit dem Überschwang der Gefühle. «Mein Ich ist unsicher. Da sind zu viele Unrechte und gemischte Wahrheiten drinnen zu erkennen.» John, der Schreiber, ist unsicher, aber Wahrheit und «Recht» bleiben ihm Werte. Er hat sie nur nicht fest im Griff, sondern ist erneut auf der Suche danach, wie er sie integrieren kann.

Wenn dagegen das Über-Ich zu stark ist, so heißt das, daß die Person besonders hin- und herschwankt zwischen dem, was da ist, dem Triebhaften, Überschwenglichen, und dem, was sein soll, was Eltern und Gesellschaft fordern und worauf das Über-Ich jetzt besteht. Dieser Zwiespalt kann Furcht und starke Ängste auslösen, sogar zur Krankheit führen. Das bekannteste Beispiel sind die Strafandrohungen für die Selbstbefriedigung der Jungen, hauptsächlich von kirchlicher Seite, die viele Jugendliche in schwere Bedrängnis gestürzt haben.

Wie können Eltern in dieser Zeit helfen? Felsenhaft dasein, realistisch, aber auch flexibel, menschlich, die eigenen Grenzen erneut deutlich machen. Es kann notwendig werden, als Puffer gegenüber den engen und starren Grenzen der Gesellschaft zu dienen, zum Beispiel wenn die Kinder mit Vorschriften oder Gesetzen in Konflikt geraten.

Wer bin ich – Was bin ich – Wo stehe ich?

Während der langen Spanne Leben, die unter die Begriffe «Adoleszenz», «Pubertät» oder «Jugendalter» fällt, vollzieht sich notwendig der Prozeß, der zu einem abgegrenzten Selbst oder zur Identität führen soll, der die Antwort geben soll auf John D.s Frage: «Ich – was bin ich?» Die vielen Identifizierungen der Kindheit mit Eltern, Vorbildern, Jugendgruppen usw. sollen abgelöst werden durch eine eigene Identität.

Der erste Schritt zur «Selbstfindung» vollzog sich bereits am Ende des zweiten Lebensjahres, als das Kind anfing, zwischen «Selbst» und «Nicht-Selbst» zu unterscheiden. Jetzt, im Jugendalter, geht es um einen wesentlich komplexeren Vorgang. «Ich bin nicht die Mutter und nicht der Vater.» Das ist einfach. Aber herauszufinden, welche Seiten meiner Persönlichkeit anders sind, wie sie anders sind und wo ich damit innerhalb der Gesellschaft stehe, das ist sehr viel schwieriger. Große Anstrengungen werden dem (der) Jugendlichen abgefordert, bis er (sie) das herausgefunden hat, und zwar nicht nur theoretisch, sondern praktisch: Probieren statt Studieren. Aber genau dieses Probieren führt zu erheblichen Problemen mit der Umwelt. Wenn alles noch einmal in Frage gestellt und neu ausprobiert wird, ist das eine Herausforderung für die direkte Umwelt und für die Gesellschaft, und sie wird dementsprechend «geahndet». Gar zu gern und zu schnell rütteln Jugendliche mit ihren Tests an Grundpfeilern der Gesellschaftsmoral. Etwa wenn ausprobiert wird, ob es wirklich notwendig ist, zu bezahlen, was überall in großer Fülle ausgestellt und angeboten wird. Oder: Ist es wirklich so schädlich, zu rauchen, zu trinken, Drogen zu nehmen? Warum auf andere Menschen in U-Bahn und Tram Rücksicht nehmen? Warum in bestimmten Situationen den Mund halten und nicht gleich hinausplärren, was einem in den Sinn kommt? Die Beispiele sind überreichlich.

Für die Eltern ist es wiederum nicht leicht, diese Selbstfindung mit allen grotesken Erscheinungsformen, zu denen sie führen kann, ruhig mitanzusehen. Wenn der Sohn testet, ob er nicht der Hans-Dampf-in-allen-Gassen ist, der sich alles traut, oder die Tochter die Rolle der Lässigen spielt, der nichts Mondänes fremd ist und die niemals an die Folgen ihres Tuns oder Lassens denkt, geraten auch verständnisvolle Eltern in Unruhe. Auch als entthronte Liebende machen Eltern sich noch Sorgen, bis hin zu schlaflosen Nächten.

Noch schwerer ist die Selbstfindung für die Jugendlichen. Denn sie selbst müssen ja herausfinden, wer sie sind und wo sie stehen, und alle ihre Erfahrungen dabei selbst bewältigen. Das Gefühl «Niemand versteht mich», das sich bei ihnen leicht ausbreitet, trifft den Kern. Für einen Erwachsenen ist tatsächlich schwer zu verstehen, was sich während der Pubertät in den Jugendlichen abspielt und wie sie sich verhalten, selbst wenn man eigentlich Bescheid weiß. Außerdem ist es mit dem Verstehen allein nicht getan; man/frau muß es auch aushalten! Als abgesetzte «Liebesobjekte», aber selbst noch Liebende müssen Eltern einen Modus finden, um zu überdauern.

Die «Allgemeinheit» aber, die Gesellschaft, bietet heute offenbar keinen Modus mehr, um den Selbstfindungsexzessen der Jugendlichen zu begegnen. Exzesse sind Exzesse; Jugendalter wirkt sich allenfalls «strafmildernd» aus. Die alte Volksweisheit, daß Maßnehmen häufig heißt, übers Ziel hinauszuschießen, scheint in der modernen Industriegesellschaft abhanden gekommen zu sein. In der vorindustriellen Zeit gab es für die Zeit des Ausprobierens die Walz für die Handwerksburschen, die bürgerlichen Schichten sahen in der Studentenzeit einen Spielraum mit weniger strengen Maßstäben.

«Bummelsemester» wurden der studentischen Jugend noch bis in unsere Zeit hinein zugestanden. Bei den Studentenverbindungen gehörte es «zum guten Ton», die Nächte durchzuzechen. Auch Wett-Zechen mit Gesang bzw. Gegröhle waren Brauch. Die «alten Herren», die dasselbe in ihrer Jugend getrieben hatten, standen dafür gerade. Im übrigen gab es ja den väterlichen Wechsel, der diesen Spielraum für die studentische Jugend abdeckte. Es war noch allgemein anerkannt, daß ein Spielraum – ein «Moratorium», wie Erik H. Erikson diesen Aufschub des Erwachsenwerdens nennt – notwendig ist, um tatsächlich erwachsen zu werden, um herauszufinden, was das ganz speziell für einen selbst bedeutet.

Auch in anderen Kulturen wurden die Besonderheiten der Jugendzeit in allgemein gültigen Riten berücksichtigt. Meist sind sie eine Mischung von abenteuerlichen Mutproben, die durchaus auch Härtetests darstellen, und Freiheit, und zwar mehr Freiheit zum Ausprobieren etwa im sexuellen Bereich, als in den meisten dieser Gesellschaften für erwachsene Paare vorgesehen ist. Bei bestimmten Aufgaben oder Proben werden die Jugendlichen aufeinander verwiesen, sie dürfen sich gegenseitig helfen, aber nur sie dürfen sich helfen. Dahinter steht die Erkenntnis, daß ältere Menschen mit ihrer Erfahrung zwar gute Lehrer sind, daß sie aber in «Sturm und Drang» nicht mehr mitreden können.

In unserer Gesellschaft scheinen nur noch die Psychoanalytiker das Wissen zu besitzen, daß ein Moratorium (= Aufschub) notwendig ist für die Selbstfindung und daß dieses Moratorium normalerweise nicht problemlos und angepaßt verläuft. So schreibt Peter Blos: «Die oppositionellen, rebellierenden und resistiven Triebe, das Experimentierstadium, das Sich-Selbst-Testen durch Exzeß – all das hat einen positiven Nutzen im Prozeß der Selbstdefinierung. Das ‹das bin nicht ich› stellt einen wichtigen Schritt im Erreichen der Individuation und in der Errichtung der Autonomie dar.» (Blos 1978, S. 24)

In der Gesamtgesellschaft allerdings nimmt die Reglementierung ständig zu. Ich erinnere an die lückenlosen Lebensläufe, die bei der Einstellung in jedem Unternehmen verlangt werden. Dort ist es bereits hochverdächtig, wenn «einjähriger Auslandsaufenthalt» angegeben wird, ohne daß er nachweislich etwas mit der Ausbildung oder dem Beruf zu tun gehabt hätte. Weil die Gesellschaft kein Moratorium für Adoleszenten vorgesehen hat, ist es hierzulande nicht selten, daß Jugendliche eine entsprechende Zeit im Knast oder in der Psychiatrie absolvieren. Ihr Versuch, einmal auszubüchsen und die Gesellschaft zu testen, hat sie so stark anecken lassen, daß man hilflos genug war, sie einzusperren.

Diejenigen Jugendlichen kommen ohne allzu tiefgreifende Krisen durch das Stadium der Selbstfindung, die sich mit einem positiven Trend der Zeit identifizieren und sich dank ihrer Begabung und sozialen Situation in irgendeiner Weise in seinem Rahmen engagieren können. Sie werden dann von einer allgemeinen Bewegung getragen und können ihren jugendlichen Schwung und ihre Vitalität in akzeptierte Formen einbringen. Heutzutage ist das schwierig geworden. Die Fortschrittswelle ist am Ende, selbst die Computerbegeisterung hält schwerlich die Hochs und Tiefs der Jugendzeit hindurch. «Alles ist machbar» ist nicht mehr glaubwürdig, wenn an allen Ecken und Enden die Grenzen sichtbar werden. Und gerade Jugendliche suchen nach Idealen, «die der Mühe wert sind» (Erik H. Erikson). Ideale, die der Mühe wert sind, dürften heute für Jugendliche eher in der Ökologie- und Anti-Atomkraft-Bewegung zu finden sein. Ich kenne einige Jugendliche, die einen bemerkenswerten Rückhalt für sich in diesen Bewegungen finden. Schwierig sind die in diesen Bewegungen enthaltenen

Verzichtforderungen. Gerade Autofahren ist für Jugendliche häufig ein Ventil, mit dem der fehlende Spielraum geschaffen wird.

Daß es als schwierig empfunden wird, eine Identität zu finden und sich zu ihr zu bekennen, hängt auch damit zusammen, daß der (die) Jugendliche sich damit zugleich gegen andere Möglichkeiten der Identität entscheiden muß. Diese Entscheidung stellt so etwas wie einen endgültigen Abschied von Kindheitsträumen dar. Insbesondere der Kindheitstraum «Alles ist möglich» mit dem dazugehörigen Allmachtsgefühl ist zu Ende geträumt, und das ist hart. Jetzt geht es darum, aufzubauen auf den Grundlagen, die in der Latenzphase gelegt wurden. Was hat er (sie) gelernt, was an Interessen entwickelt, an denen anzuknüpfen wäre? Die Entscheidung ist um so schwieriger, je weniger ausgeprägt die Interessen sind. Sicher ist dann nur, daß der (die) Jugendliche nicht alles sein, machen oder werden kann, sondern sich entscheiden muß. Allein diese Einsicht ist äußerst schmerzlich. Entsprechend schwer fällt den meisten Jugendlichen die Berufswahl.

Wenn aber dem Kindheitstraum «Alles ist möglich» die soziale Wirklichkeit entgegensteht «Nichts ist möglich», wird ein(e) Jugendliche(r) sich mit aller Kraft dagegen auflehnen. «Denn im sozialen Dschungel der menschlichen Existenz gibt es ohne ein Gefühl der Identität tatsächlich auch kein Gefühl, lebendig zu sein.» (Erikson 1981, S. 135) Auch in dem «No future»-Gefühl vieler Jugendlicher ist eine Identität enthalten. Es handelt sich jedoch um eine Identität, auf der sich schwer ein Leben aufbauen läßt, weil Leben immer auch Zukunftsperspektive haben muß.

«Dieses Bewußtsein der Endgültigkeit am Ende der Kindheit, des bindenden Charakters von Verpflichtungen, der entschiedenen Begrenzung der individuellen Existenz selbst, all das schafft ein Gefühl der Dringlichkeit, der Furcht und der Panik. Manch ein Heranwachsender versucht daher, für immer in dem Übergangsstadium zu bleiben, was als verlängerte Adoleszenz bezeichnet wird.» (Blos 1983, S. 25) Eine Art ironischer Auseinandersetzung mit dieser heutzutage durch Jugendarbeitslosigkeit aufgezwungenen «verlängerten Adoleszenz» schildern Georg Heinzen und Uwe Koch in ihrem Buch «Von der Nutzlosigkeit erwachsen zu werden» (Reinbek 1986). Sie beschreiben, wie der Absolvent eines Lehrerstudiums darauf reagiert, daß er keinerlei Aussichten hat, seinen Beruf jemals auszuüben, und somit auch nicht, das Ziel seiner Eltern für ihn zu erreichen, es einmal «besser» zu haben, als sie es hatten.

Jugend ist keine Krankheit

Das Durcheinander der Personenanteile während der Pubertät bringt Jugendliche während dieses Stadiums immer wieder in Grenz- oder Seiltänzerpositionen. Unter dem ungeheuren Druck der Emotionen ist das Ich oft kaum noch in der Lage, seine beiden Hauptaufgaben, den Zusammenhalt der Psyche und den Kontakt zur Realität, in ausreichender Weise zu erfüllen, zumindest in einer Weise, die die Umgebung noch als ausreichend empfindet. Tatsächlich ist es nicht selten, daß Jugendliche Zustände zeigen, die psychischen Krankheiten ähneln, oder psychische Zusammenbrüche erleben. In der Beurteilung muß jedoch immer das Erschrecken der «ordentlichen» Umgebung abgezogen werden, die ihr eigenes, mühsam aufrechterhaltenes Gleichgewicht in Frage gestellt sieht.

Offenbar sind die Erscheinungsformen jugendlichen Schwankens den Erscheinungsformen tatsächlicher psychischer Erkrankungen derartig ähnlich bzw. mit ihnen identisch, daß es auch für die psychoanalytischen Fachleute Schwierigkeiten der Beurteilung gibt: «Für den klinischen Beobachter ist es oft schwer, eine klare Linie zwischen revolutionärer Reorganisation und regressiver Desintegration zu erkennen.» (Blos 1983, S. 201) Meine beiden Gewährsleute Peter Blos und Erik H. Erikson sind sich darin einig, daß die ansonsten eindeutigen Anzeichen für psychische Erkrankungen während der Adoleszenzphase anders beurteilt werden müssen oder noch nicht endgültig zu beurteilen sind. So schreibt Peter Blos: «Jede Diagnose muß in der Adoleszenz mit Skepsis und Zweifel, unter Vernachlässigung aller offen zutage liegenden Pathologie gestellt werden. Das schließliche Ergebnis kann sich manchmal erst in der Spät- oder Postadoleszenz herausstellen, da die Fähigkeit des Ichs zur Synthese erst in dieser Phase klar zum Ausdruck kommt.» (Blos 1983, S. 201) Und Erik H. Erikson meint: «Was dem durch Vorurteile beschränkten Blick als Beginn einer Neurose erscheinen kann, ist häufig nur eine erschwerte Krise, die sich selbst wieder aufzulösen imstande ist, ja sich als Beitrag zum Prozeß der Identitätsbildung erweisen kann.» (Erikson 1981, S. 168) Was also normalerweise unnormal wäre, ist in dieser Phase normal, in der psychische Gleichgewichtsstörungen oft extremer Natur und eher die Regel als die Ausnahme sind.

Die «extreme Natur» dieser Gleichgewichtsstörungen kann den Eltern ein extremes Maß an Geduld, Stehvermögen und Vertrauen abverlangen. Sie können jetzt wenig tun außer dazusein, bis «das Kind» sich selbst gefunden hat. Vielleicht ist es leichter, eine solche wirklich «erwachsene» Haltung aufzubringen, wenn die Eltern sich klarmachen, daß auch stark «gestört» wirkende Verhaltensweisen unter dem Motto «Experimente mit dem Ich» stehen können und auf jeden Fall tiefere Erfahrungen bewirken, als dies bei Jugendlichen der Fall ist, die niemals anecken. Unauffälligkeit bedeutet keinesfalls ein geringeres Maß an Gefährdung, schon gar nicht ein höheres Maß an Reife. Vielleicht hilft es Eltern auch ein bißchen, wenn sie sich vor Augen führen, daß der gewaltige Schub an Energie, mit dem Jugendliche sich in jede Art von Erfahrung stürzen, für Erwachsene einfach deshalb erschreckend ist, weil sie dieses Reservoir an Energie nicht (mehr) besitzen. Sie haben es deshalb auch schwerer, das Vertrauen aufzubringen, daß dieses hohe Maß an Energie den Jugendlichen auch aus gefährlich erscheinenden Experimenten wieder heraushilft. Dies fällt dann besonders schwer, wenn die Erwachsenen aus eigenen neurotischen Ängsten auf scheinbar neurotisches Verhalten der Heranwachsenden hysterisch reagieren.

Die große Chance dieser Phase ist es, die Ziele früherer Entwicklungsphasen, die damals nicht erreicht werden konnten, aufs neue anzugehen oder auch früher Schiefgelaufenes jetzt zu korrigieren. Nach allem, was ich hörte und las, sieht es so aus, als habe «Die Weisheit des Grundplanes» (Erik H. Erikson) jedem jungen Menschen ausreichend instinktives Wissen mitgegeben, um diese Chance als Zeit der Selbstheilung zu nutzen, wenn man ihn läßt.

So berichtet zum Beispiel Peter Blos von der Geschichte einer Selbsttherapie. Es ist die Geschichte von Jill. Sie war als Kind gefräßig und dicklich. Auch ohne allzuviel Ahnung von Psychoanalyse war zu sehen, daß die orale Phase für Jill nicht ganz glücklich verlaufen war. Während der Adoleszenz streckte sie sich zwar, hatte aber damit noch nicht die Symptomatik von Freßsucht überwunden. Nach einem Ferienaufenthalt in einem Gestüt auf dem Lande bat sie ihre Eltern, draußen auf dem Lande bleiben zu dürfen und sie von der Schule abzumelden. Die Eltern stimmten zu.

Für einige Monate arbeitete Jill in der Pferdepflege mit. Sie leistete einen Tag- und Nacht-Einsatz für die Pferde, das heißt, sie war bereit, mitten in der Nacht aufzustehen und die Fohlen zu füttern, wenn dies notwendig war. Es gelang ihr damit, die Liebe und Zärtlichkeit, die sie selbst in einer ganz bestimmten Entwicklungsphase zu wenig bekommen hatte, den jungen Tieren zu geben und sich damit von dem Mangelgefühl zu befreien. Von da an aß sie normal und setzte ihre Ausbildung fort.

Es gibt Frauen, die lebenslang aufopferungsvolle Pflegerinnen sind, um ähnliche Gefühle des Defizits bei sich auszugleichen. Die Chance der Jugendlichen ist es, ein solches Manko schneller und endgültiger für sich erledigen zu können.

Nicht selten geraten die Errungenschaften der analen Phase, die bereits gut gefestigt schienen, noch einmal ins Wanken. So werden Pünktlichkeit und Ordnung erneut als kontrollierende Zumutung von außen erlebt. Die bisher erfolgte «freiwillige Unterwerfung» wird plötzlich wieder verweigert. Dabei handelt es sich häufig um eine Begleiterscheinung davon, daß der (die) Jugendliche im Begriff ist, die Identifizierung mit den Eltern aufzulösen, die die Werte Ordnung und Sauberkeit im Über-Ich des Kindes verankert haben. (Vgl. die Berichte über Leonhard und Max) Die jungen Menschen müssen herausfinden, wieweit sie Ordnung und Pünktlichkeit selbst als praktisch oder hilfreich (oder deren Gegenteil als unpraktisch) erfahren, um es aus eigenem Erleben in ihre Persönlichkeit integrieren zu wollen. Es dauert oft Jahre, bis der Widerstand gegen die Eltern, der sich oft an der Ordnung festmacht, entkoppelt wird und entweder direkt ausgetragen oder aufgegeben wird. Um Pujarin Cabrera zu zitieren: «Deine Mutter kommt, sieht sich dein Zimmer an und sagt: ‹Du bist ein Schwein›, und du siehst dir dein Zimmer an und sagst: ‹Ich bin ein Schwein›. Aber anstatt etwas dagegen zu tun, haßt du sie jahrelang und läßt dein Zimmer richtig verdrekken, und dann ist das Schwein die Autorität in deinem Leben.» (Pujarin Cabrera in: Humaniversity Press 1986, Übers. der Verf.) Die Ordnung hat größere Chancen, in der Persönlichkeit des Jugendlichen integriert zu bleiben (wenn auch vielleicht mit unterschiedlichem Stellenwert), wenn Mutter oder Vater selbst unordentlich sind und das Kind erlebt hat, wie oft sie etwas suchen mußten und sich mit den unangenehmen Folgen der Unordnung herumschlugen.

Auch der Ödipus-Konflikt wird häufig noch einmal aufgerollt. Insbesondere für Mädchen, die es «schwerer» haben, den Abstand zum männlichen Menschen zu überbrücken (vgl. Kapitel 4, S. 79), ist es wichtig, diesen Kleinfamilienkonflikt noch einmal aufzugreifen, weil sie sonst womöglich lebenslang stark in dieser Problematik verwickelt bleiben. Eine Möglichkeit der Aufarbeitung ist ein häufiger Wechsel der Sexualpartner. Kein Freund ist der gewünschte Vater, bis frau es aufgibt, den Vater zu suchen. Das ist für Eltern meist nicht die Art von Selbsttherapie, der sie ruhig und wohlwollend zusehen. Da hilft dennoch kein Schimpfen, kein Toben und kein Verbot, schon gar nicht, wenn die Tochter bereits 18 ist. Es ist gut zu wissen, daß es sich meist um eine Durchgangsphase handelt und nicht um eine Beziehungsunfähigkeit. Und es ist gut, wenn eine solide und vertrauensvolle Aufklärung stattgefunden hat.

Die Gefahren, die die Ich-Stabilität während der Adoleszenz bedrohen, sollen trotz allem nicht heruntergespielt werden. Es gibt Irrwege und Abwege der Psyche gerade in der Adoleszenz. Nach Erik H. Erikson ist insbesondere die Wahl einer negativen Identität als ein gefährlicher Weg anzusehen. Er berichtet von einer Reihe von Fällen, in denen es gerade noch rechtzeitig gelang, Jugendliche aus dem Drogen- oder Kriminellenmilieu herauszuholen, in das sie sich ohne Not begeben hatten.

Auf dem Weg zur Wirklichkeit

Ich sagte oben, daß eine der beiden Hauptaufgaben des Ichs der Kontakt zur Realität ist. Es fragt sich freilich, was unter «Realität» verstanden werden soll. Nicht, daß ich hier die Frage als philosophisches Problem aufwerfen möchte. Aber es soll auch nicht davon ausgegangen werden, daß Wirklichkeit das ist, was die Eltern dafür halten und was in der Gesellschaft als wirklich gilt. Für den Heranwachsenden geht es um die Frage, was er von der ihn umgebenden Vielfalt der Dinge und Zusammenhänge kennen und verstehen möchte, was er in dieser «Wirklichkeit» sein möchte und welche Teile oder Aspekte der Wirklichkeit ihm nützlich erscheinen.

Was er (sie) mehr oder weniger zur Kenntnis nehmen muß, weil es sich ihm (ihr) als seine (ihre) gesellschaftliche Wirklichkeit aufdrängt, nämlich die Schule, die Lehre, das Elternhaus, das kann, selbst beim besten Willen, nichts bieten, was Phantasie und Schwung der Jugendlichen angemessen wäre. Geld ist keines vorhanden, womit er (sie) die Szene wechseln könnte, und mitzureden hat er (sie) auch nicht, weder draußen noch zu Hause. Selbst wenn die Eltern, Lehrherren usw. einen gewähren lassen, gibt es da noch Geschwister, Gesellen usw., die einen ärgern. Kein Wunder also, daß sich Jugendliche mit ihrem immensen Gefühlsreichtum und ihrer unendlichen Begeisterungsfähigkeit in andere Welten versetzen und andere Wirklichkeiten aufsuchen. Sie lieben es, sich mit Helden und Heldinnen aus Büchern und Filmen, aus der Pop-Szene oder dem Sport zu identifizieren.

Zwischen dieser erträumten Welt und der Welt der Pflicht, die nach ihnen ruft und greift, sind sie jahrelang hin- und hergerissen.

Besonders einfühlsam fand ich das in folgender Geschichte von Ernst Ell dargestellt: «... als Tom Brox, da reitet er auf dem besten Pferd der Welt; auf dem Pferd, das erhöht, das aus dem Alltag und der Niederung heraushebt, das einen zu einem ‹stolzen Reiter› macht; auf dem Pferd, das nach vorwärts trägt, weg von der blamablen Gegenwart, in die Ferne, in die Zukunft... Er verfolgt im gestreckten Galopp seinen Feind, holt ihn ein, fesselt ihn, schleppt ihn vor den Sheriff, wird belohnt, vor aller Welt dekoriert. Oder auch er wird selbst verfolgt, er gibt die Sporen, er spürt hinter sich das Schnauben der feindlichen Pferde, jeden Augenblick kann sich das Lasso um seinen Hals ziehen, er reitet um sein Leben, er gibt seinem Mustang nochmals die Sporen, wird die Rettung gelingen? – und mitten in diese Verfolgungsjagd, in der es um Sein oder Nichtsein geht, hört er Mutters Stimme: ‹Geh in den Keller und hol mir ein Ei! Da muß er sich erst besinnen, wo er ist und wer er ist, dann trottet er in den Keller – und weiß dort nicht mehr, was er holen sollte. Also ruft er hoch: ‹Was soll ich holen?› Die Mutter seufzt: ‹Der Kerl ist so unkonzentriert! Mit dem muß ich mal zum Psychiater.› Er ist nicht unkonzentriert; denn wer um sein Leben reitet, kann sich dies nicht leisten. Er ist nur eben nicht konzentriert auf den Eier-Wunsch der Mutter, und es ist ja auch eine Zumutung, einen Helden in den Keller zu schicken, um ein Ei zu holen.» (Ell 1973, S. 104f)

Im Alter zwischen 12 und 16 sind Abenteuer auch in «der Wirklichkeit» sehr begehrt. Jede(r) Erzieher(in) weiß, daß Lagerfeuer bei Gruppen dieses Alters fast immer attraktiv sind, und wenn dann noch unheimliche Gestalten aus dem Dunkel auftauchen, kann man noch tagelang davon erzählen hören... oder wenn bei Nachtwanderungen im Wald plötzlich Gespenster auftauchen, fassen sich 15jährige Jungen und Mädchen noch an den Händen – sicherheitshalber, aber auch weil es eine gute Gelegenheit für Kontakte ist. Für dieses Alter gibt es selbst in der Großstadt, insbesondere in den Vororten, noch Gelegenheit für Abenteuer und Streiche. Mit Abenteuern wie Schwarzfahren, Automatenaufbrechen und in Geschäften Sachen «mitlaufen lassen» geraten Jugendliche in der Stadt schnell an die Grenze der «Kriminalität». Schon wenn sie zu mehreren «herumlungern» oder durch die Stadt schlendern, wirkt das auf Erwachsene leicht bedrohlich. Ganz schnell ist von «Bandenwesen» die Rede, auch wenn kaum noch «Rocker» existieren. Für die jugendlichen Punks, Skinheads, Fußball-Rowdies ist es eine spannende Erfahrung «verkehrter» Realität, daß es Erwachsene gibt, die vor ihnen richtig Angst haben.

Dabei lassen sich die Abenteuerenergien auch in sogenannte positive Kanäle lenken, wie zum Beispiel die «guten Taten» bei den Pfadfindern, Alufolie-Sammeln zur Wiederverwertung und gleichzeitig zur Entlastung der Natur oder auch Geldsammeln für irgendwelche Wohltätigkeitsorganisationen. Das alles liegt irgendwo auf der Abenteuerebene, entspricht dem überströmenden Gefühl und enthält gleichzeitig ein Antesten der Wirklichkeit. Mit zunehmendem Wissen über die Realität und mit zunehmendem Alter müssen die Aufgaben gewichtiger sein und ihr Sinn muß dem prüfenden Kennerblick standhalten. Die «Streiche» und Aktionen werden riskanter. Abenteuer werden dann auch, fern von zu Hause, auf «großer Fahrt» gesucht.

Alle Experimente mit der Wirklichkeit scheinen mir zwischen Tag und Traum angesiedelt, deren Versöhnung als die Aufgabe des Adoleszenzstadiums angesehen werden kann. Es ist die Versöhnung auch zwischen Anpassung an die Außenwelt und Orientierung an einem inneren Kompaß, an dem das Über-Ich zwar beteiligt ist, der aber nicht allein aus diesem besteht. Vielmehr ist er bereits mit eigener Erfahrung angereichert und auf das Ziel oder die Ziele ausgerichtet, die ich in dieser Wirklichkeit zu erreichen hoffe.

Auch die Partnerexperimente sind gleichzeitig Experimente mit der Realität. Wenn Mädchen anfangen, für Männer zu schwärmen, so sind das meistens Männer, die in der Realität für sie als Liebespartner nicht in Frage kommen. Es sind die Phantasie beflügelnde Idole: Lehrer, Sänger, Filmschauspieler, Geistliche, ältere verheiratete Männer. Real daran ist die intensive Hinwendung zum anderen Geschlecht, diesen doch in mancherlei Hinsicht fremdartigen Wesen, unter denen irgendeines sein wird, mit dem das Mädchen eines Tages zusammenleben möchte. Auch dieses Gefühl wird erst einmal getestet, bis es zu realeren Partnertests kommt.

Am Ende der Adoleszenzphase differenziert sich das Bild der Eltern (s. S. 21). Die Eltern kennenzulernen, wie sie wirklich sind, in den Riesen der Kindheit reale Menschen zu erkennen mit Fähigkeiten, Liebhabereien und Grenzen, mit liebenswerten aber auch schwer erträglichen Eigenschaften, das ist der entscheidende Schritt für das Realitätsbewußtsein, von dem hier die Rede ist.

Die Berufswahl

Wenn ich an meinem inneren Auge vorüberziehen lasse, was mir an Begriffen zu «Berufswahl» einfällt, so kommen darin Wörter vor wie «Neigung», «Fähigkeit», «Interessen», «Arbeitsplätze» und «Geld». Ich sehe einen Berufsberater vor mir, der einer 9. oder 10. Klasse «Step I» und «Step II» vorlegt und diese beiden Broschüren der Bundesanstalt für Arbeit durch die Schüler ausfüllen läßt. Welche Interessen oder Liebhabereien hat jemand? Hätte man gerne einen «dienenden» oder «helfenden» Beruf? Hat man gerne mit Menschen zu tun oder lieber mit Sachen? Arbeitet man lieber alleine oder lieber im Team, lieber im Freien oder lieber im Büro? Wo die Punkte, die der (die) Getestete zu vergeben hat, sich zu Säulen verdichten, stehen dann als Ergebnisse die Berufsvorschläge.

Die Entscheidung für einen Beruf ist eine besonders schwierige Frage der Selbstfindung. Wenn ich oben davon gesprochen habe, wie schwierig es ist, sich von dem Kindheitstraum «Alles ist möglich» und dem darin enthaltenen Allmachtsgefühl zu verabschieden, um sich auf eine bestimmte Identität einzulassen, so bedeutet die Berufsentscheidung ein besonders schweres Problem: man/frau soll sich auf einen einzigen Beruf und für das ganze Leben festlegen.

Spruch von einer Dortmunder Häuserwand:

Ich hab nichts,
ich bin nichts,
ich weiß nichts
... und aus mir wird doch was!

Nach den Kriterien des Arbeitsamtes vorgehen und objektiv erkennbare Fähigkeiten mit Interessen verbinden kann nur eine(r), der (die) bereits weiß, wer er (sie) ist, und zwar auch im Unterschied zu Eltern und Geschwistern. Sonst kommt es nur zu leicht zu Grotesken oder Tragödien oder zu Vermischungen von beiden. Das war der Fall bei Lisa, die bei der Berufsberatung erzählte, sie wolle etwas Christliches und etwas Soziales machen und wolle mit Menschen zu tun haben. Sie war 16 und hatte Realschulabschluß. Bei der Berufsberatung kam man auf Religionspädagogik. Lisa machte das Fachabitur und begann zu studieren. Nach dem Praktikum, kurz vor der Examensarbeit, brach Lisa ihr Studium ab. Ihre Motive hatten sich als nicht tragfähig erwiesen. Auf «christlich» möchte ich hier nicht eingehen, dazu steht Lisa nach wie vor. Aber mit Menschen wollte sie zu tun haben, weil sie in der Schule außerordentlich isoliert war, und der Wunsch «sozial» drückte bei ihr wohl aus, daß sie ein ungestilltes Liebesbedürfnis über den Beruf stillen wollte.

Ein anderes Beispiel. Alexandra, die Jüngste von vier Geschwistern in einer Familie mit sehr intensiven Beziehungen der Familienmitglieder zueinander, steht kurz vor dem erfolgreichen Abschluß ihres Musikstudiums. Sie hat Violine studiert. Sie erwägt aber jetzt, nach dem Abschluß des Studiums eine zweite Ausbildung zu beginnen. Am ehesten komme wohl etwas Handwerklich-Technisches in Frage, meint sie, denn Medizin sei bei ihnen «besetzt» (ältester Bruder), Musik sei ebenfalls bereits «besetzt» (die ältere Schwester spielt Flöte), Latein, was sie ebenfalls gut konnte und womit sie sich gerne beschäftigt hatte, sei ebenfalls «besetzt». Auf die erstaunte Nachfrage, daß es doch keinen Philologen in der Familie gebe, kam die Antwort: Der gesamte Humanismus sei besetzt durch den zweitältesten Bruder, der Philosophie und Geschichte studiert. Mag sein, daß Alexandra mit der Zweitausbildung das Erwachsenwerden noch eine Zeitlang hinausschieben kann und daß sie auch in einer zweiten Ausbildung Erfolg hat, vielleicht sogar ihren Lebensberuf dabei findet. In unserem Zusammenhang aber zeigt die Geschichte, daß sie ihre Selbstfindung noch nicht abgeschlossen hat, sondern sich noch völlig im Familienzusammenhang definiert und hier das ganz besondere einzigartige Kind ihrer Eltern sein will. Es genügt ihr nicht, daß sie sich durch das Musikinstrument von ihrer Schwester unterscheidet, und auch Latein ist ihr nicht weit genug entfernt von Philosophie und Geschichte. Ihre Fähigkeiten und Neigungen zu kennen, nützt Alexandra nichts, solange sie nicht sagen kann: «Ich bin ich.»

Ähnliches ereignet sich häufig in Abgrenzung zu den Eltern. Es kann sein, daß der gesamte intellektuelle Bereich «besetzt» ist oder der künstlerische Bereich, wenn die Eltern Intellektuelle oder Künstler sind. Eine Kollegin erzählte mir kürzlich, daß ihre Mutter mit über vierzig Jahren zu studieren angefangen habe. Von da an sei in ihrer Familie großer Wert gelegt worden auf intellektuelles Wissen. Ihre jüngere Schwester sei intellektuell intensiv gefördert worden. Plötzlich seien aber auch von ihr, die bisher in Richtung weiblich-lieb-sozial erzogen worden war, intellektuelle Kenntnisse und Interessen erwartet worden. Fast hätte sie aus Trotz nicht studiert, obwohl dies in der Konsequenz ihrer Entwicklung lag. Aber auch die umgekehrte Entscheidung, nämlich gerade für den Beruf eines Elternteils, was erstaunlich häufig vorkommt, ist unter bestimmten Umständen keine selbständige, erwachsene Entscheidung, sie kann es natürlich sein. In der vorindustriellen Gesellschaft war es selbstverständlich, daß der Sohn den Beruf des Vaters übernahm. Wenn der Vater Bauer war, wurde der Sohn auch Bauer. Ein Handwerk vererbte sich vom Vater auf den Sohn, der Sohn übernahm das Geschäft des Vaters. Noch klassenbewußte Fabrikarbeiter waren an diesem Modell orientiert und wünschten sich, daß auch der Sohn wieder Arbeiter wurde. In traditionellen Bereichen kommt dieses Muster auch heute noch vor, besonders in der Landwirtschaft, aber auch im Handwerk und bei «Freiberuflern» (zum Beispiel Ärzten oder Rechtsanwälten), wo es jeweils einen Arbeitsplatz zu erben gilt. Das widerspricht vielleicht dem heute gängigen Begriff von Freiheit, auch meinem persönlichen Freiheitsbegriff, hat aber für einen Jugendlichen den großen Vorteil, daß dieser Teil seiner Identität bereits klar ist und er durch Leben und Arbeit des Vaters ziemlich genau diesen Beruf kennt. Er kann sich dann ganz auf die schwierige Suche nach persönlicher Identität konzentrieren, die ihn zum erwachsenen Menschen werden läßt.

Es gibt eine Geschichte von Alexander Borisowitsch Raskin «Was Papa werden wollte, als Papa klein war». «Zuerst wollte er Nachtwächter werden. Es gefiel ihm, daß alle schlafen müssen, nur der Nachtwächter nicht. Und sehr gefiel ihm der Klopfer, mit dem der Nachtwächter schlägt. Vor allem gefiel ihm, daß er Lärm machen darf, während alle anderen still sein müssen. So entschloß er sich, Nachtwächter zu werden.» (Raskin 1975, S. 151) Dann wollte er aus ebenso guten Gründen Eisverkäufer werden und dann Wagenkuppler bei der Eisenbahn. Die Erwachsenen, die ihn gefragt hatten, lachten über seine Entscheidungen. Ein Fremder sah ihm zu, wie er übte, sich wie ein Hund mit dem Fuß hinterm Ohr zu kratzen, denn er hatte beschlossen, ein Hund zu werden, und der Mann gab ihm den Rat: «Versuche erstmal, ein Mensch zu werden.» «Aber ein Mensch bin ich doch schon», meinte der Junge erstaunt. Eines Tages wurde ihm klar, daß es keinen Sinn hatte, jeden Tag etwas anderes werden zu wollen. Als er wieder gefragt wurde, was er einmal werden wolle, fiel ihm der Ratschlag des Fremden ein, und er gab zur Antwort: «Ein Mensch.» Diesmal lachte niemand.

Diese Geschichte führt vor Augen, daß das Bewußtsein seiner selbst beim Menschwerden unabdingbar ist. Auch der Sohn eines Handwerkers wird nicht automatisch «Mensch», nur weil seine Berufslaufbahn schon in jungen Jahren festliegt. Und ein hochspezialisierter Ingenieur muß nicht unmenschliche Züge tragen, weil er sich 40 Stunden in der Woche mit einer eng begrenzten Aufgabe beschäftigt. Aber einiges hängt doch mit der Arbeitszeit zusammen, vor allem mit der Einseitigkeit der Tätigkeiten heute. Jedenfalls ist es das, was so manche Jugendliche abschreckt, sich für einen bestimmten Beruf zu entscheiden, oder sie den Studienabschluß verzögern und in eine verlängerte Adoleszenz ausweichen läßt. Eine sich stets wiederholende Tätigkeit 40 Stunden in der Woche und das jahrelang auszuüben, das liegt jenseits des Vorstellungsvermögens eines Jugendlichen, der in seinen Träumen noch die Rallye Monte Carlo fährt.

Die Jugendlichen erleben zwar immer weniger Berufswirklichkeit mit, aber sie erleben, wie stark der Beruf prägt und das ganze Leben bestimmt. Was eine(r) 30 bis 40 Stunden in der Woche macht, das ist er, auch am Feierabend. Ein Verkäufer preist am Abend noch Waren an, ein Lehrer behält oft das Lehrerhafte auch in der «Freizeit». Am Feierabend ist der Acht-Stunden-Arbeiter oft zu müde, um noch ausgleichenden Beschäftigungen nachzugehen, er versucht, vom Berufsalltag abzuschalten – und dazu dienen Fernsehen oder möglichst wenig anstrengende Tätigkeiten. Das ist nicht sehr anregend für Jugendliche bei ihrer Berufsentscheidung. Und dazu kommt noch, daß die Aussichten schlecht sind, überhaupt Arbeit zu bekommen. Trotzdem antworteten alle Jugendlichen meiner Befragung auf die Frage, ob irgendeine Arbeit ihrer Meinung nach noch Zukunft habe, sehr lässig mit «Ja, es hängt vom einzelnen ab und was er daraus macht.» Sie alle standen noch vor der Ausbildung oder hatten gerade eine Ausbildung begonnen.

Am leichtesten haben es bei der Berufsidentität genauso wie bei der persönlichen Identität diejenigen Jugendlichen, die sich bei ihrer Berufswahl mit positiven gesellschaftlichen Tendenzen identifizieren können und Fächer wie Umwelttechnik oder Landschaftspflege studieren, Biogärtner oder Biobauer werden wollen, bei denen also die Begeisterung, der Schwung und der Idealismus der Adoleszenz kanalisiert und fortgeführt werden im Berufsweg. Für Technik- und Computerbegeisterte kann der Weg, den sie schwungvoll beschreiten, mit Autos und Home Computern beginnen.

Bei der Berufswahl sind auch diejenigen Jugendlichen im Vorteil, die während der Schulzeit klare Interessen herausbilden konnten, an die sie jetzt anknüpfen können. So war das bei Basti der Fall, Gymnasiast auf dem Land, jetzt 22 Jahre, der sein ganzes Geld sparte, um in die Stadt zu fahren und sich dort zahllose Filme anzusehen. Er schrieb seine Facharbeit über ein Filmthema und versuchte nach dem Abitur, bei der Filmhochschule anzukommen. Als das nicht gelang, ließ er sich nicht von seinem Weg abbringen und praktiziert jetzt bei einer Firma für Werbefilme, wo er das Handwerk dazu lernt, um Regisseur werden oder einen anderen Beruf beim Film ergreifen zu können.

Am meisten Kummer und Sorgen haben die Eltern von Jugendlichen, die auch nach Abschluß der Schule nichts anfangen und auch nicht sehen, was sie machen sollten. Ich möchte an dieser Stelle ein Plädoyer für dieses selbstgewählte Moratorium halten, eine Reifungspause, die freilich vom Jugendlichen selbst finanziert werden sollte. Ich bin der Meinung, daß ein Mensch erst wissen muß, wer er ist, bevor er eine Entscheidung darüber treffen kann, auf welchen Bereich er sich besonders einlassen möchte. «Wenn du nicht weißt, wo du stehst und wo deine Mitte ist, wie willst du wissen, wo dein Weg ist», sagte der chinesische Weise Konfutse. Eltern sollten also Geduld mit ihren Kindern aufbringen, die scheinbar «nichts» machen. Zu ihrer Ermutigung will ich hier kurz von drei Jugendlichen berichten, die mir begegneten, während ich dieses Kapitel schrieb.

Andreas, 21 Jahre, verließ mit dem Realschulabschluß das Gymnasium. Die Eltern, beide Ärzte, hätten es sehr gerne gesehen, wenn er Abitur gemacht und studiert hätte. Gute zwei Jahre machte er «nichts»; es gab Wochen, wo er hauptsächlich lange Nächte mit Freunden verbrachte, trank und rauchte. Dann übernahm er Gelegenheitsarbeiten, suchte sich mit zwei anderen Jungen eine Wohnung und zog endgültig von zu Hause aus, wo er nach der Schulzeit zwar nicht mehr oft anzutreffen gewesen war, aber immer noch gewohnt hatte. Mit zwanzig begann er das Berufsgrundschuljahr Landwirtschaft, jetzt ist er Auszubildender auf einem Bauernhof. Dazwischen fanden Auseinandersetzungen statt zuerst mit dem Vater, dann mehr und mehr auch mit der Mutter. Jetzt hat er zu beiden wieder ganz gute Beziehungen. Andreas konnte sehr klar sagen, aus welchen Gründen er sich für Landwirtschaft entschieden hat. Unter seinen Gründen war keiner, den er nicht überprüft hätte: abwechslungsreiche Arbeit, viel draußen sein und nicht in Räumen, viel selbstbestimmte Arbeit. Es war nichts Idealistisches, nichts Übernommenes, Nachgeplappertes, alles klare Überlegungen und Kriterien, fast wie vom Berufsberater. Neu hinzugekommen ist, meinem Eindruck nach, daß Andreas jetzt Spaß an der Arbeit hat, eine neue Lust, seinen Körper und seine inzwischen entwickelten handwerklichen Fähigkeiten einzusetzen. Die Lust an der Arbeit kommt während der Adoleszenz für Jahre weitgehend abhanden. Und bei Andreas waren das offenbar die Jahre vom 17. bis zum 19. Lebensjahr. Ein weiterer Grund, den er nannte, war, daß er ausprobieren – oder beweisen? – wolle, ob er so etwas wie eine Lehre durchstehen könne. Das dürfte nicht nur ein Selbstbeweis, sondern auch ein Beweis für die Eltern sein. Und wenn er ihnen das bewiesen hat, dann ist er «groß».

Verena, 21 Jahre, hat vor zweieinhalb Jahren ihr Abitur gemacht und sich bis heute nicht für eine Berufslaufbahn entschieden. Trotzdem hat ihr Endscheidungsprozeß eine interessante Wendung genommen. Sie kam soeben mit ihrem Freund von einer fünfeinhalbmonatigen selbstverdienten Lateinamerikareise zurück. Nach dem Abitur hatte sie ein gutes Jahr lang genossen, ohne Schule in den Tag hineinleben zu können und mit Freunden etwas zu unternehmen oder zu reisen. Wenn die Rede darauf kam, was sie werden wolle, äußerte sie nach einem Jahr wiederholt, sie wolle eine Lehre als Fernseh- und Radiotechnikerin machen. Sie hatte auch herumgefragt und hätte eine passable Lehrstelle bekommen können. Ihre Begründung damals: sie wolle etwas Praktisches machen, etwas allgemein und für jedermann Nützliches. Das klang immer etwas aufgesetzt, mehr vom Kopf als vom Herzen kommend. Und niemand hatte Verena je radiobastelnd gesehen. Jetzt, nach der Reise, hat sie diese Idee fallengelassen. Sie hat in Lateinamerika Werkstätten gesehen, da ist ihr die Lust vergangen. Wahrscheinlich wird sie jetzt doch studieren. Sie erwähnt noch, daß ihre ein Jahr ältere Schwester, die in den USA lebt, eine Ausbildung aufnehmen wolle, weil es auf die Dauer geisttötend sei, immer nur unqualifizierte Jobs zu haben.

Clarissa, 23 Jahre, war ganz locker durch die Schule gekommen und ist selbst auch eine klare Person. Sie wußte nach dem Abitur, was ihr Spaß machen könnte. Und «Spaß» ist auch eines ihrer wichtigen Kriterien. Sie fing also sofort an, Biologie zu studieren. Eigentlich war sie entschlossen, auf jeden Fall das Vordiplom abzuschließen, auch wenn sie die Fachrichtung wechseln würde. Aber dann wurde ihr von Tag zu Tag klarer, daß Biologie auf keinen Fall das richtige für sie war. Bei den Tierversuchen fühlte sie sich unbeschreiblich übel. Die hätte sie zwar mit dem Vordiplom für alle Zeiten beenden können. Ihr wurde aber auch deutlich, daß sie überhaupt nicht wissenschaftlich arbeiten wollte. Sie fand es langweilig, Versuche mit minimalen Veränderungen hundertmal zu wiederholen, um einer Sache auf die Spur zu kommen. Bei Biologie interessierten sie mehr die Ergebnisse, wie sie Biologie in der Schule im Leistungskurs kennengelernt hatte. Das Vordiplom hätte sie bestanden, wenn es zeitlich noch gegangen wäre, bevor sie zu ihrem zweiten Studium antreten mußte. Sie wird jetzt Bibliothekarin, hat schon zwei oder drei Praktika hinter sich, und es gefällt ihr sehr.

5 Geschlechtsunterschied und Ablösung

Ich habe bisher vielleicht den Eindruck erweckt, als gäbe es bei der Ablösung in unserer Gesellschaft keinen Unterschied zwischen Jungen und Mädchen. Das ist kaum anzunehmen angesichts der noch immer kraß unterschiedlichen Erziehung bei Jungen und Mädchen und den deutlich voneinander abweichenden Erwartungen, die Eltern, Schule usw. jeweils an sie haben. Tatsächlich wirkt sich der kleine Unterschied zwischen den Geschlechtern immer noch aus. Dafür sorgen schon die nach wie vor deutlichen Unterschiede zwischen den sozialen Rollen von Mann und Frau.

Daß es zwischen pubertierenden Einzelkindern – Mädchen und Jungen – alleinerziehender Mütter Unterschiede gibt, dafür bieten die Fallgeschichten in Kapitel vier Anschauungsmaterial. Wie sieht es aber in Mehrkinder-Familien mit Jungen und Mädchen aus? Da weiß man nicht ohne weiteres, ob eine bestimmte Form des Aufbegehrens an der ganz besonderen Persönlichkeit des Kindes liegt oder daran, daß es sich um den oder die Älteste handelt, die (der) den anderen Kindern in allen Dingen vorangehen muß. Oder liegt der andere Ablauf der Pubertät daran, daß es sich um den oder die Jüngste(n) handelt, der (die) von den anderen Kindern und den Eltern verwöhnt oder «erzogen» wurde?

Könnte jedoch nicht genausogut der Geschlechtsunterschied Ursache sein?

Sicher bedeutet der jeweilige Platz in der Reihenfolge der Geschwister, daß der Ablösungsprozeß andere Formen annehmen kann. Das Verhältnis der Geschwister zueinander, das Beispiel der älteren Geschwister usw. kann die Ablösung beeinflussen. Außerdem spielt die persönliche Entwicklung der Eltern eine Rolle, ebenso der Zeitpunkt in der Entwicklung der Mutter oder des Vaters, an dem das Mädchen oder der Junge geboren wurde oder damit begann, sich zu verselbständigen. Mag sein, daß Vater oder Mutter Anfang ihrer Elternschaft noch von großen Ängsten und Unsicherheiten geplagt waren, die sie erst allmählich abbauen konnten. Mag sein, daß die Lebenserfahrung sie aus anfangs strengen mehr und mehr zu toleranten Eltern machte. All das beeinflußt die jeweils besondere Art der Verselbständigung oder Ablösung eines jungen Menschen.

So wie jede Eltern–Kind-Beziehung, jede Kind–Eltern-Beziehung und jede Geschwisterbeziehung ihre Besonderheiten hat, so vollzieht sich auch jede Verselbständigung mit ganz persönlichen Nuancen. Jeder Mensch, jedes Kind, jeder Vater, jede Mutter hat im Beziehungsgefüge einer Familie seine (ihre) ganz besondere Entwicklung; sie schließt ein, wie die einzelnen aufeinander zugehen, wie sie miteinander sind und sich voneinander entfernen. Nähe und Distanz können sich auch persönlich geprägt abwechseln. Auf den ersten Blick sieht es so aus, als würden diese Unterschiede den Unterschied der Geschlechter überwiegen. Man/frau könnte auch den Eindruck gewinnen, daß die Herkunft oder der Grund des jeweiligen Unterschiedes sich nicht herauskristallisieren läßt.

Nehmen wir eine Familie mit drei Töchtern: Rosa, Hanna und Fanny. Hanna, die mittlere, löste sich mit Schwung von ihrem Elternhaus. Sie setzte alles daran, mit zwanzig von zu Hause ausziehen zu können. Sie nahm es auf sich, einen älteren Herren zu versorgen, um sich als Studentin ihr Zimmer leisten zu können. Sie ist nicht ausgezogen, weil es zu Hause so unerträglich gewesen wäre, sondern weil sie frei sein wollte und ihr die unabhängige Lebensweise, wie sie sie bei vielen Studenten beobachten konnte, sehr verlockend erschien. Sie blieb freundschaftlich mit ihrem Elternhaus verbunden, reagierte aber eher barsch auf Vorschriften oder Erwartungen ihrer Eltern, etwa auf Telefonate der Mutter mit der Frage, wann sie endlich einmal wieder nach

Hause komme. Fanny wohnt mit 21 Jahren noch zu Hause, hat aber Auszugspläne. Rosa, die Älteste, lebt aus beruflichen Gründen etwa 500 km von den Eltern entfernt. Sie machte während der Pubertät eine Phase des Aufbegehrens gegen die Eltern durch, hat aber jetzt im Vergleich zu den beiden Schwestern die geringste Distanz zu den Eltern, obwohl Fanny noch zu Hause lebt. Die Älteste telefoniert ganz regelmäßig mit der Mutter, besucht die Eltern sooft wie möglich und wird von ihnen besucht. Hanna und Fanny, die sich sehr gut verstehen und viel miteinander unternehmen, haben in etwa dieselben Ansichten über ihr Elternhaus. Mit dem Vater haben und hatten sie wenig Schwierigkeiten, denn der Vater macht seine eigenen Probleme, zum Beispiel seine Trauer über Hannas Auszug, mit sich selber ab und ist ihnen gegenüber großzügig und tolerant. Die Mutter arbeitet jetzt wieder halbtags, ist aber damit, nach Meinung von Hanna und Fanny, nicht ausgefüllt. Den Rest ihrer Energie verbraucht sie überflüssigerweise mit Gedanken an die Töchter. Die beiden haben der Mutter des öfteren ihre Meinung zu erklären versucht, jede auf ihre Weise. Aber sie wird diese Versuche, die Töchter im Griff zu halten, wohl nicht aufgeben können. Die Töchter dürfen die Mutter also nur in kleinen Dosierungen an ihrem Leben teilhaben lassen.

Rosa ist da anderer Meinung. Sie fühlt sich im Namen der Mutter angegriffen, wenn derartige Reden geschwungen werden. Sie verteidigt die Mutter grundsätzlich und stellt sie ausschließlich positiv dar: Sie meine das nicht so, und sie wolle nur das beste. Diese Meinungsverschiedenheit erstreckt sich auf alle Bereiche. Es ist schwierig, mit Rosa vertraut zu werden. (Wie gezeigt wurde, ist das realistische Elternbild eine wichtige Voraussetzung für eine realistische Weltsicht; vgl. S. 21 / 112.)

Ein Vater, eine Mutter, drei Töchter. Wo ist die Gemeinsamkeit des gemeinsamen Geschlechts? Vielleicht bringt uns eine andere Familie – zwei Söhne, Felix und Arnim, Vater und Mutter – der Antwort näher. Felix, 22 Jahre, spricht jetzt vom Ausziehen. Es werde ihm «zu eng» zu Hause. Arnim, knapp 18, besucht noch das Gymnasium. Margarete, die Mutter, findet es noch reichlich früh für Felix. Sie kann auch nicht finden, daß wenig Platz da ist für die beiden Söhne. Seit die Familie vor einigen Jahren umzog, haben Felix und Arnim eine Etage für sich. Zugegeben, die Mutter hat Felix untersagt, seine Freundin Sabine länger als bis ein Uhr nachts bei sich zu haben.

Ich treffe Margarete mit Arnim nach dem Mittagessen. Felix kommt überraschend nach Hause. Margarete und die beiden Jungen haben einen vertrauten, kameradschaftlichen Umgangston miteinander. Es stellt sich heraus, daß sie Verbündete waren. Alle hatten gelitten unter Dieter, dem Vater, der zwar einerseits eine äußerst liebenswürdige und charmante Art hatte, aber auch eine tyrannische und unberechenbare Seite. Ich frage Felix, was er an Margarete schätzt und was er an ihr kritisiert. Positive Eigenschaften von ihr fallen ihm sehr viele ein, kritikwürdige keine. Ja, sie hätte Dieter den Kindern gegenüber nicht immer in Schutz nehmen, hätte nicht soviel Verständnis predigen sollen. Aber zu diesem Schluß war sie bereits selber (im Beisein von Felix) gekommen. Und sie hatte das auch an irgendeinem Punkt (als Felix zehn oder elf war) radikal geändert: die Beziehung Dieters zu den Kindern war seine Beziehung, und es war auch seine Sache, wie sich diese Beziehung entwickelte. Es hatte dann harte Auseinandersetzungen gegeben, als die Söhne damit anfingen, «Widerrede» zu geben. Ich fragte Felix, ob er sich vorstellen könne, später einmal mit Dieter auf gleicher Ebene befreundet zu sein. «Auf absehbare Zeit wird er immer der Stärkere sein. Er wird immer alles besser wissen. Es wird auch tatsächlich so sein – er hat die längere Erfahrung, das größere Wissen.» Er kann es sich eigentlich erst vorstellen, wenn er, Felix, noch mächtig zugelegt hat an Erfahrung und Wissen, während Dieter dann abbauen wird. Vielleicht wird der Zeitpunkt kommen, an dem sie von gleich zu gleich miteinander reden können.

Es hört sich so an, als handle es sich um zwei grundverschiedene Väter in den beiden Familien, einen zurückhaltenden und einen bestimmenden, sogar tyrannischen. Mir fällt jedoch auf, daß die Mädchen die Mutter zur Hauptfigur ihrer Auseinandersetzung machen, während für Arnim und Felix gerade der Vater derjenige ist, gegen den man sich behaupten muß. (Dabei war es ja die Mutter, die auf der einschränkenden Regelung für die Freundin bestanden hatte!) Trotzdem fällt Felix bei der Mutter keine «schlechte» Eigenschaft ein.

Um die eigene Geschlechtsidentität und damit die persönliche Identität auszubilden, scheint es wichtig zu sein, sich mit dem gleichgeschlechtlichen Elternteil intensiver auseinanderzusetzen. Zwar braucht es auch eine Klärung mit dem andersgeschlechtlichen Elternteil, aber dafür genügt Hanna und Felix offenbar der Auszug aus dem Elternhaus und damit die räumliche Trennung auch vom gegengeschlechtlichen

Elternteil. Sicher ist in diesem Zusammenhang die Hinwendung zu einem anderen Mann bei Hanna, einer anderen Frau bei Felix (und zwar einer Frau, von der die Mutter nicht begeistert ist!) ein bedeutsamer Faktor.

Um die bisherigen Beobachtungen zu vervollständigen, möchte ich noch einmal einen Schritt zurückgehen zu der Frage, was das heißen kann, «weibliche» oder «männliche Identität», und wie sie durch Jugendliche aufgebaut und in die erwachsene Persönlichkeit integriert werden kann.

Penisneid – Neid auf die Gebärfähigkeit

Während der Adoleszenz gewinnt das Thema Frausein oder Mannsein in all seinen Aspekten zentrale Bedeutung. Denn jetzt geht es darum, für den Rest des Lebens Frau oder Mann zu werden mit allem, was das für einen Menschen an Sein und Rolle einschließt. Das heißt nicht nur, sich selber als Frau oder als Mann anzunehmen, sondern es heißt auch für eine Frau, die Männer als Männer zu akzeptieren, und für einen Mann, die Frauen als Frauen zu sehen. Das andere Geschlecht muß man/frau als sehr fremdes Wesen anzunehmen lernen, obwohl einen zuweilen Unruhe- und Angstgefühle befallen und obwohl ihnen gegenüber Neidgefühle aufkommen, weil ich nicht alles sein kann, weil jedes Geschlecht seine besonderen Vorteile hat.

Und zwar sowohl, was die jeweils spezifischen Rollen in der Gesellschaft anbelangt, als auch körperlich. Da gibt es den «Penisneid» der Mädchen: Der Junge hat etwas, was sie nicht haben. Er kann stehend pinkeln, kann etwas zeigen, mit etwas spielen (sichtbar). Und es gibt den zwar weniger bekannten, aber auf Anhieb verständlicheren Neid der Jungen auf die Fähigkeit der Frauen, Kinder gebären zu können.

Daß der «Penisneid» durch Freud und die Psychoanalyse bekannter geworden ist als der genauso vorhandene Neid der Männer auf die Gebärfähigkeit der Frauen, hängt mit unserer Gesellschaft als patriarchalischer Gesellschaft zusammen. «Es scheint, daß in jeder Gesellschaft der Neid auf das dominante Geschlecht leichter zu beobachten ist... es herrscht Übereinstimmung darüber, daß es wünschenswert ist, ein Mann zu sein. Dies treibt den Neid der Männer auf Frauen in den Untergrund, da er im Gegensatz zu den erklärten Normen steht und daher als unnatürlich und unmoralisch angesehen wird.» (Bettelheim 1973, S. 74f.)

Auf dem Wege zum Erwachsenwerden ist es wichtig, auch Neid- und Ambivalenzgefühle zu registrieren und anzunehmen. Wenn dies geschieht, während die eigene Geschlechtsidentität vertieft wird, heißt das, daß Frau oder Mann von ganzem Herzen «Ja» zum eigenen Geschlecht sagen kann, ohne dem anderen Geschlecht geistige und kulturelle Rückständigkeit oder gar alles Böse anlasten zu müssen.

Hier fallen mir Axel ein und seine Klagen, wenn wieder einmal eine seiner Beziehungen gescheitert war. Um zu beweisen, daß es sich bei seiner Frau um eine Person handelte, die seiner nicht würdig war, erzählte er folgendes: Er hatte unter Mühen Karten besorgt für ein besonders berühmtes Opernhaus. Die Karten waren teuer, und eine Reise war erforderlich. Endlich saßen er und seine damalige Frau auf ihren Plätzen. Das Orchester begann, die Instrumente zu stimmen, der ersehnte Augenblick war da. Da fängt diese nichtswürdige Person neben ihm an, über Kopfschmerzen zu klagen. Sie habe ihre Tage gekriegt und würde am liebsten ins Hotel zurückgehen, weil sie, wie sie sich jetzt fühle, die Oper ohnehin nicht würde genießen können. Wie kulturlos sie war!

Die nächste Frau, die ihn enttäuschte: Er sitzt mit ihr in einem teuren Luxus-Restaurant. Die Stimmung zwischen ihnen ist harmonisch, der Tisch ist festlich gedeckt mit Blumen und Kerzen, erlesene Weine werden serviert. Da serviert sie ihm zum Hors d'oeuvre, daß ihre Regel ausgeblieben sei. Ihm verging schlagartig der Appetit neben einem Wesen, das so wenig Gespür hatte für die Größe von Augenblicken!

Axel hatte eine große Sehnsucht nach Frauen, aber er konnte ihre Andersartigkeit letztlich nicht akzeptieren. Besonders verräterisch dafür ist, daß ihn gerade die natürlichen körperlichen Vorgänge bei Frauen aus dem siebten Himmel der Kultur herunterholten und empörten. Ich weiß nicht, was Axel in seiner Jugend erlebte oder entbehrte. Deutlich war auf jeden Fall, daß er in seinem Verhältnis zum anderen Geschlecht nicht «erwachsen» geworden war.

Bruno Bettelheim hat bei den ihm anvertrauten schizophrenen und deshalb enthemmten Pubertierenden erlebt, wie sie ihren Neid auf das andere Geschlecht oder ihren Stolz auf das eigene Geschlecht voll ausagierten. Er erzählt von einem Mädchen, das sich einen Luftballon als Penis umgebunden hat, gleichzeitig aber sehr stolz ist auf die eigene Menstruation, Binden aufhebt und demonstrativ herumliegen läßt. In einer gemischten Gruppe verlangen die Mädchen von den Jungen, daß sie auch bluten müssen, da sie die Regel als Benachteiligung durch die Natur empfinden. Die Jungen andererseits ritzen sich selber ein oder lassen sich einritzen. Sie demonstrieren damit ihren Neid, nicht ebenso klar wie die Mädchen ihre geschlechtliche Fähigkeit zeigen zu können. Sie sehen die erste Ejakulation offenbar nicht als gleichwertigen Beweis an.

Uneingestandener oder nicht ausagierter Neid kann leicht in Haß umschlagen; im Falle des Penisneids Haß auf alles Penisartige, selbst am eigenen Körper. Eines der schizophrenen Mädchen richtete diesen Haß gegen ihre eigene Klitoris, weil diese sie in erigiertem Zustand an einen Penis erinnerte. Sie war dann in Versuchung, sie sich auszureißen, und masturbierte deshalb nicht durch Anfassen der Klitoris, sondern «indem sie Wasser über ihre Vulva laufen ließ, ihre Hose straff hochzog oder die Beine aneinanderrieb» (Bettelheim 1973, S. 38). Offenbar hatte sie früher ihren Wunsch nach einem Penis unterdrücken müssen, und dadurch war er in Haß umgeschlagen. «Andere Mädchen der Schule dachten während jeder Menstruationsperiode, daß ihnen ein Penis wüchse, und waren jeden Monat zutiefst enttäuscht, als sich das als falsch herausstellte.» (Bettelheim 1973, S. 38) Ihren Neid zu empfinden und auszudrücken ist der erste Schritt. Die Mädchen müssen sich dann noch positiv dazu einstellen, daß sie ein anderes, mindestens ebenso wertvolles Geschlecht haben.

In Bruno Bettelheims Untersuchung zeigt sich, daß es auch umgekehrt den Neid auf die weiblichen Sexualorgane und die weibliche Gebärfähigkeit gibt, und zwar auch in unserer patriarchalischen Gesellschaft. Die schizophrenen Jungen seiner Schule sprechen es offen aus: «Warum kann ich keine Vagina haben?» Oder einer sagt mit Bezug auf die unglückliche Stimmung eines anderen Jungen: «Ich weiß, warum er weint. Weil er eine Vagina haben möchte.» (Bettelheim 1973, S. 39) Die Jungen geben sich gegenseitig ein Rätsel auf: «Was ist die stärkste Sache der Welt?» und verkünden auch freudestrahlend die Lösung: «Ein Büstenhalter, denn er hält zwei riesige Berge und eine Milchfabrik.» «Mädchen schienen sich nie für dieses Rätsel zu interessieren, aber die emotional gestörten Jungen waren fast immer fasziniert davon.» (Bettelheim 1973, S. 41) Was die «gestörten» Jungen offen aussprechen, wird bei «normalen» in den «Untergrund» abgedrängt, ist aber ohne Zweifel genauso vorhanden. Die Beziehung zu den eigenen Gefühlen ist dadurch keineswegs gestört.

Leider ist in der Frauenbewegung mit Neidgefühlen nicht immer in erwachsener Weise umgegangen worden, so daß sie zuweilen in Haß gegen alles Männliche umschlugen. Damit meine ich keinesfalls den Kampf um gleiche Chancen und gleiche Rechte, sondern das Zurückstoßen unterstützender männlicher Kräfte, die Verweigerung von Aktionseinheiten, sofern es sich tatsächlich um gemeinsamen Kampf handelte.

Ich halte es für möglich oder sogar wahrscheinlich, daß ich, indem ich hier sitze und an diesem Buch schreibe, ebenfalls «Penisneid» im übertragenen Sinne ausagiere. Sowohl in meiner Herkunftsfamilie wie auch in meiner selbstgegründeten Familie war es das Vorrecht der Männer, sich zurückzuziehen, um sich der Schreibtischarbeit zu widmen, womit sie auch Geld verdienten. Sie entzogen sich damit der ewig wiederkehrenden Hausarbeit, die in unserem Fall erst dadurch zur «Frauenarbeit» wurde, weil die Frau keine Vortrags-, Artikel- oder Buchaufträge hatte.

In seinem Buch «Die symbolischen Wunden» geht Bruno Bettelheim den Beschneidungsriten in «primitiven» Gesellschaften und ihrer vermutlichen Bedeutung nach. Im Gegensatz zu vielen westlichen Anthropologen sieht er darin keine Kastrationsdrohung (die Väter sind in den betreffenden Gesellschaften weder stark noch bedrohlich), sondern einen symbolischen, deutlichen Einschnitt für die jungen Männer, wie es bei den Mädchen die erste Menstruation ist. Es handelt sich demnach um eine Auseinandersetzung mit der Tatsache, nicht Frau, sondern Mann zu sein. In australischen Gesellschaften wird ein Stück der Vorhaut, das bei der Beschneidung abgeschnitten wurde, der Schwester des Initianden überreicht und von dieser, getrocknet und gefärbt, um den Hals getragen. In anderen Gruppen trinken weibliche Verwandte Blutstropfen vom Beschneidungsblut. Bruno Bettelheim vermutet, daß eine bestimmte Gegengabe dafür erwartet wird, nämlich «ein Anteil an der großen und verborgenen Schöpfungskraft der Frauen... ein Geschenk, das nur Frauen machen können, da nur Frauen es besitzen.» (Bettelheim 1973, S. 128)

Diese Vermutung wird u. a. dadurch bestätigt, daß die Subinzisionswunde (Subinzision heißt eine «verschärfte» Beschneidung am ganzen Harnleiter entlang) «Vulva» genannt wird und daß die Eingeborenen das erneute Öffnen der Wunde, das üblich ist, «Menstruation» nennen. Außerdem ist es üblich, daß die Männer nach der Subinzision in Hockstellung urinieren. (Bettelheim 1973, S. 141) Von anderen Autoren wird die Beschneidung als eine Art Wiedergeburt interpretiert. Sie haben demnach den Zweck, «die engen Bande, die das Kind zu seiner Mutter geknüpft hat, zu zerreißen und sie durch eine stärkere Bindung an die Männer zu ersetzen, da jetzt die Männer (symbolisch; die Verf.) den Jungen das Leben geschenkt haben (und zwar kollektiv; die Verf.) wie es einst die Mütter taten.» (Bettelheim 1973, S. 159)

Mädchen haben es leichter

Wenn ich erzähle, daß meine Tochter mit 16 ausgezogen ist, kommen Mütter von Söhnen leicht ins Flattern. Sie stellen sich ihre Söhne mit 16 vor, wie unselbständig sie in diesem Alter noch sind oder waren, wie sehr sie ihre Mutter noch brauch(t)en! In dieser Beziehung haben es Mädchen leichter. Sie werden eher für fähig gehalten, sich selber zu helfen, was Wäsche, Essen, Kleider anbelangt, weil sie als Kinder nach wie vor viel mehr zur Haushaltarbeit herangezogen werden als die Jungen.

Manche Mütter lassen ihre Töchter leichter ziehen, weil ihnen bei diesen der Vorwand fehlt, sie «versorgen» zu müssen. Es gibt keine äußeren Gründe, sie festzuhalten, wie bei den Söhnen. Auch die Studentin oder Auszubildende wird zuweilen Kleider zum Waschen nach Hause bringen, längst nachdem sie ausgezogen ist. Aber es hat bei ihr nie denselben Unterton von Hilflosigkeit wie bei einem Jungen, der bei der Mutter an ihre Mütterlichkeit appelliert: «Der Junge braucht mich noch!» Denn er hat ja tatsächlich nicht gelernt, zu nähen und zu flicken oder zu bügeln und zu stricken, und das in einem Alter, wo ihm die Kleidung oft gerade besonders wichtig wird. Auf jeden Fall sind Mädchen, wenn sie volljährig sind, mit größerer Selbstverständlichkeit «selbständig» als Jungen, und das hat seine Vorteile beim Abschied von den Eltern.

Zwar ist heute kaum noch denkbar, wie es mir vor über dreißig Jahren passierte, daß ich als Mädchen zu hören bekam: «Für dich ist Abitur nicht so wichtig. Du heiratest sowieso einmal.» Die Ehe mit dem Aspekt der Versorgung für die Frau wird weder von den Mädchen noch von den Eltern ernsthaft in Erwägung gezogen. Trotzdem ist der Druck der Erwartungen im Hinblick auf die spätere Berufslaufbahn bei den Mädchen geringer als bei den Jungen. Auch in dieser Hinsicht haben es die Mädchen leichter. Sie können sich eher Zeit lassen, eher nach ihren Neigungen entscheiden. Eine Frau wird sich, auch wenn sie allein bleibt, mit einer «mittleren» Laufbahn durchbringen, denken die Eltern. Wenn sie heiratet, muß nach wie vor der Mann die Familie ernähren können, die Frau wird als Zuverdienerin gesehen, die vielleicht Teilzeitarbeit annimmt, wenn einmal Kinder dasein werden. Der Vater, der in der Regel «leistungsorientierter» ist als die Mutter, wird bei der Tochter kaum auf die Idee kommen, daß sie es einmal weiter bringen soll, als er selbst es gebracht hat, womit er möglicherweise dem Sohn oder den Söhnen das Leben schwer macht. Mädchen haben es also leichter.

Mädchen haben eine völlig andere Art von pubertären Jugendfreundschaften. Jungen suchen sich ihre Freunde nach den Tätigkeiten aus, die man mit ihnen gemeinsam machen kann, oder den Sportarten, die man gemeinsam betreibt; es handelt sich dabei weniger um personale Beziehungen. Entsprechend haben sie auch meistens mehrere «Freunde», und wenn die Hinwendung zu einem Hobby abnimmt, lokkert sich auch die betreffende Jugendfreundschaft. Mädchen hingegen sehnen sich nach der einen Freundin, die zu ihnen paßt, einer Seelenfreundin. Es ist ein großes Unglück, keine zu haben oder zu finden. Fürchterliche Dramen spielen sich ab, wenn eine solche Freundschaft auseinanderbricht, manchmal weil ein Mädchen eine andere Freundin vorzieht, nicht selten aber auch, weil ein Mädchen sich in einen Jungen verliebt und mit ihm «geht» oder weil beide Mädchen für denselben Lehrer schwärmen.

Diese Art von Mädchenfreundschaften sind wichtig, weil sie die Seele «üben» und heranreifen lassen zur erwachsenen Partnerschaft. Mädchen haben es also leichter, weil sie hier die Möglichkeit erhalten, den Umgang mit ihren Gefühlen zu erproben. Auch auf Trennung, Ablehnung, Zuneigung zu reagieren wird bei diesen Freundschaftsbeziehungen geübt.

Nach der Shell-Studie «Jugend 1981» (Hamburg 1981) führen Mädchen häufiger Tagebuch und sprechen häufiger über persönliche Probleme. Bei Jungen würde die Umwelt auf derartige Gepflogenheiten vermutlich mit Befremden reagieren. Deshalb lassen sie es lieber gleich sein. Aber der Unterschied wird bereits früher angelegt: «Ein Junge weint nicht», er zeigt keine Gefühle, noch nicht einmal insgeheim, also auch nicht im Tagebuch, am besten läßt er sie gar nicht erst hochkommen, er drückt sie weg mit barschen Sprüchen und Taten, die «jungenhaft» erscheinen. Jungen erfahren auf diese Weise weniger über die eigenen Gefühle, aber auch über die der anderen, die entsprechend «barsch» oder «cool» antworten.

Mädchen haben es also leichter beim Erwachsenwerden, weil sie ihre Gefühle bearbeiten in Gesprächen oder Tagebüchern. Sie sind dadurch eher in Kontakt mit sich und ihren Gefühlen und können besser abschätzen, wie es den anderen, zum Beispiel den Eltern, ergeht. Sie reagieren einfühlsamer auf deren Schmerz, machen mehr mit sich selber ab, gehen weniger in die harte Konfrontation.

Mädchen können Schwierigkeiten aufgrund ihrer größeren Klarheit über die eigenen Gefühle eher verarbeiten. Das hilft ihnen später, wenn sie sich vom Partner trennen oder scheiden lassen. Die Frauen werden meistens besser fertig mit dem Scherbenhaufen. Sie sind auch häufiger diejenigen, die klare Verhältnisse schaffen, von denen der Anstoß zu Trennung oder Scheidung ausgeht. Männer kommen oft nur über ihre Verletzungen hinweg, indem sie sich möglichst schnell mit einer neuen Partnerin trösten, das heißt, daß sie die vorhandene Verletzung verdrängen, wie sie es bereits als Jungen geübt haben.

Daß es Mädchen freilich nicht nur leichter haben mit der Ablösung, sondern aus anderen Gründen auch schwerer, soll der folgende Abschnitt zeigen.

Mädchen haben es schwerer

Da ist zunächst die psychosoziale Situation in der Kleinfamilie: Die erste Figur, die sich zur Identifizierung anbietet, ja in der Kleinfamilie geradezu aufzwingt, ist die Mutter. Das gilt für den Jungen genauso wie für das Mädchen. Ist doch die Mutter die Person, von der der Säugling und auch noch das Kleinkind abhängig ist und die das Kind normalerweise Tag und Nacht um sich hat.

Während Jungen nun «im Normalfall» lebenslang bei einer Frau als Gegenstand ihrer erotischen Liebe bleiben, muß sich das Mädchen in der Adoleszenz auf das fremde Wesen «Mann» umstellen. Klar, daß das ein schwierigerer Vorgang für die Seele ist, als die einmal eingeschlagene Richtung beizubehalten. Was die Geschichte für das Mädchen noch komplizierter macht, ist die Tatsache, daß sie sich schon einmal, im Alter zwischen vier und sechs Jahren, einem Mann, nämlich ihrem Vater, zugewandt hatte. Damals mußte sie einsehen, daß sie ihn nicht bekommen konnte (Ödipus-Konflikt).

Während der Adoleszenz wendet sich die körperlich erwachsen gewordene Tochter erneut mit Zärtlichkeit und Liebkosungen dem Vater zu, der auch durchaus davon angesprochen wird. Richtig verjüngt fühlt er sich durch die Zuwendung einer so jungen und ihm wohlvertrauten Frau. Bis sie ihre Zuneigung und damit auch den größeren Teil ihrer Zuwendung einem ihrem Alter entsprechenden Mann schenkt, was den Vater schwer treffen kann und ihn (im schlechteren Fall) zu Verboten treibt, die der Eifersucht und Macht entstammen und nicht der «erwachsenen» Einsicht, daß die Tochter erwachsen wird.

Das Mädchen nimmt also den zweiten Anlauf. Nach psychoanalytischer Deutung muß der Ödipus-Konflikt von Mädchen in der Pubertät häufig erneut durchgestanden werden, und oft kann er auch im zweiten Durchgang nicht «erledigt» werden, sondern schwelt lebenslang weiter.

Ein zweites Problem sehen Psychoanalytiker als gravierend für die Mädchenentwicklung an. Sie haben dafür krankhaft abgelaufene Fälle als Warnbeispiele. Der Bruch, der durch den Ödipus-Konflikt erfolgt, ist für das kleine Mädchen zwischen vier und sechs Jahren tatsächlich ein Bruch. Die vorher erfolgte Identifizierung mit der Mutter muß abgeschlossen und «gelungen» sein. Denn die danach erfolgende Identifizierung mit der Mutter, die zur Geschlechtsidentität führen soll, muß von neuer, völlig anderer Qualität sein.

Wenn die «vorödipale» Mutterbindung nicht gelungen ist, bleibt das junge Mädchen unfähig, tiefere Kontakte, geschweige denn eine Bindung zu vollziehen. In der Literatur wird als Beweis dafür immer wieder eine Untersuchung von Anna Freud an Waisenmädchen herangezogen. Sie hatten in der Adoleszenz die Schwierigkeit, sich einem Jungen wirklich zuzuwenden. Peter Blos berichtet von einem Fall nicht gelungener früher Mutterbindung: «Als man ein 14 Jahre altes Mädchen fragte, wieso sie zehn Freunde auf einmal brauche, antwortete sie mit berechtigter Empörung: ‹Ich muß das tun. Wenn ich nicht so viele Freunde hätte, würde man von mir sagen, daß ich lesbisch sei.›» (Blos 1983, S. 83) Das «man» interpretiert Peter Blos als eine Projektion des Unbewußten dieses Mädchens, oder anders ausgedrückt, als Ausdruck ihrer Liebe zur frühen Mutter, die – wie ihr bewußt war – nicht mehr sein durfte. Diese sogenannte «Pseudo-Heterosexualität» bedeutet eine Abwehr gegen einen Rückfall in eben jene frühe, «unerledigte» Phase, in der das Mädchen emotional unterversorgt war.

Die Wirkung von Familienkonflikten

In einer noch nicht veröffentlichten «Familienuntersuchung» des Deutschen Jugendinstituts bestätigen Mädchen die Feststellung «In unserer Familie gibt es oft Streit» auffallend häufiger als die Jungen. Die Jungen hingegen bejahten häufiger die ihnen vorgelegte Feststellung «Probleme kann ich besser außerhalb der Familie besprechen». (Nach einer mündlichen Mitteilung von Gerlinde Seidenspinner) Nun ist nicht anzunehmen, daß die befragten Mädchen aus streitsüchtigeren und die Jungen aus weniger gesprächsbereiten Familien kamen. Vielmehr legt der Unterschied zwischen den Antworten von Jungen und Mädchen den Schluß nahe, daß die Jungen der Familie gegenüber eine größere Distanz wahren; daß sie die Konflikte weniger wahrnehmen und dadurch weniger an sich heranlassen. Die Mädchen hingegen saugen die Schwierigkeiten der Familie in sich hinein und machen sie zu ihren eigenen. Daß sie außerstande sind, sie zu lösen, mag mit dazu beitragen, daß fast doppelt so viele Mädchen schon einmal an Selbstmord gedacht haben wie Jungen (nach «Jugend 1981» 32 % der Mädchen gegenüber 19 % der Jungen). Obwohl Mädchen demnach mehr Energie verbrauchen, um die Familie zu stabilisieren, wird von der Familie weniger unternommen, um die Töchter beim Selbständigwerden zu unterstützen. So interpretiere ich jedenfalls die Zahlen, wenn ich höre, daß Eltern von Töchtern und Eltern von Söhnen bis vor einigen Jahren im Verhältnis 30 : 70, heutzutage im Verhältnis 40 : 60 bei Erziehungsberatungsstellen auftauchen. (Nach einer mündlichen Mitteilung von Wolfgang Purschke, München)

Für die Ablösung von der Familie heißt das, daß Mädchen es in dieser Hinsicht schwerer haben. Sie fühlen sich eher verantwortlich für das schwierige Gleichgewicht der Familie, und es fällt ihnen dann schwerer, die Familie «im Stich» zu lassen, weil sie deren Nöte näher an sich heranlassen. Durch die größere Empfindsamkeit und das höher entwikkelte Sozialgefühl, das durch die Erziehung bei den Mädchen verankert wurde, sind sie ansprechbarer für Mitleidsappelle und Gewissensappelle. Aber Eltern, insbesondere Mütter, wenden sich mit emotionalen Appellen eher an Töchter: «Du kannst mir diesen Dienst nicht verweigern, du weißt doch, daß ich das nicht alleine kann» oder: «Du darfst jetzt nicht schon wieder wegfahren, du weißt, wie alleine ich bin – das würde mich töten». Es ist für Mädchen oder junge Frauen offenbar viel schwerer, sich gegen derartige Appelle zu immunisieren. Oft ziehen sich Frauen, die diese Elternschwierigkeit erlebten, wieder Partner heran, die dieses Spiel «Laß mich nicht allein, ich brauche dich so sehr» mit ihnen weiterspielen.

Hausarbeit und Kontrolle

Die These aus dem letzten Abschnitt, «Mädchen haben es leichter, weil sie in praktischen Dingen selbständiger sind», stimmt freilich nur zum Teil. Es kommt hinzu, daß die nach wie vor größere Belastung der Mädchen durch Hausarbeit, durch die sie «selbständiger» werden, ihnen zugleich Zeit nimmt, die notwendig wäre, um sich mehr und mehr von der Familie zu distanzieren.

Niemand würde zwar heute noch behaupten, daß es dem weiblichen

Töchter und Söhne – wer tut was im Haushalt?

Tätigkeit im Haushalt in %	Jungen n = 418	Mädchen n = 347
Zimmer selbst in Ordnung halten	40	70
Hilfe beim Kochen (regelmäßig und ab und zu)	29	80
Hilfe beim Hausputz (regelmäßig und ab und zu)	34	82
Hilfe beim Wäschewaschen (regelmäßig u. ab und zu)	8	49
Hilfe beim Geschirrspülen (regelmäßig)	12	52

(Nach: Jugend '81: Lebensentwürfe, Alltagskulturen, Zukunftsbilder, hg. vom Jugendwerk der Deutschen Shell, Band 1, Hamburg 1981, S. 695; hier nach Funk 1985, S. 46. Befragt wurden Jugendliche im Alter von 14 bis 24 Jahren.)

Wesen entspreche, Hausarbeit zu tun, wie es noch in den älteren Pubertätsratgebern nachzulesen ist. So schrieb Pierre Dufoyer («Dein Mädchen in der Reifungszeit») vor nur dreißig Jahren, wie wichtig es doch sei, daß sich das Mädchen damit abfinde, der Mutter an die Hand gehen zu müssen und es daher schwerer zu haben als die Brüder. Man könne das Mädchen vielleicht damit trösten, daß die Männer es später im Beruf schwerer hätten, während es selbst im «menschlichen Bereich» bleibe. So ist es, da kann man nichts machen. So etwas würde heute nicht einmal mehr die CSU vertreten, wenn sie versuchen wollte, den Frauen wieder den «menschlichen Bereich», sprich Herd, anstelle des hart gewordenen Arbeitsmarktes schmackhaft zu machen. Es ist heutzutage nicht mehr selbstverständlich, daß die Mädchen als geeigneter für die Hausarbeit gelten, aber es ist selbstverständlich, daß sie mehr tun.

Aber nicht nur durch Hausarbeit werden die Mädchen mehr gebunden. Sie erhalten auch weniger Spielraum, sich außerhalb der Familie umzusehen. Sie stehen sehr viel stärker unter elterlicher Kontrolle als dies bei Jungen der Fall ist.

«In diesen Auseinandersetzungen (um größere Freiräume; die Verf.) ist es oft nicht mehr unterscheidbar, ob die berechtigten Sorgen um die Sicherheit und das Wohlergehen eines Mädchens oder die Ängste der Mutter, daß sich die Tochter auf eigenen Füßen in eine ihr selbst fremde Erfahrungswelt begibt, oder eine diffuse Rücksicht auf Regeln der Anständigkeit verhandelt werden. In dieser Situation setzen manche El-

Mädchenfreizeit ohne Freund

Auch wenn ich einen festen Freund habe, finde ich es für mich persönlich wichtig, ab und zu etwas ohne ihn zu machen	Insgesamt in %
stimme voll und ganz zu	59
stimme überwiegend zu	29
stimme wenig zu	9
stimme überhaupt nicht zu	3
keine Angabe	0

(Auszug aus einer Tabelle von:
G. Seidenspinner, A. Burger: Mädchen '82, München 1982, S. 16; hier nach: Funk 1985, S. 46. Befragt wurden 1100 Mädchen im Alter zwischen 15 und 19 Jahren.)

tern der freien Zeit ihrer Töchter außerhalb der eigenen Wohnung enge Grenzen und versuchen, sie auf vielseitige Art und Weise zu überwachen.» (Heide Funk, in: Deutsches Jugendistitut 1985, S. 40)

Nicht nur die außerhäuslich verbrachte Zeit wird den Mädchen stärker beschnitten als den Jungen, auch ihr «Umgang» wird genauer unter die Lupe genommen und mit mehr Argwohn betrachtet als die Freunde und Freundinnen des Sohnes. Das ist verständlich, denn tatsächlich sind Mädchen in unserer patriarchalischen Gewaltgesellschaft größeren Gefahren ausgesetzt als Jungen. «Um so erstaunlicher ist dann für viele Mädchen der Vertrauensvorschuß, den ihre Eltern einem festen Freund entgegenbringen. Der nämlich ist in den Augen der Eltern u. a. der Garant für die Sicherheit der Tochter, und durch ihn erhält sie nun auch mehr Freiräume.» (H. Funk, Deutsches Jugendinstitut 1985, S. 40)

Mädchen heutzutage wollen allerdings nicht mehr nur am Händchen geführt sich vom Elternhaus entfernen dürfen. Das geht aus der «Mädchenuntersuchung» des Deutschen Jugendinstituts hervor.

Lebensentwurf für ein Doppelleben

Noch vor dreißig Jahren, in meiner Jugend, war die Heirat für ein Mädchen Lebensziel. Das wurde zwar nicht immer zugegeben; trotzdem war es eine Lebenskatastrophe, nicht geheiratet zu werden. Zwar war die Zeit vorbei, wo dieses Schicksal bedeutet hätte, mittellose alte Jungfer im Haus von Verwandten zu sein, und es war schon allgemein üblich, daß auch Mädchen einen Beruf erlernten, um sich selbst ernähren zu können. Aber keinen Mann zu bekommen, bedeutete trotzdem, eine Schattenexistenz mit geringerem Ansehen zu führen. Der Beruf galt nur als Notlösung bzw. als Sicherheit für diesen unerwünschten schlimmen Fall und wurde auch meistens bereitwillig bei der Heirat, spätestens beim ersten Kind aufgegeben.

Heute sind die Mädchen, anders als damals, in allen Schultypen entsprechend ihren Anteilen am Jahrgang vertreten. Sie haben also formal gleiche Chancen. Außerdem nehmen sie ihre eigene Berufskarriere ernst und wollen sie auf jeden Fall antreten. Die «Nur-Hausfrau» scheint keine Perspektive mehr für sie zu sein. Sie stehen damit vor derselben unendlich schwierigen Berufsentscheidung wie die Jungen; genauer betrachtet ist die Berufsentscheidung für Mädchen sogar um einiges schwieriger, weil die formale Gleichheit beim Verlassen der Schule schon wieder zu Ende ist und auf dem Arbeitsmarkt für Mädchen weniger Lehrstellen und Arbeitsstellen angeboten werden.

> Zwei Drittel der Mädchen ohne Ausbildungsvertrag
> Gesamtanteil der Mädchen an den Auszubildenden: ein Drittel

Mädchen haben sich zwar in «Männerberufen» bewährt, trotzdem blieb es bei dem Modellversuch 1977, der Anteil der Mädchen in gewerblich-technischen Berufen stieg nicht.

Für die ganz große Mehrheit der jungen Mädchen ist Heiraten und Kinder haben nach wie vor Lebensziel. Nur 4,5 % erklären, sie wollten keine Kinder, sondern sich auf ihren Beruf konzentrieren, 10 % erklären, sie wollten nicht heiraten.

Mädchen bereiten sich also auf ein in unserer Gesellschaft kaum vereinbares Doppelleben vor und haben es insofern schwerer. Durch die «heimlichen Lehrpläne» bekommen sie kindheitslang vermittelt, daß ihre Gebärfähigkeit zugleich ihre persönliche Aufgabe sei. Zwar ist die Gesellschaft dringend auf Nachwuchs angewiesen (das zeigen immer wieder die großen Lamentos der Politiker, wenn nur noch unsere ausländischen Mitbürger bereit sind, mehrere Kinder zu haben). Aber es gibt keine Hilfen für Mädchen bei der Vorbereitung auf diesen schwierigen Lebensentwurf.

Nun ist es keineswegs so, daß die Jungen nicht auch – ein wenig später vom Alter her – Väter werden wollten. Für ihre Lebensplanung spielt das jedoch nicht die geringste Rolle. Verena Mayr-Kleffel bringt durch ein fiktives Fernsehinterview sehr gut zum Ausdruck, was gemeint ist. In einem echten Interview in «Zukunft ohne Träume» («Jugend in der Bundesrepublik», Sendetermin November 1983) wird eine 16jährige Realschülerin Petra über ihre Zukunftspläne befragt:

«Petra, sag mal, wie stellst du dir eigentlich vor, wie dein Leben aussieht, wenn du 35 bist. Stehst du da als Mutter am Herd, daheim, hast Kinder?»

Petra: «Kinder hab ich vielleicht schon auch, ja, aber daß ich so direkt Hausmütterchen werden will, das nicht. Ich möchte schon einen Beruf haben, wo ich eine gute Position habe und genug Geld verdiene, daß ich nicht von meinem Mann abhängig bin, und Kinder eben auch, eben bloß kein Hausmütterchen.»

Und nun das fiktive Interview mit Klaus, 16, Realschüler:

«Klaus, sag mal, wie stellst du dir eigentlich vor, wie dein Leben aussieht, wenn du 35 bist. Stehst du da als Vater am Herd, hast Kinder?»

Klaus: «Na, Kinder habe ich vielleicht schon, aber daß ich so direkt Hausväterchen werden will, das nicht. Ich möchte schon einen Beruf haben, wo ich eine gute Position habe und genug Geld verdiene, daß ich nicht von meiner Frau abhängig bin, und Kinder eben auch, aber bloß kein Hausväterchen!» (Mayr-Kleffel, in: Deutsches Jugendinstitut 1985, S. 302)

Beim phantasierten zweiten Interview klingt die Frage absurd. Petra wird sie zugemutet, mit unterschwelliger Verachtung für die weibliche Familienarbeit, zu der sie sich naturgemäß nicht als Lebensperspektive bekennen kann. Wie sie es machen kann, das sieht sie nicht. Dabei hilft ihr auch niemand. Sie weiß bloß: So nicht! Daß das Doppelleben, das sie vorhat, nicht zu bewältigen ist, wird sie wissen, wenn es soweit ist. Solche Frauen sind dann im glücklicheren Fall in Mütterzentren anzutreffen, wo sie sich gegenseitig bei ihrem Problem helfen und beraten.

Mädchen haben es auch deshalb schwerer, weil es kaum Vorbilder für sie gibt, die vorleben, wie sie die beabsichtigte Doppelexistenz bewältigen könnten. Jungen haben zwar auch keine Vorbilder; sie sehen nicht, wie die Väter ihre Arbeit bewältigen, weil die Väter zur Arbeit außer Haus gehen. Aber sie erfahren, daß ihr Leben geteilt sein wird. Von häuslicher Arbeit sind sie befreit, solange sie bei der Arbeit sind. Mädchen hingegen sehen ihre Mütter bei der massenhaft vorhandenen Hausarbeit. Sie sehen nicht, wo sie die Zeit hernehmen sollten, um arbeiten zu gehen.

In der «Mädchen-Untersuchung» des Deutschen Jugendinstituts wurde erhoben, daß die Vorstellungen der Mädchen, deren Mütter berufstätig sind, sich deutlich unterscheiden von den Töchtern von Nur-Hausfrauen. Sie haben weniger Angst vor der Doppelrolle. Sie haben ein Beispiel erlebt, wie das Doppelleben konkret bewältigt wurde, wenn auch vermutlich mehr oder weniger schwer. Sie haben also eine Vorstellung, wie das gehen könnte – Beruf und Kinder. Aber das sind nur ein Drittel der Mädchen. Die anderen wissen nur: So wie die Mutter, allein und isoliert, wollen sie nicht leben.

Was heißt hier leichter, was schwerer?

Der Prozeß der Ablösung gelingt unter Umständen umso besser, je schwerer er erscheint. Wenn die Mädchen es schwerer haben beim Erwachsenwerden, weil sie stärker kontrolliert werden von den Eltern als die Jungen (s. S. 134) und dadurch weniger Gelegenheit haben, vom sicheren Elternhaus aus etwas zu erproben, so beschleunigt dies andererseits ihre Verselbständigung durch Auszug. Mädchen ziehen früher aus (nach: Pettinger, in: Deutsches Jugendinstitut 1985, S. 274).

Wenn Mädchen es schwerer haben, am Arbeitsmarkt Fuß zu fassen und ihrer Schulbildung entsprechende Ausbildungs- und Arbeitsplätze zu erhalten, so machen sie das durch größere Informiertheit und Wendigkeit teilweise wett, indem sie die geringeren Chancen besser zu nutzen verstehen.

Verwöhnung und Verpäppelung verzögern oft die Verselbständigung (wie das bereits bei kleinen Kindern der Fall ist). Es sei denn, der junge Mensch empfindet die Verwöhnung als Fessel und bricht aus. «Schwer haben» bringt also weiter. Verwöhnte Kinder suchen sich jedoch oft unbewußt harte Bedingungen, um sich selbst und anderen zu beweisen, daß sie etwas durchhalten, so zum Beispiel Andreas in unserem Beispiel für verzögerte Berufsfindung, der dann eine landwirtschaftliche Lehrstelle unter den bekannt harten Bedingungen antritt. Unter diesem Gesichtspunkt haben Mädchen die größeren Chancen, erwachsen zu werden.

6 Die Eltern

Rollenveränderungen

Die Paarbeziehung der Eltern

Im Begriff «Eltern» werden nicht nur zwei Menschen zur Einheit zusammengedacht, auch das Kind oder die Kinder schwingen in der Bedeutung mit. Da ist es nützlich, sich klarzumachen, daß die «Eltern» ursprünglich einmal zwei separate, einander fremde Individuen waren. Sie hatten bereits zwanzig bis dreißig Jahre lang eine je eigene Lebensgeschichte, als sie sich kennenlernten und unter Umständen über mehrere Jahre hinweg allmählich aufeinanderzulebten. Vielleicht machte gerade ihre Verschiedenheit sie einander so anziehend. Sie wuchsen zum Liebespaar, später zum Ehepaar zusammen. In heutigen Ehen leben die Paare meist etliche Jahre in intensiver Zweisamkeit, ehe sich ein Kind ankündigt. Nun wird ein Paar zu Eltern. Ob die Elternschaft nun gewollt oder ungewollt ist, sie bedeutet, daß sich eine dritte Person plötzlich und anfangs mit penetranter Aufdringlichkeit in die bisherige Zweierbeziehung drängt und sie zum Dreieck umfunktioniert. (Später wird daraus vielleicht gar ein Viereck oder Fünfeck.) Klar, daß die eingespielten Beziehungen durcheinandergeraten. Die emotionalen Energien vor allem der Mutter werden fast total durch «das Kleine» aufgesogen, der Vater ist mit der neuen Rolle im Hintergrund nicht zufrieden und fühlt sich als Ehemann vernachlässigt. Da nach der Geburt auch die sexuellen Bedürfnisse der Frau, die sich bereits während der Schwangerschaft veränderten, nicht sofort wieder «wie früher» sind, kommt es häufig zu schweren Spannungen in der Paarbeziehung. Oft beginnt hier eine jahrelange schwelende Krise.

Da das Kind (oder die Kinder) jedoch in aller Regel für runde zwanzig Jahre da ist, unübersehbar und unüberhörbar, und all die Jahre weiterhin viel Zuwendung braucht, prägt sich die Elternrolle immer tiefer ein, überwuchert oft gänzlich die ursprüngliche Paarbeziehung. Die gemeinsamen Freuden mit dem Kind, die gemeinsamen Sorgen um das Kind und das gemeinsame Auftreten außerhalb des Hauses als Verantwortliche für das Kind verbinden Vater und Mutter immer stärker zu Eltern.

Zwar pflegen manche Eltern ihre Zweierbeziehung als Paarbeziehung auch während der gesamten Elternphase, indem sie «kleine Fluchten» zu zweit unternehmen, als Paar alleine ausgehen oder verreisen, auch für zu Hause besondere Abende planen, die alleine ihnen gehören. Für sie ist dann die Situation, nach dem Auszug des (letzten) Kindes wieder zu zweit zu sein, nicht völlig ungewohnt. Aber dies ist relativ selten zu beobachten; wenn die Kinder dem Säuglingsalter entwachsen sind, leben die Eltern meist nur noch im Familienverband.

Es gibt Eltern, die den Kindern gegenüber monolithisch als «die Eltern» mit stets einer Meinung und nur einem Willen auftreten. Unter diesen gibt es solche, denen der Gemeinschaftstitel «Eltern» dazu dient, ihre eigenen Differenzen zuzudecken. Den Kindern gegenüber einig zu sein, heißt dann, sich auch als Paar einig zu fühlen. Andere haben sich im Laufe der Jahre so weitgehend aneinander angepaßt, daß sie tatsächlich «wie mit einer Zunge» reden – bis hin zur Peinlichkeit. Das verbreitete Klischee, daß Eltern – vor allem gegenüber den Kindern! – sich immer einig sein müßten, fördert diesen Anpassungsprozeß. Oft schweißt das Aufbegehren der Jugendlichen während der Adoleszenz das Elternpaar noch fester zusammen.

Am «schwierigsten» sind Eltern, deren Paarverhältnis nur dadurch funktioniert, daß sie ihre Schwierigkeiten unverarbeitet über ein Kind austragen und so damit leben können. Sie «delegieren» ein Kind (wie die Psychoanalytiker sagen) zu einem Stellvertreterverhalten, das es unter Umständen ins Gefängnis einer psychischen Krankheit bringt. So berichtet Helm Stierlin (1980) von einem Ehepaar, das stets dann konfliktlos zusammenzuleben schien, wenn die älteste Tochter (dreißig Jahre) wieder einmal im Psychiatrischen Krankenhaus war.

Durch eine derartige «Delegation» kann eine natürliche Ablösung von Sohn/Tochter endgültig verhindert werden (vgl. Kapitel zwei, «Nesthocker im Gefängnis der Neurose»).

Es gibt jedoch für Eltern auch die Möglichkeit, ihre Differenzen, gerade auch solche, die durch die Elternschaft neu auftreten, weil jeder Elternteil auf jedes Kind und auf jede Kindheitsphase verschieden reagiert, sich einzugestehen, sie als selbstverständlich zu akzeptieren, sie in Ruhe oder im Streit auszutragen und vor allem sich gemeinsam anzusehen, aus welchen persönlichen Urgründen sie stammen. Eltern, denen eine derartige – anstrengende! – Beziehung gelingt, werden vom Ablösungswirbel weder als Paar noch als einzelne unvorbereitet getroffen, sondern können das gelernte und geübte Verhalten gerade in dieser Umbruchsituation gut brauchen.

Meistens entspricht die Vater-Mutter-Rollenteilung einer Teilung in streng/weich, unnachgiebig/nachgiebig u. ä., wobei häufig, aber keineswegs immer, der Vater den strengen Part spielt. Die Rollenverteilung kann auch mit den Entwicklungsphasen des Kindes wechseln oder im Bezug auf die einzelnen Kinder sich ändern. Besser ist es, wenn die Eltern abwechselnd die harte und die weiche Rolle übernehmen. Denn es ist nicht schön, wenn einer der Elternteile auf Dauer die «Härte» zugeschoben bekommt oder übernehmen zu müssen glaubt. Es wird ihn dazu bringen, einseitig die härteren oder ernsten, zielgerichteten, stabilitätsorientierten Teile seiner Persönlichkeit zu leben und die weichen, spielerischen, spontanen, empfindsamen zurückzudrängen und dadurch auch nicht zu entwickeln.

Sicher werden Elternpaare auch mit der Mann-Frau-Rollenteilung unserer Gesellschaft sehr verschieden umgehen. Sie können sie fraglos hinnehmen, sie können sich damit abfinden, weil es so «normal» scheint. Sie können aber auch Anstrengungen unternehmen, in ihrem persönlichen Bereich neue Modelle auszuprobieren.

Alle diese verschiedenen Möglichkeiten, Eltern zu sein, werden sich auf die Ablösung zwischen Eltern und Kindern auswirken. Gemeinsam ist allen, daß das «Kind», das ein Paar vor ca. zwanzig Jahren zu Eltern gemacht hat, es jetzt als Paar zurückläßt, ja, es spaltet das Paar sogar in seine Bestandteile Mann und Frau, weil es seine Sohn/Tochter-Auseinandersetzung mit der Mutter und dem Vater als Einzelpersonen führt. Sofern die Eltern das Modell «Eine Zunge – eine Meinung» vertreten haben, werden sie jetzt «auseinandergenommen». Die monolithische Einheit wurde von den Kindern schließlich schon längst als brüchig durchschaut. Wie wir in Kapitel drei gesehen haben, testen bereits Zwei- bis Sechsjährige die Grenzen der Elternteile: Wie weit kann ich bei Mama gehen, wie weit kann ich bei Papa gehen. Für das sich aus der Familie lösende «Kind» und die Eltern ist es am günstigsten, wenn sie das Glück haben, daß beide Eltern verläßlich vorhanden sind und jeder Elternteil wichtige und besondere Qualitäten für den (die) Jugendliche(n) verkörpert. Aber so etwas läßt sich nicht erzwingen. Wenn «das Kind» ausgezogen ist, muß das zurückgebliebene Paar neu lernen, ohne den Elternrahmen zu leben.

Während der «Kinder-Phase» der Frau stellen sich meist automatisch bestimmte Verhaltensweisen der Abhängigkeit ein. Die oft tatsächliche materielle Abhängigkeit vom Verdienst des Mannes, solange die Kinder klein sind, wird die Mutter veranlassen, Kränkendes zu schlucken, das zu schlucken sie vielleicht unter anderen Umständen nicht bereit wäre. Manchmal kommt durch die Isolierung in der Kleinfamilie eine geistige Abhängigkeit hinzu. Der Mann, in der jetzigen Elterngeneration oft noch mit «höherer» Ausbildung ausgestattet, hat auch im Beruf die Möglichkeit, sich weiterzuentwickeln. Die mit den Kindern zu Hause gebliebene Frau kann nur von Kindern und Haushalt erzählen. Sie hängt dann gleichsam an seinen Lippen, wenn er von der großen Welt berichtet.

Spätestens wenn die Kinder ausziehen oder bereits ausgezogen sind, ist der Vater nicht mehr das «Familienoberhaupt», zu dem frau aufschauen müßte. Aber Gewöhnung an diese Verhaltensweise, Angst vor Veränderungen und durchaus auch berechtigte materielle Ängste können die Frau veranlassen, diese Rolle zu verlängern und deshalb auch die Kinder, die äußere und innere Legitimation für ihr Verhalten, weiterhin zu bemuttern.

Gerade bei der herkömmlichen Rollenteilung zwischen Vater und

Mutter entsteht zwangsläufig Unsicherheit bei der Frau über ihr Leben, ihre Ehe, ihre Zukunft, wenn das Thema «Kinder» nicht mehr alles dominiert. Undeutliche Ahnungen und unbewußte Ängste oder auch die Auswirkungen der durch die lange Abhängigkeit angestauten Aggressionen können die Ehe noch einmal zum brodelnden Kessel von Emotionen machen. Die Herangewachsenen sind mit sich selbst beschäftigt und sind im «gesunden» Fall nicht mehr für die Beschwichtigung der Eltern zu haben. Jetzt bietet sich beiden Ehepartnern eine günstige Gelegenheit zu einer Art Bestandsaufnahme über ihre Partnerbeziehung und zu einer Entscheidung darüber, ob sie noch so viel miteinander verbindet, daß sie miteinander alt werden möchten, oder ob es jetzt Zeit für eine Trennung ist, die oft wegen der Kinder aufgeschoben wurde. Wenn sie sich für die Fortführung der Ehe entscheiden, ist es wichtig, neue Möglichkeiten der Auseinandersetzung und des Zusammenseins zu finden. Für beide Partner ist es notwendig, eine neue Offenheit füreinander zu gewinnen und ihre Beziehung auf einer neuen Basis «wie neu» zu entwickeln. Aber auch eine neue Ausbildungs- bzw. Fortbildungsphase oder intensives Engagement im sozialen oder politischen Bereich – jedenfalls außer Haus – gehören zu den neuen Chancen.

Abschied von der Mutterrolle

In der Einleitung war davon die Rede, daß der Abschied von den erwachsen gewordenen Kindern für die Eltern auch Abschied von einer mehr oder weniger liebgewordenen Rolle bedeutet. Da die Kindererziehung in unserer Gesellschaft nach wie vor in aller Regel Frauensache ist und da diese Beschäftigung, vor allem bei mehreren Kindern, tages- und lebensfüllend ist, ist es nicht verwunderlich, wenn die Person der Mutter am Ende weitgehend identisch geworden ist mit der Rolle der Mutter. Sie hat im Laufe ihrer Mutterschaft auf so viele eigene Interessen und Liebhabereien zu verzichten gelernt oder sie zumindest hintangestellt oder nurmehr mit schlechtem Gewissen ausgeführt, daß sie am Ende oft selbst nicht mehr genau unterscheiden kann, was sie selbst ist und denkt und was sie «als Mutter» ist oder denkt. Beides ist ein- und dasselbe geworden und nicht mehr unterscheidbar.

Um so schmerzlicher ist es dann, sich klarmachen zu müssen, daß frau als Mutter nicht mehr gebraucht wird. Es muß ihr so vorkommen, als werde sie als Person, als Mensch nicht mehr gebraucht. Und dieses Erlebnis ist um so krasser, je mehr eine Frau jenem Mutterideal unserer Gesellschaft entsprochen hat, das sich auf die Formel bringen läßt «Die Mutter gehört zum Kind», je mehr sie also auf Karriere und persönliche Entwicklung verzichtet hat. Es erstaunt daher nicht, daß viele Mütter psychische Schwierigkeiten erleben oder depressiv werden, wenn ihre Kinder ausgezogen sind.

Dazu kommt, daß am Arbeitsmarkt Menschen über fünfunddreißig oder gar vierzig Jahre nicht gefragt sind. Ein(e) Zwanzigjährige(r) hält durchschnittlich mehr aus und hat bessere Augen und schnellere Hände und wird seltener krank als ein(e) Vierzigjährige(r) oder gar Fünfzigjährige(r). Das gilt für körperliche Arbeit, sei sie qualifiziert oder nichtqualifiziert, das gilt aber auch für sogenannte höherqualifizierte oder geistige Berufe, weil die Qualifikation veraltet ist und frau eine Erfahrungslücke von zehn oder zwanzig Jahren hat. Die Mutter, die sich von ihrer nicht mehr notwendigen Mutterrolle verabschieden will oder muß, ist also auch am Arbeitsmarkt, in einer «neuen» Rolle, nicht mehr gefragt.

Hat sie die Hoffnung oder Vorstellung, daß der Ehemann sich freut, wenn er sie jetzt wieder ganz für sich hat, so ist auch diese Hoffnung oft trügerisch. In vielen Ehen kriselt es gerade dann und möglicherweise deshalb, weil die gewohnten Elternrollen ins Leere laufen. In der langen Zeit mit den Kindern gewöhnen sich die Ehepartner an, sich gegenseitig hauptsächlich als Mutter oder Vater der Kinder zu sehen. Oft sprechen sie sich gegenseitig mit «Vater» und «Mutter» an. Die Ehe war über die Familie als Heimat der Kinder definiert. Da Kochen und Putzen schließlich keine Gemeinschaft stiftenden Inhalte sind, kann die Ehe am Ende sein, wenn nicht alte oder neue Gemeinsamkeiten den Prozeß der Beziehung lebendig gehalten haben.

Es gibt also für die Mutter guten Grund, niedergeschlagen oder verzweifelt zu reagieren. Auch der Versuch, die Kinder festzuhalten, ist aus dieser Situation heraus verständlich. Dazu gilt das Schicksal der abgedankten Mutter, obwohl sie ihr bisheriges Leben voll und ganz nach den gültigen gesellschaftlichen Normen gelebt hat, jetzt selbstverständlich als ihr Privatproblem. Und oft genug hält sie es auch selbst für ihr eigenes Problem und ihr persönliches Versagen.

Im folgenden soll gezeigt werden, daß es sich hier keineswegs um ein individuelles, sondern um ein gesellschaftliches Problem handelt. Ich will außerdem versuchen, ein paar Vorschläge zu machen, wie frau sich selbst und die ausziehenden Kinder vor den Auswirkungen dieses «Schicksals» schützen kann.

«Nur-Hausfrau» in der Kleinfamilie

Für viele Frauen der Elterngeneration, die jetzt den Ablösungsprozeß ihrer Kinder erlebt, waren die Heirat und die Mutterschaft so sehr Lebensziel, daß sie, wenn sie es erreicht hatten, erst einmal überwältigt waren von dem, was sie nun erlebten. Sie fühlten sich angekommen am Ziel der Wünsche. Das Baby war das schönste und wichtigste auf der Welt. Und frau selber hatte ihre «Bestimmung» als Mutter erreicht. Auf diese Episode folgt in der Nesthäkchen-Reihe nur noch «Nesthäkchen als Großmutter». Und es brauchte schon sehr viele Erfahrungen mit dem Gefühl, allein gelassen zu sein, bis einige Frauen, bei weitem nicht alle, sich überhaupt zuzugeben erlaubten, daß sie sich isoliert fühlten. Sie mußten feststellen, daß auch ein dreijähriges Kind noch immer kein Gesprächspartner ist und daß sie entsetzliche Stunden des Unausgefülltseins erlebten, des Abgeschobenseins, der Einsamkeit. Das Kind «genügte» nicht als Lebensinhalt, ließ die Mutter aber auch kaum frei für andere Inhalte. Es wurde Lebensinhalt.

Und es konnte noch einmal einige Zeit dauern, bis eine Mutter sich traute, jemandem davon zu erzählen. Dem von der Arbeit heimkehrenden Mann brauchte sie gar nicht damit zu kommen. «Was willst du? Das hast du dir doch immer gewünscht! Und was kann es Schöneres geben!» (Wie es später, wenn die Kinder ausgezogen sind, heißt: «Was willst du? Jetzt hast du doch Zeit, kannst machen, was du willst. Das hast du dir doch immer gewünscht!») So kam zu der Einsamkeit des Tages noch das Unverstandensein. Natürlich wollte sie das Kind haben, sie liebte es ja über alles! Aber es gab eben Augenblicke, die schwer zu ertragen waren. Bis sie eines Tages – oft, wie gesagt, in Frauengruppen oder im Austausch mit Frauen in ähnlicher Situation – allmählich dahinterkam, daß sie nicht allein war mit ihrem Problem. Unter sehr erschwerten Bedingungen, nämlich als Mutter, lernte sie, daß «Mutter» als ausschließlicher Inhalt und einziges Ziel des Lebens in unserer Gesellschaft für Mutter und Kind verheerende Folgen haben kann, denn einen Lebensinhalt läßt frau nicht ohne weiteres los; um ihn wird sie kämpfen, ihn wird sie verteidigen: Arme(r) Sohn(Tochter), der/die erwachsen werden möchte! Denn die idyllischen Zeiten, wo Nesthäkchen von der glücklichen Braut zur glücklichen Mutter und schließlich zur glücklichen Großmutter wurde, waren Zeiten, in denen das Bürgertum noch «Dienstmädchen» engagiert hatte. Da mag die Mutterschaft weniger einschränkend, sondern hauptsächlich bereichernd gewesen sein.

Die Mütter, die heute kleinere Kinder haben, sind nicht mehr so stark und weniger ausschließlich auf das Lebensziel Heirat und Mutterschaft getrimmt worden. Die Akzente haben sich verschoben. Der Beruf, auch für Mädchen, wird heute ernster genommen. Dem entspricht, daß Berufstätigkeit ohne Mutterschaft für Frauen heute akzeptierter ist als vor zwanzig Jahren. Dazu kommt, daß die Frauenbewegung ihre Spuren hinterlassen hat, zumindest in den Großstädten. Mütterläden und Mutter-Kind-Initiativen sind keine Seltenheit mehr. Die Situation der Mutter in der Kleinfamilie ist jedoch generell dieselbe geblieben. Nach wie vor müssen sogenannte «Nur»-Hausfrauen, die je nach Kinderzahl zehn, zwanzig oder dreißig Jahre ihres Lebens mit Haushalt und Kindern verbringen, am meisten aufpassen, daß sie nicht in die Opferrolle geraten. Selbst Frauen, die es für sich als Beruf akzeptieren können, für Haushalt und Kinder zu sorgen, müssen die oben beschriebene Falle der Mutterrolle, die Kinder zum Lebensinhalt zu machen, erkennen und ihr entgegenwirken. Sie könnten sonst in die Gefahr geraten, zur Klammer für ihre Kinder zu werden, wenn diese ihren eigenen Weg suchen. Das schwierigste Problem scheint mir dabei die isolierte Arbeitsplatzsituation der Hausfrau und Mutter zu sein. Der große Vorteil ist ihre Freiheit: Niemand macht der Hausfrau Vorschriften, wann sie Betten machen, putzen oder Wäsche waschen soll. Sie kann also die Kinder unter den Arm nehmen und das Haus verlassen. Und sie darf das nach heutigen gesellschaftlichen Normen nicht nur, wie zu Zeiten der drei «K» (Kinder – Küche – Kirche), um die Kirche zu besuchen.

Ich möchte die Mütter an dieser Stelle zu einer Art nicht-egoistischem Egoismus ermutigen. Ich möchte damit sagen, daß es mir absolut notwendig zu sein scheint, daß frau alles, was ihr vor ihrer Mutterschaft wichtig war, alle Interessen, alle Hobbies pflegt, vielleicht sogar neue Interessen entwickelt, sei es Tanzen, Musik, Handwerk, Sprachen oder was immer. Obwohl sie damit etwas für sich persönlich tut, handelt sie damit nicht «egoistisch», sondern im Sinn der Mutterschaft und der Partnerschaft. Denn wenn sich eine Mutter dadurch weiterentwikkelt, daß sie ihre eigenen Interessen und Neigungen verfolgt, dann schafft sie schon bald neue Ebenen der Gemeinsamkeit mit dem Partner und mit den Kindern.

Mütter mit kleinen Kindern werden fragen: Wie soll ich das machen? Wer wird auf die Kinder aufpassen? Dazu ist zu sagen, daß es inzwischen sehr viele Einrichtungen (wie Volkshochschulen und andere Einrichtungen der Erwachsenenbildung) gibt, die für Veranstaltungen am Tag Kinderbetreuung anbieten. Es gibt auch viele Einrichtungen, die entweder speziell für Mütter mit Kindern gedacht sind, wie Mütterzentren, oder bei denen sich zumindest niemand besonders gestört fühlt, wenn die Kinder mitgebracht werden.

Ich bin übrigens der Meinung, daß frau ruhig Familieneinkommen dafür beanspruchen darf. Vielleicht traut sie sich eher, das zu tun, wenn sie sich vergegenwärtigt, wie wichtig der Beruf Mutter für die ganze Gesellschaft ist – und daß es zu diesem Beruf gehört, sich fortzubilden. Die Kinder brauchen eine «lebendige» Mutter, die sich mit sich selbst und ihrer Umwelt auseinandersetzt, die etwas weiß und auch noch dazulernt. Und auch für die Partnerbeziehung ist es sicher günstiger, wenn die Mutter nicht nur mit den Kindern zu Hause bleibt und sich zwangsläufig auf dem jeweiligen Niveau der Kinder bewegt.

Nach 17 oder 18 Uhr brauchte der Babysitter unter Umständen gar nicht bezahlt zu werden. Es könnte der Vater sein, der so etwas mehr von seinen Kindern mitbekommt und auf diese Weise auch eher nachvollziehen könnte, wie der Arbeitstag seiner Frau normalerweise verläuft.

Auch andere Lösungen scheinen mir einem(r) bezahlten Babysitter(in) vorzuziehen, und zwar solche, die Möglichkeiten des Austausches und der Gegenseitigkeit einschließen. Es könnten Mütter in der gleichen Lage sein, die ebenfalls an einem Austausch interessiert sind, oder Menschen aus anderen sozialen Gruppen, die genauso isoliert sind, so zum Beispiel alte Menschen, wenn sie allein oder in Altersheimen leben. Das Babysitten wäre dann zugleich ein Akt der Solidarität zwischen einem alten Menschen und einer Mutter. Die alte Frau oder der alte Mann paßt auf das / die Kind(er) auf, fühlt sich gebraucht und hat Kontakt mit einem Kind, während die Mutter in die Stadt fahren oder eine Ausstellung besuchen kann. Bei anderer Gelegenheit gehen beide gemeinsam ins Kino oder zu einer Veranstaltung, bei der gemeinsame Interessen behandelt werden.

Auch «politische» Tätigkeiten können praktischen Nutzen haben und gleichzeitig zu Kontakt führen. Sie können darüber hinaus als Weiterbildung in einem ganzheitlichen Sinn verstanden werden. Außerdem wirken sie über das jeweilige praktische Ziel hinaus gegen die Isolierung. So, wenn frau sich in ihrem Haus und Wohnviertel umschaut und Selbsthilfegruppen oder Initiativen entdeckt, die Ziele vertreten, die zugleich ihre eigenen sind. Wenn sie sich zur Mitwirkung entschließt, ist das auf andere Weise ebenso bildend wie Englischlernen oder Silberschmuck herstellen und Seidenmalerei in der Volkshochschule. Eltern- und Schulinitiativen wie zum Beispiel Elternbeiratsarbeit haben den doppelten Effekt, die Elternschaft bewußter zu erleben, aber auch Kontakt aufzunehmen zu anderen Eltern und herauszutreten aus dem engen Rahmen der Familie.

Solche Beschäftigungen sind notwendige Vorbereitung auf den Abschied von den Kindern als Kinder. Eine Mutter und Hausfrau, die Kontakte, Interessen und wichtige Aufgaben hat, wird außer der Trauer auch Erleichterung empfinden, wenn die Kinder ausziehen und sie wieder mehr Zeit für anderes hat. Sie braucht die Kinder nicht als Lebensinhalt, ist also weniger in Gefahr, sie festzuhalten.

Wieder arbeiten?

Hausarbeit und Kinderarbeit werden bekanntlich hierzulande nicht bezahlt. Die Mütter erfahren deshalb wenig gesellschaftliche Anerkennung durch diese Arbeit, außer den Sonntagsreden von Politikern im «Jahr der Frau» oder den Geschenken der Familie zum Muttertag. Sie erfahren auch wenig Rückmeldung, ob ihre Arbeit als Mutter und Hausfrau gut getan ist, weil sie diese alleine verrichten und das Ergebnis in der Kleinfamilie höchstens vom (Ehe-)Mann bzw. Vater gewürdigt werden könnte, der, wie gesagt, aus völlig anderen Welten – und zwar mit Geld! – zurückkehrt und, selbst wenn die Wohnung seinen Sauberkeitsansprüchen genügen sollte und das Essen ihm schmeckt, nicht so viel Anerkennung dafür bereit haben *kann*, wie es für eine unbezahlte Ganztagsarbeit notwendig wäre, die täglich fast ohne etwas Bleibendes konsumiert wird. Diese Grundsituation (in) der Kleinfamilie ist, wie oben gezeigt wurde, extrem schwierig für die Paarbeziehung der Eltern, aber auch für die Ablösung der Mutter von den Kindern.

In einem Seminar für Frauen mit größeren Kindern wurde eine Übung vorgeschlagen, in der die Teilnehmerinnen ihre guten Eigenschaften und Fähigkeiten auflisten sollten. Ich war erschüttert darüber, daß einem großen Teil der Frauen *keine* gute Eigenschaft einfiel, auf die sie stolz gewesen wären. Einzelne brachten nach längerem Grübeln positive Urteile über sich selber hervor, wie: «Ich kann gut organisieren» oder: «Ich bin eine gute Gastgeberin», offensichtlich einige der positiven Rückmeldungen auf die isolierte häusliche Arbeit. Mehr wußten sie nicht über sich selbst zu sagen. Wahrscheinlich ist es schwer, sich ein Bild von sich selbst zu machen, wenn die tägliche Arbeit, über die der Mensch (als gesellschaftliches Wesen) sich selbst erkennt, in derart isoliertem Rahmen abläuft. Die Liebe der Kinder ist bei der Selbstbefragung «Wer bin ich, und was kann ich?» vielleicht ein Trost, aber keine Antwort.

Andererseits sind voll berufstätige Mütter durch die ‹Doppelbelastung› eindeutig überbeansprucht und laufen ständig mit schlechtem Gewissen herum, weil sie glauben, ihrer Mutteraufgabe nicht genügen zu können, so daß auch sie oft nicht mehr wissen, *wer* sie sind. Dies scheint erträglich, sofern eine Mutter eine befriedigende Arbeit hat, in der sie anerkannt ist und die sie weiterbringt. In diesem Fall kann sie vielleicht über Staub im Bücherregal und vor Schmutz undurchsichtige Fenster lächeln, weil sie an einem bedeutenderen Platz als dem Kleinfamilien-Heim wichtig ist, wo sie und ihr Werk auch von mehr Leuten beachtet wird als zu Hause.

Als Mutter bleibt sie unsicher. Das ist zu tief verankert durch Erziehung, durch Normen wie «Die Mutter gehört zum Kind». Und ihre eigene Beobachtung scheint ihr auch immer wieder zu beweisen, daß die Kinder sich behelfen mußten, daß dieses oder jenes anders, das heißt besser, gelaufen wäre, wenn sie anwesend gewesen wäre, daß beispielsweise die Kinder bessere Schulnoten bekommen hätten. Trotz aller Ausgleichsbemühungen am Wochenende wie gemeinsame Badeausflüge, Zoobesuche oder Theaterbesuche und gemeinsamen Ferienreisen bleibt oft das Gefühl, als Mutter nicht voll genügt zu haben. Das Absolute und Totale der Adoleszenz-Phase, die überraschenden und für die Eltern oft erschreckenden Veränderungen der Jugendlichen in dieser

Zeit, auch Vorkommnisse und «Taten» des Adoleszenten, können eine Mutter, die ununterbrochen berufstätig war, aber auch ununterbrochen ein schlechtes Gewissen dabei hatte, erneut in tiefe Zweifel stürzen, ob sie das «Kind» nicht vernachlässigt hat.

Es entspricht dem allmählichen, prozeßhaften Charakter der Ablösung auch von der Elternseite her, daß frau die Lösungen, die sie für sich und die Kinder in deren Kleinkind- und Schulkindphase gefunden hat, häufig noch einmal voll in Frage stellt, wenn die Kinder größer sind. – Die Hausfrau und Mutter gerät, wie wir gesehen haben, wenn sie nicht sehr bewußt gegensteuert, leicht in die Isolierung. Die Mutter mit der 38,5-Stunden-Woche gerät ebenfalls fast zwangsläufig in Streß und Konflikte. Für sie ist es zwar fast eine Erleichterung, wenn die Kinder ihre eigenen Wege gehen, aber es besteht oft noch ein gegenseitiger Nachholbedarf an Wärme und an Auseinandersetzung. Eine individuelle Lösung für einige der gemeinsamen Probleme von Müttern in unserer Gesellschaft scheint mir unter Umständen die Teilzeitbeschäftigung zu sein oder auch die Selbständigkeit, wenn möglich zu mehreren. Es ist dadurch möglich, einen Draht zur Arbeitswelt zu behalten, Kollegen außerhalb des Hauses zu haben und für Kinder und Mann vorhanden, aber nicht ständig greifbar zu sein. Daß die Hausarbeit gemeinsam geleistet werden muß, ist eher durchsetzbar, wenn die Mutter zeitweise außer Haus ist, als wenn sie «nichts anderes zu tun hat», als den Haushalt zu machen. Auch für Selbstbewußtsein und Selbstbild ist es leichter, wenn die Mutter außerhäusliche Spiegel behält oder wieder erhält. Und – last but not least – sie verdient eigenes Geld und ist damit, wenigstens zum Teil, materiell unabhängig.

Frauen aus «gleichberechtigten» Ehen, in denen nur der Mann berufstätig ist, berichten oft, daß bei ihnen das Geld keine Rolle spiele und daß das vom Mann verdiente Geld genauso das ihrige sei, über das sie frei verfügen könnten. Das kann über viele Jahre tatsächlich so sein, und ich finde es richtig, voller Selbstbewußtsein darauf zu bestehen und das Familieneinkommen als gemeinsames Einkommen zu betrachten, so wie die Kinder «gemeinsame» Bürde sind. Trotzdem würde ich mich wundern, wenn in einer Gesellschaft, die so durch und durch von Geld und Besitz geprägt ist und in der alles am Geld gemessen wird, das Geld in einer Ehe nicht dennoch eine Rolle spielte und die Frage, wer es verdient hat, nicht spätestens dann aufkäme, wenn ein Konflikt die vielleicht bis dahin ungetrübte Paar-Einheit erschüttert.

Selbstverdientes Geld ist dann eine bessere Voraussetzung für die unter Umständen beginnende Auseinandersetzung.

Vielleicht ist es für manche Leserinnen ermutigend, wenn ich hier noch einige Beispiele notiere, wie Mütter sich Jobs schufen oder ergatterten. Manchmal ist es reine Glücksache, von einem Arbeitsplatz zu hören oder gar ein Angebot zu erhalten. Manchmal verhilft jedoch auch eine Erzählung oder ein Bericht, wie es andere gemacht haben, zu einer auslösenden Idee, wie frau es angehen könnte. Selbst bei schlechter Arbeitsmarktlage insbesondere für Teilzeitarbeit (und womöglich noch interessante Teilzeitarbeit) gelangt manchmal genau die richtige Frau auf den richtigen Platz, wenn auch selten auf dem offiziellen Weg.

Isolde und Irene, beide Mütter von noch kleinen Kindern, haben in der nächsten Kleinstadt eine Marktlücke entdeckt. Sie wollen im Herbst einen Naturkostladen eröffnen. Die Aufgabe erfordert einiges an Organisation, Selbständigkeit und eigener Weiterbildung. Wenn der Kindergarten geschlossen ist, nehmen sie sich gegenseitig die Kinder ab, was von den Kindern sehr begrüßt wird. Zwei andere Frauen haben «Ullas second-hand-shop» für Kinderbekleidung aufgemacht, der seit einigen Jahren sehr gut geht. Uschi, Mutter von drei fast erwachsenen Kindern, will aus ihrem Hobby Antiquitäten aller Art allmählich einen Handel entwickeln. Wenn er genügend abwirft, will sie ihre jetzige Arbeit, eine «langweilige» Bürotätigkeit, kündigen. Sie verbringt jetzt schon viele ihrer Wochenenden auf Flohmärkten mit Einkauf und Verkauf. Das macht ihr großen Spaß. Zum Überleben würde das dabei verdiente Geld bereits jetzt reichen, für den «kleinen» Luxus noch nicht.

Frauen, die pflegerische oder soziale Berufe gelernt haben, haben manchmal Möglichkeiten über Aushilfen mit dem Beruf vertraut zu bleiben. So kann Inge, eine ausgebildete Hebamme, in einem Krankenhaus, in dem sie früher beschäftigt war, nach eigener Wahl Schichten übernehmen, sich den Zeitpunkt und die Anzahl aussuchen. Ähnliches weiß ich von einer Heilgymnastin. Die Altenpflegerin Susanne betreut ambulant mehrere pflegebedürftige Alte während des Vormittags, solange ihre vier Kinder in der Schule sind. Lena, Mutter fast erwachsener Kinder, hatte sich in den Kopf gesetzt, eine Arbeit mit Blumen machen zu wollen. Ursprünglich hatte sie einen kaufmännischen Beruf gelernt. Sie ging durch die Stadt, von einem Blumengeschäft zum anderen. Bei einem Geschäft konnte sie es sich besonders gut vorstellen, dort zu arbeiten. Tatsächlich überzeugte sie auch die Besitzerin.

Nicht immer gelingt die Job-Suche oder der Aufbau eines eigenen Geschäftes so reibungslos wie in den Beispielen (und auch in den Beispielen verlief es nicht ganz so reibungslos wie in meiner Darstellung), aber das brauche ich frau ja nicht zu sagen.

Abschied von der Vaterrolle

Ist bei der Mutter in unserer Gesellschaft die Totalität der Rolle Problem für die Ablösung von den Kindern, so gilt für die Vaterrolle normalerweise genau das Gegenteil. Wenn die Mutter «zuviel» mit dem Kind (den Kindern) zusammen ist, um noch sie selbst zu bleiben, so hat der Vater normalerweise zuwenig Kontakt zu den Kindern. Im Abschnitt «Säuglingsalter» war davon die Rede, daß es für den Vater bereits durch die Geburtssituation schwieriger ist, überhaupt eine emotionale Beziehung zu seinem Kind zu entwickeln. Die langen zeitlichen Abwesenheiten durch die Berufstätigkeit machen es nicht einfach, dieses Defizit aufzuholen.

Für die Zeit des Abschieds von den Kindern heißt das, daß noch immer ein Gefühl des Defizits zurückbleibt. Daß in der Trauer des Vaters ein Gefühl mitschwingt, als habe er etwas versäumt, als hätte es mehr sein können, Vater von Kindern zu sein. Und manchmal kommen ihm vielleicht noch Gedanken, daß die Kinder nicht ganz in seinem Sinn «erzogen» wurden, während er seiner Arbeit nachging. Es bleibt eine Sehnsucht; man kann nicht Abschied nehmen von etwas, das nicht – oder zuwenig – für einen existierte.

Wenn ich also den Vätern für die Zeit mit den Kindern (im Hinblick auf den Abschied) einen Rat geben müßte, so würde er heißen: Sie sollen sich mehr um die Begegnung mit den Kindern bemühen; sie sollen dafür sorgen, daß mehr Gemeinsamkeit stattfindet – mehr gemeinsame Radtouren, gemeinsames Fahrradflicken, gemeinsames Zelten und Bootfahren, gemeinsames Arbeiten in Haus und Garten, durch die Wälder streifen, am Wasser spielen. Aber sie sollen auch mehr mit ihren Kindern reden, die gegenseitigen Beziehungen klären, aussprechen, wie es einem miteinander geht. Mann hätte dann vermutlich weniger Nachholbedarf an Kontakt am Schluß seiner Vaterkarriere.

Ich erinnere mich an die Vaterrolle, die ich bei einem Familien-Rollenspiel übernahm, weil kein(e) andere(r) sie übernehmen wollte. Während ich früher oft die Männer beneidet hatte, weil sie mir geringer belastet durch Kinder schienen und sich dadurch besser auf andere Dinge konzentrieren konnten, war ich nach dieser Erfahrung vom Neid geheilt, so erschrocken war ich über die Schwierigkeit der Vaterrolle in unserer Gesellschaft. Nach meinem bei dem Spiel gewonnenen Eindruck steht der Vater wichtig daneben und entscheidet in Familienangelegenheiten mit. Das wird auch von ihm erwartet, denn er ist der Ernährer. Aber seine Mitsprache kommt wie von außen. Von den inneren Vorgängen in der Familie, von Schulnöten der Kinder, Isolierungsproblemen der Mutter und wie beides ineinander verzahnt ist, weiß er wenig.

Trotzdem hatte er Autorität, sein Spruch wurde respektiert. Das ist nun zu Ende, zugleich mit der Rolle der Abhängigkeit der Kinder und der Frau. Das muß bewußt verarbeitet werden, so ausgehöhlt die Vaterautorität heute sein mag. Wenn der Verlust dieser Autorität nicht klar gesehen und akzeptiert wird, kann es zu Versuchen kommen, sie zu verlängern und dem / der herangewachsenen Sohn / Tochter noch «Vorschriften» machen zu wollen.

Die Basis der Autoritätsrolle war die Ernährerrolle des Vaters. Auch sie ist zu Ende gespielt. Und das trifft häufig noch damit zusammen, daß die Berufskarriere ihren Gipfel überschritten hat. Wie auf einen Schlag wird die Bedeutung des Vaters in Beruf und Familie in Frage gestellt. Seine Erwerbstätigkeit hält nicht mehr die Familie zusammen. Er kann trotz allen Geldes plötzlich allein dasitzen, besonders wenn nach den Kindern auch die Frau auszieht!

Um so dringlicher ist es, sich von diesen Rollen zu verabschieden, so schmerzlich dies auch sein mag, und sich anzusehen, was an «Substanz» übrigbleibt. Wenn das gelingt und die Auseinandersetzung mit den herangewachsenen Kindern hinter ihm liegt, besteht noch einmal eine gute Chance, etwas von der «versäumten» Vaterschaft nachzuholen, indem er den Kontakt, den er zu den Kindern zuwenig hatte, jetzt zu den jungen Erwachsenen herstellt. Vielleicht gelingt es ihm auch, nachträglich das Verständnis seiner «Kinder» für sein Dilemma zu erlangen, für seine vielen Abwesenheiten, die seine Rolle geprägt haben.

Empfindet auch er Erleichterung, Entlastung von der Verantwortung für «die Kinder», wird es ihm um so leichter fallen, die alte Rolle hinter sich zu lassen. «Die sollen jetzt selber sehen, wie sie durchkommen!» Da der Vater ja ehemals unvorbereiteter als die Mutter in die Vaterrolle hineingestolpert ist und noch «viel zu jung» dafür war (egal wie alt er war), hat er vielleicht auch noch eine Erholung notwendig von der Überforderung, die das damals für ihn bedeutet hat.

Keine Erfahrungen existieren bislang mit der Ablösung von Vätern «neuen Stils», die von Anfang bei allem dabei waren und sowohl die Schwangerschaft als auch die Geburt bewußt miterlebten. Da die Bedeutung dieser Teilhabe erst Mitte der siebziger Jahre ins Bewußtsein trat und von da ab von einer «kleinen Minderheit» praktiziert wurde, sind die mit solchen Vätern aufgewachsenen Kinder heute erst im Schulalter. Bei einer noch kleineren Minderheit lassen sich die Rahmenbedingungen verändern, so etwa, daß die Eltern sich das Geldverdienen teilen.

Von Kindern lernen

In den fünfziger Jahren gab es in Sidney (Australien) eine Ausstellung von Paul und Jean Ritter, den Autoren von «Freie Kindererziehung in der Familie» (Reinbek 1972). Sie bauten eine Wohnung maßstabgerecht so auf, wie sie vermutlich auf ein kleines Kind wirkt: Riesige Stühle, ein gewaltiger Tisch, und dazwischen gehen Riesen als «Erwachsene» umher. Die Besucher sind in dieser überdimensionierten Wohnung die Kinder. Aus den Mikrophonen tönen die üblichen Befehle an Kinder (noch nicht einmal Beschimpfungen!): «Sitz still!», «Iß deinen Pudding auf!», «Geh jetzt endlich ins Bett!», «Tu, was ich sage – weil ich es sage!». Die erwachsenen Betrachter dieser Ausstellung sollen erschüttert gewesen sein über die bedrückende Wirkung dieser «Kinderperspektive».

Genau diese Art von Lernen ist hier gemeint: Sich auf die Ebene des anderen stellen, sich dadurch für neue Erfahrungen, Sichtweisen, Beobachtungen und Wertungen öffnen. Das wiederum führt zu Verständniserweiterung und zum Abbau von Vorurteilen; Teilnahme und Achtung für den anderen Menschen stellen sich ein.

Beim Besuch anderer Länder finden wir dieses Vorgehen selbstverständlich. Wenn ich nach Großbritannien komme, betrachte ich mit großen Augen die anderen Verhaltensweisen der Menschen dort, das geordnete Anstehen an den Bushaltestellen, die andere Organisation des Kreisverkehrs und seine Häufigkeit anstelle von Kreuzungen. Ihre anderen Eßgewohnheiten erprobe ich; an «tea with scons» kann man sich sogar gewöhnen.

Auch bei Menschen anderer Schichten oder Berufe bemühen wir uns um dieses Verständnis, insbesondere wenn uns der Kontakt wichtig ist. So versuche ich, mir vorzustellen, was es für einen Bauern bedeutet, im Juni auf drei Tage sonniges Wetter hintereinander angewiesen zu sein. Ich sehe, daß er dann, wenn sie da sind, werktags und sonntags rackert, um das Heu einzubringen. Wenn es nicht gelingt, behält er (erstaunlicherweise) seinen Gleichmut. Wenn ich mich in ihn hineinversetze, verstehe ich, daß dieser Gleichmut bei einem wetterabhängigen Beruf wie dem seinen unerläßlich ist. Er würde den Beruf gar nicht durchhalten können, wenn er bei jedem Unwetter innerlich zusammenbräche. Auch bei einem Ladeninhaber und noch mehr bei dessen Angestellten mache ich mir klar, daß es ärgerlich für sie ist, wenn ich Punkt 18 Uhr herangehastet komme, obwohl sie bereits seit neun Uhr bereitstanden, gerade jetzt aber lieber nach Hause gehen möchten.

Nur bei Kindern sind wir gewöhnt zu denken, daß sie es sind, die lernen müssen, was wir ihnen voraus haben, und nicht umgekehrt. Wir gehen grundsätzlich davon aus, daß wir alles besser wissen und können, ohne zu differenzieren, in welchen Bereichen wir den Kindern und Jugendlichen an Wissen und Erfahrung tatsächlich voraus sind und in welchen Bereichen es keinen Vorsprung, sondern nur Verschiedenartigkeit gibt. Unser Lebensstil zum Beispiel ist einfach anders als der der Jungen, etwa so wie die Lebensart eines Ausländers anders ist als unsere eigene. Und in der Regel überschätzen wir die Gültigkeit und die Übertragbarkeit unserer Erfahrungen und vergessen, daß man die meisten Erfahrungen selbst machen muß.

Des Todes Atem streifte mein Gesicht
als mir die Nachricht kam von seinem Tod
Es strich ein kühler Hauch
von innen her durch meine Brust.
Es stand zu klar mir noch
vor dem Gedächtnis:
Wie er saß vor mir
und doppelt älter wie er war als ich
bescheiden fragte nach dem Geist der Jugend.
Nur der ist wahrhaft groß,
der klein sich selbst kann geben.

Aus dem Nachlaß von Hans Martin Staehlin, gefallen 1940, 17jährig

Solange Eltern sich das nicht bewußtmachen, fehlt die Gegenseitigkeit in der Beziehung zu den Kindern. Besonders in der Ablösungsphase ist die Gegenseitigkeit jedoch entscheidend wichtig, weil sie die Voraussetzung dafür ist, daß die Jugendlichen ganz ernstgenommen werden.

In der umgekehrten Richtung, also vom Kind her, wird Einfühlung selbstverständlich erwartet. Aus ihrer Abhängigkeit heraus hätten Sohn oder Tochter sich auch gehütet, unsere Gewohnheiten in Frage zu stellen, unsere Überzeugungen zu mißachten. Daher wirkt es so schokkierend, wenn sie während der Pubertät zum erstenmal die Eltern kritisieren und plötzlich «rücksichtslos» werden.

Von Kindern lernen hat also zur Voraussetzung, sich der Relativität der eigenen Position bewußtzuwerden, die «erwachsene» Unfehlbarkeit vor sich selbst und ausdrücklich auch im Gespräch mit den Kindern aufzugeben. Daß Vater oder Mutter sich für ein aufbrausendes Wort oder ein anderes Fehlverhalten beim Sohn oder bei der Tochter entschuldigen, sollte ebenso selbstverständlich sein wie im Verkehr zwischen Erwachsenen.

Lernen von Kindern heißt auch, sich einzufühlen in den Rhythmus der Kinder und Jugendlichen und ihre Gewohnheiten zu studieren. Es heißt zu akzeptieren, daß ein Kind oder ein(e) Jugendliche(r) in mancher Beziehung mehr weiß als ich, anderes weiß als ich, etwas weiß, was ich noch nicht weiß oder nicht mehr weiß.

Wenn eine solche Einstellung gelingt, findet ein lebendiger Austausch zwischen Kindern und Eltern statt. Die Gegenseitigkeit, die daraus hervorgeht, wird sich als große Bereicherung für uns herausstellen. Sie wird uns flexibler machen und uns bei unserer Suche nach einer eigenen neuen Lebensweise ohne Kinder helfen. Sie wird unsere persönliche Freiheit und unser Gefühl von Freiheit erweitern.

Die Gegenseitigkeit in der Beziehung zwischen Eltern und Jugendlichen hilft zur Ablösung von eigenen Entwicklungsphasen, die nicht mehr zu uns passen, bringt neue Fragen nach dem eigenen Selbst und dem eigenen Ich. Denn eines hat das Kind uns von Anfang an voraus: Es sieht uns von außen. Es weiß aus sehr intimer Kenntnis, wie ich und meine Art, mich zu geben, zu reden, zu lachen, auf andere wirken. In dieser Hinsicht können wir von unseren Kindern lernen.

In der Frage der Ablösung hängt es vom Gelingen der Gegenseitigkeit ab, ob sich das Verhältnis zwischen Eltern und Kindern beim Auseinandergehen zwar wandelt, aber zu einer Freundschaft wird oder ob es zum Bruch kommt und in Entfremdung endet.

Kinder aus einer anderen Welt

Nicht nur die Perspektive unserer Kinder ist anders als unsere. Sie sind auch andere Kinder, als wir es waren. Sie entstammen einer anderen Welt als die, in die wir hineingeboren wurden und aus der wir kommen. Die Welt unserer Kindheit hat uns geprägt. Das macht es Erwachsenen schwer, sich in die Lage der Jugendlichen hineinzuversetzen, wie es im vorigen Abschnitt gefordert wurde. Wir werden erst allmählich wendiger, wenn wir uns den Unterschied zwischen unseren Kindheitswelten bewußtmachen.

Wenn ich im folgenden den Bildkatalog «Die junge Generation» aus der Sicht der Elterngeneration kurz aufblättere, so sind das meine ganz persönlichen Bilder. Trotzdem mögen diese einem(r) Jugendlichen fast klischeehaft erscheinen, weil er (sie) ähnliches immer wieder gehört hat, aber wenig damit anfangen kann. «Es gibt doch nicht ‹die Jugendlichen›! Das ist doch ein Vorurteil», ist die eine Reaktion. Und das Achselzucken «Ja, in deiner Jugend, da war halt alles ganz anders» ist die andere Reaktion. Es ist schwer, sich eine gewohnte Umgebung und ein gewohntes Tempo der Veränderungen wegzudenken. Trotzdem will ich die kurze Skizze wagen.

Unsere Kinder sind vertrauter mit Technik und Verkehr; bereits in der Schule bedienen sie Computer so selbstverständlich, wie wir bestenfalls Rechenschieber bedient haben. Sie fahren selbstverständlich mit 18 Jahren Auto, und es ist sehr viel häufiger als bei uns, daß sie etwas vom Auto verstehen. Daß eine Erfindung die andere ablöst, ein Videosystem das andere, ist ihnen selbstverständlich, auch daß die Stereoanlage, die gestern noch modern war, heute schon veraltet ist.

Wir können von ihrem selbstverständlichen Umgang mit der Technik lernen. Ein Reifenwechsel ist doch wirklich kein Hexenwerk, lehrt mich meine Tochter.

Trotz ihres selbstverständlichen Verhältnisses zur Technik sind viele Jugendliche sensibler als wir gegenüber den langfristigen Folgen gerade der «fortgeschrittensten» Technologien wie Atomenergie, Neue Medien, Gen-Manipulation. Die «überwiegend jugendlichen Demonstranten» müßten uns beschämen.

Sie hören einen anderen «Sound», als das in unserer Jugend mit Schellackplatten und unverstärkten Musikinstrumenten überhaupt vorstellbar gewesen wäre. Und ihre Musik ist viel schnellebiger, als die Schlager «zu unserer Zeit» waren. Ein Star löst den anderen ab, eine Gruppe die andere. Es wird mehr Musik gehört und mehr Musik gemacht als «damals». Musik ist ihr Leben.

Musik ist daher auch ein wichtiger Zugang zu ihnen. Rock und Pop-Musik ist nicht nur laut, sondern von sehr verschiedener Qualität und Musikalität. Es lohnt, sich damit zu befassen, und es ist eine gute Sache, sich darüber mit Jugendlichen «zusammenzusetzen».

Körperliche Nacktheit und Bilder von nackten Menschen sind für sie alltäglich und «normal». Auch Sexualität ist für sie weder so verpönt noch so etwas Besonderes, wie das noch für uns der Fall war.

Die «doppelte Moral», mit der wir aufgewachsen sind, finden sie in ihrer Verlogenheit entsetzlich und lehnen sie ab. Sie selbst sind eher «cool» oder «knallhart» als sentimental und verlogen.

Höflichkeitsformen, mit denen wir aufgewachsen sind und die für uns zur Gewohnheit geworden sind, finden sie oft lächerlich und stellen sie in Frage. Sie selbst sind weniger höflich, sondern eher direkt oder schweigsam. Sie machen es sich dadurch nicht leichter, sondern haben es eher schwerer miteinander und mit den Eltern.

Uns eröffnet ihre Umgangsart die Möglichkeit, echter und ehrlicher zu werden. Es bietet sich an, falsche Höflichkeit u. ä. aufzugeben, andere Gepflogenheiten dafür bewußter beizubehalten.

Ihre Welt war und ist eine selbstverständliche Welt des Konsums. Für uns war es normal, einige Kilometer zu Fuß zur Schule zu gehen, für sie sind drei Kilometer einmal die Woche «unzumutbar». Nur eine Hose, ein Kleid oder ein Paar Schuhe im Jahr zu bekommen, finden sie unvorstellbar, wo doch allein die Ski-Mode jährlich neue Anzüge und Schuhe «nötig» macht. Als Student(in) in einem Zimmer zur Untermiete zu wohnen, was für uns selbstverständlich war, kommt für sie kaum noch in Frage. Sie beanspruchen separaten Eingang oder eine Wohnung, die sie dann zu mehreren bewohnen oder in der sie eine Wohngemeinschaft bilden. Dabei leben sie nicht unbedingt aufwendiger, als wir das getan haben. Aber was zur Verfügung steht, wird konsumiert, was in Küche und Kühlschrank ist, wird verzehrt. «Spar»-Verhalten ist «out». Essengehen, Taxifahren, Schlucken und Inhalieren, es gibt keine Grenzen, außer denen, die das Geld setzt. Und auch Geldmangel kann sie nur vorübergehend aufhalten. Was sie wollen, bekommen sie irgendwie. Dafür löchern sie die Eltern, oder sie jobben, zur Not betteln sie auch.

Die Grenze zwischen den Generationen heißt hier nicht «Konsumwelt ja oder nein». Das muß hier ausdrücklich betont werden. Denn die Welt des Massenkonsums ist ja von unserer Generation geschaffen, sie halten uns lediglich den Spiegel vor. Was daran insgesamt gut oder schlecht ist, darüber gibt es eine Diskussion zwischen den Generationen, genauso wie über die schädlichen Auswirkungen bestimmter Techniken. Ihr Stil des Konsumierens ist ein anderer, mehr auf momentanen Genuß («ex und hopp»), weniger auf Besitzstand («Schöner Wohnen») ausgerichtet.

Wir gehen – trotz Faschismus und Zweitem Weltkrieg – von der letztlichen Gültigkeit der Werte aus, sie – trotz Wirtschaftswunder – von deren totaler Fragwürdigkeit. Uns wurde eine «heile» Welt vorgegaukelt. Bei ihnen wird das auch noch versucht, aber sie sind derart umringt von der Verlogenheit der Werbung, des Fernsehens, der Politik, daß sie zynischer, weniger leichtgläubig, kritischer sind, als wir es waren. Es ist sehr viel schwerer, sie von irgend etwas zu überzeugen. Die Unklarheit der gesellschaftlichen Perspektive verweist sie mehr auf sich selber, mehr auf das Heute als auf das Morgen.

Es wird allmählich klarer, daß wir nicht nur «vorurteilsfreier» werden und einen besseren Kontakt zu ihnen bekommen können, indem wir uns auf ihre Ebene begeben. Wir können darüber hinaus von ihnen Wichtiges über jene Welt lernen, in der auch wir leben. Dabei geht es weniger um Tatsachen, obgleich sie zum Beispiel in Fragen der Ökologie oder der Rüstung in der Regel mehr wissen als ihre Eltern. Aber ihr Grundgefühl gegenüber Umwelt und Zukunft ist beidem wohl angemessener als das der heutigen Erwachsenen.

Ich meine nicht, daß diese Themen nur Sache ihrer Generation wären. Und es geht auch nicht um die Schuldfrage unserer Generation. Die Diskussionen über diese Fragen laufen quer durch und zwischen den Generationen. Aber schon die Einsicht, daß es etwas voneinander zu lernen gibt, und die Ablösung von der Denkgewohnheit «Wir wissen's besser» verspricht Verständigung.

Der «neue» Umgang mit der Autorität

Eine Freundin, sie ist Lehrerin, erzählte mir von Raimi, einem Jungen aus ihrer Klasse. Sie mag ihn und möchte ihm helfen; sie hofft, daß er den Realschulabschluß schafft. Er selbst jedoch ist mit seinen 17 Jahren auf einem anderen Trip. Er ist voller Widerstand. Er tut lauter Dinge in der Schule, die «nicht gehen», er fehlt unentschuldigt, kommt ohne Hausaufgaben in die Schule, macht Blödsinn während des Unterrichts und stiftet auch die anderen dazu an, schreibt Sechsen. Mit Vernunft und Ermutigung ist ihm nicht beizukommen. Also versucht es die wohlwollende Lehrerin mit Drohen: «Ich laß deinen Vater kommen!» Raimi lacht nur. «Ich muß dir einen Verweis geben. Du weißt, nach drei Verweisen fliegst du von der Schule.» Raimi lacht und lacht. Da sind die Machtmittel der Lehrerin erschöpft – und damit ihre Autorität als Lehrerin.

Ein anderes Beispiel: Ruth, 16 Jahre alt, hört sich Vorhaltungen ihres Vaters Gerold an. Entweder sie lerne mehr, so daß sie bessere Schulleistungen bringe, dann könne sie das Gymnasium abschließen. Oder sie mache sich Gedanken darüber, welche Lehre sie nach der zehnten Klasse beginnen wolle. Ruth braust auf: Was – arbeiten? Sie solle arbeiten gehen? Die Eltern seien wohl verrückt geworden. Sie denke doch gar nicht daran! Sie denke auch nicht daran, jemals auszuziehen. Sie bleibe. Die Eltern müßten sie dann weiter ernähren, damit könnten sie sich schon mal abfinden. Auch Gerold war an dieser Stelle zunächst einmal am Ende. Seine Alternative hatte keine Autorität für Ruth, die im Moment weder mehr lernen noch zur Arbeit gehen will!

Die Reihe der Beispiele für Autoritätsverlust ließe sich fortsetzen. Die Lehrerin und Gerold als Vater haben wenig, um damit aufzutrumpfen. «Knöchelchen», «Watschn», «Tatzen» sind in der Schule verboten, und die Schüler wissen das. Der «natürliche Respekt» vor dem Alter gilt nicht mehr. Die Autorität der Realität, mit der gedroht oder gelockt wird, beeindruckt die Jugendlichen auch nicht sehr tief. Dafür ist sie zu fragwürdig und instabil geworden. Allenfalls ein Vater, der dies und jenes kann, oder ein Lehrer, der etwas zu bieten hat, gewinnen persönliche Autorität. Die formale Autorität der Institutionen als Institutionen ist schwer angeknackst.

Die erste Lernchance besteht also darin, uns den Spiegel der Respektlosigkeit vorhalten zu lassen, sofern wir selbst noch demütig, verhalten oder verklemmt reagieren, sobald wir einen Uniformrock sehen oder wenn wir mit Amtspersonen zu tun haben; und sofern wir uns noch von «Sachzwängen» und ihrer angeblichen Realität beeindrucken lassen.

Es soll hier nicht behauptet werden, daß die junge Generation gefeit sei gegen Duckmäuserei und Unterwerfung unter fragwürdige Autoritäten. Noch immer wird in den Schulen «geschleimt» und geduckt, um gute Zeugnisse zu bekommen und damit voranzukommen. Nach wie vor wird der «heimliche Lehrplan» mit den Hauptfächern Konkurrenz, Scheuklappen, Maulhalten in den Schulen durchgenommen und hat seine Wirkung.

Es ist einerseits das Lebensalter Jugend, in dem alle Kräfte darauf ausgerichtet sind, herauszufinden «Wer bin ich». Unsere heranwachsenden Kinder unterscheiden sich also von uns darin, daß sie gerade damit befaßt sind, sich und ihre Gefühle zu klären. Aber es erscheint mir andererseits deutlich, daß die heute Zwanzigjährigen bessere Voraussetzungen für diesen Klärungsprozeß haben, als die heute Vierzig- bis Fünfzigjährigen es damals in ihrer Jugend hatten. Denn damals waren, auch bei liberaler Erziehung, Gefühle wenig gefragt, jedenfalls war es verpönt, sie auszusprechen. Sogenannte Sachzwänge hatten einen höheren Stellenwert. «So ist es halt: erst Schule, dann Lehre oder Studium.»

Unsere weitere Lernchance ist also, zu erfahren, wie relativ unbestechlich unsere großen Kinder ihren Gefühlen gegenüber sind, und davon zu lernen, denn auch wir sind ja nicht «fertig». Ich kann noch heute damit anfangen, auszusprechen: «Das mag ich, das mag ich nicht», nachdem ich mir klargemacht habe, was ich mag und was nicht.

«Als ich klein war, sah ich vieles, hatte aber Angst, das auch zu sagen. Ich dachte: ‹Mensch, die ist wirklich eine Vollidiotin›, sagte aber ‹guten Tag, wie geht es Ihnen?› Ziemlich bald wußte ich nicht mehr, was ich wirklich fühlte. – Je ehrlicher du in deinem Leben wirst, desto mehr fängst du an, dein eigenes Leben wirklich zu leben.» (Pujarin Cabrera 1986, S. 20) Sich Autoritäten nicht zu unterwerfen, ist eine Sache der Ehrlichkeit der Gefühle nach innen wie nach außen.

Alte Verdrängungen melden sich

Eine Volksweisheit weiß von entwicklungsbedingten Krisen, die alle sieben Jahre im Menschenleben anstehen. Ob das mit den sieben Jahren stimmt oder nicht, sei dahingestellt. Sicher ist, daß der Lebensprozeß auch bei den Eltern weitergeht und nicht stillsteht und daß Weiterentwicklungen, Schritte nach vorn, in allen Lebensaltern mit Schmerzen einhergehen.

Es kann leicht passieren, daß die beiden besonders krisenhaften Einschnitte im Leben der Jugendlichen, die Pubertät und die Ablösung vom Elternhaus, ein Zusammenspiel ergeben mit nicht Aufgearbeitetem im Leben der Eltern wie auch mit deren Krisen. In den Dreißigern ist die Jugend unwiderruflich zu Ende, in den Vierzigern beginnen bei Frauen oft die Wechseljahre, Männer geraten in die «Midlife-crisis». Wenn sie in ihren eigenen Umbruchsituationen die Jugendlichen in ihrem totalen Umbruch erleben, kann dies alte Ängste wie alte Sehnsüchte ansprechen und die dritte, vierte oder fünfte Pubertät der Eltern auslösen. Sie haben dann die Möglichkeit, sich diesen alten Ängsten und Sehnsüchten neu zu stellen, oder sie können sie in die ohnehin schwankenden Kinder hineinprojizieren, schlimmstenfalls lassen sie sie durch ihre Kinder ausagieren.

Jedenfalls werden wir die Jugendlichen in und mit ihrer inneren Turbulenz besser verstehen, wenn wir auch die eigene Turbulenz erkennen, anschauen, uns ihr stellen. Nehmen wir noch einmal den Vater als Beispiel, von dem ich erzählte, daß der Sohn ihm den dritten BMW zu Schrott gefahren hatte (s. S. 50/86). Als der Vater von diesem und anderen Streichen seines Hansi erzählte, blitzten seine Augen vor Begeisterung, und tatsächlich kam er gleich darauf auf seine eigenen Jugendstreiche zu sprechen. Sie waren nicht ganz so umwerfend wie die des Sohnes gewesen und offensichtlich nicht ausreichend, so daß er noch einiges in dieser Richtung nachzuholen gehabt hätte. Allerdings kann er es sich aus seiner jetzigen Situation heraus nicht leisten. Hier handelt es sich um so etwas wie Ausagieren über den Sohn. Der Vater erinnert sich an die eigenen Streiche, bewundert Hansi dafür, daß er ihn weit übertrifft. Aber sein eigenes Handeln beschränkt sich darauf, sich immer wieder ein neues Auto zu kaufen und es auch immer wieder dem Sohn zu überlassen.

Der lockere Umgang unserer Kinder mit der Sexualität läßt ebenfalls zuweilen verdrängte Wünsche hochkommen, das Gefühl, etwas versäumt zu haben, «damals, in unserer Jugend», als noch eine strengere, auf Monogamie ausgerichtete Sexualmoral galt. Nach den Berichten, die in Illustrierten zu lesen sind, gibt es nicht wenige Frauen, die diesem Nachholbedürfnis nachkommen. (Es ist wiederum eher ein Problem der Frauen, da die doppelte Moral schon zu unserer Großeltern Zeiten den Männern mehr Freiheiten gestattete.)

Zuweilen halten Jugendliche den Eltern geradezu einen Spiegel vor. Ihre intime Kenntnis unserer Person ermöglicht es ihnen, zielsicher auf wunde oder unfertige Punkte unserer Persönlichkeit aufmerksam zu machen. Sie geben uns damit die Gelegenheit, uns diese Punkte noch einmal von außen anzuschauen und uns zu entscheiden, ob wir das eine oder andere Persönlichkeitsmerkmal nicht noch einmal in Arbeit nehmen.

Ich erinnere an die Kritik meiner Tochter an meiner Dominanz (s. S. 13). Eines Tages hat sie mich in diesem Punkt vor einer Freundes- und Gästerunde weit übertroffen und eine Show abgezogen, die mich buchstäblich in den Schatten stellte. Sie hat mich dadurch auf die Frage gestoßen, warum ich mich so dominant verhalte, welche Ängste, nicht gesehen, nicht gehört, nicht verstanden zu werden, dahinterstehen und ob diese Ängste noch notwendig oder längst unnötig sind.

Vertrauen zwischen Eltern und Kindern

Vertrauen gegen Vertrauen

Die Eltern als Instrukteure und Versorger ihrer Kinder werden eines schönen Tages nicht mehr gebraucht. Die Elternschaft in dieser Funktion hat damit ihr natürliches Ende. Wenn Eltern trotzdem ihre Kinder nicht gehen lassen können, sondern sie festzuhalten versuchen, dann zeigt das, daß Ängste vorhanden sind, die offenbar mit der Wirklichkeit wenig zu tun haben. Denn es wäre absurd zu behaupten, ein gesunder zwanzigjähriger Mensch könnte nicht genausogut für sich selber sorgen wie ein fünfzigjähriger.

Wenn Eltern auffallend häufig an den Fähigkeiten ihrer herangewachsenen Kinder zweifeln, dann fehlt ihnen Vertrauen. Vertrauen aber ist keine Sache der Vernunft, sondern eine des Herzens, jedenfalls nichts, was man aus Büchern lernen könnte.

Das ist der Grund, warum ich immer zögernder werde mit Ratschlägen, je länger ich an diesem Buch schreibe, der Grund auch, warum ich von vornherein kein Kapitel über Erziehungsstile geplant hatte. Sicher wurde aus dem bisher Gesagten deutlich, daß ich eher einer liberalen, nicht-autoritären Erziehung zuneige als der «schwarzen Pädagogik» der Gebote und Verbote. Aber Eltern können alles richtig machen im Sinn moderner Erziehungstheorien, indem sie zum Beispiel stets verständnisvoll mit den Kindern diskutieren, und trotzdem ist alles falsch. Andere Eltern können, an diesen Theorien gemessen, alles falsch machen, indem sie Kinder schlagen, anbrüllen und durch Verbote regulieren, und trotzdem liegen sie insgesamt richtig. Sie laufen zwar nicht mit dem «Summerhill»-Buch unter dem Arm umher, ja sie kennen es sicher nicht einmal. Aber die Beziehung zu ihren Kindern stimmt, weil die Eltern «echt» sind.

Vertrauen heißt Kennen

Wenn eine Mutter hysterisch schreiend unter einem Baum steht, auf dem ihre neunjährige Tochter herumturnt, so hat sie offensichtlich kein Vertrauen zu den sportlichen Fähigkeiten ihrer Tochter und zu deren Fähigkeiten, die Gegebenheiten des Baumes richtig einzuschätzen. Mag sein, daß sie selber nie geklettert ist. Sie ist dann nicht damit vertraut, wie es sich anfühlt, sich von einem Baum tragen zu lassen und sich im richtigen Maß abzusichern. Die Fähigkeiten des Kindes und sein Urteilsvermögen müßte sie nach neun Jahren enger Gemeinsamkeiten kennen. Aber vielleicht ist es ihre eigene spezielle Höhenangst, die sie auf die Tochter überträgt. Oder sie ist überhaupt eine «ängstliche» Mutter.

Wenn ich meine ländliche Umgebung kenne, bin ich mit ihr «vertraut». Ich kenne dann die Witterungsverhältnisse, die Art der Wege, die Verhaltensweisen der Tiere, so daß ich mich ihr anvertrauen kann. In einer städtischen Umgebung müßte ich die Gepflogenheiten der Menschen im Viertel kennen, unter denen ich lebe, ob sie hilfsbereit und offen sind oder heimtückisch und unberechenbar.

Wenn ich mit meiner Umgebung vertraut bin, kann ich mich ohne Angst voll Vertrauen in ihr bewegen. Ich muß allerdings auch über mich selbst Bescheid wissen, was ich mir selbst zutrauen kann, unter welchen Umständen ich in Panik gerate. Dann kann ich ohne Angst bei Tag oder Nacht unterwegs sein.

Vertrauen zu den Kindern und Heranwachsenden ist demnach auch abhängig davon, ob ich sie gut kenne und ob ich ihrem Wissen und Können etwas zutraue. «Blindes Vertrauen» ist kein wahres Vertrauen. Noch mal am Beispiel Kletterbaum. Wenn ich in vielen Jahren des Zusammenlebens die Erfahrung gemacht habe, daß ein Kind sich normalerweise vorsichtig verhält, aus gemachten Erfahrungen lernt und sich selbst richtig einzuschätzen pflegt, dann kann ich darauf vertrauen, daß es Äste so wählt, daß sie nicht brechen und daß der Fuß nicht abrutscht. Mein Vertrauen wird das Kind bestärken, wie umgekehrt meine Angst sich leicht auf das Kind überträgt und es verunsichert. Schließlich ist auch schon manches vorsichtige Kind vom Baum gefallen, wie mancher vorsichtige Mann verunglückte. Nicht alle Ängste sind grundlos und töricht.

Da wir so lange und so eng mit unseren Kindern zusammenleben, haben wir gute Chancen, sie ganz kennenzulernen und mit ihnen vertraut zu sein. Und doch bleiben diese Chancen oft ungenützt, und wir mißtrauen unseren Kindern, weil sie uns fremd bleiben, wie auch die Umgebung, in der wir leben, uns fremd und daher ängstigend bleiben kann.

Vertrauen ist nichts Moralisches, Überhöhtes, nichts, was man erzwingen könnte, und nichts, was plötzlich da ist. Vertrauen muß wachsen und will gepflegt werden.

Der Spruch «Vertrauen ist gut, Kontrolle ist besser» drückt gerade Mißtrauen aus, und Jugendliche haben ein sehr feines Gespür für die Kränkung, die jede Kontrolle enthält. Und falls sie unser Vertrauen mißbrauchen, müssen wir uns fragen, welches Vorbild wir ihnen gegeben haben. Kinder sind «nicht von Natur aus» unehrlich.

Zum Kennen eines Menschen gehört natürlich auch, seine Grenzen zu kennen. Wissendes Vertrauen in ein Kind wird also auch richtig einschätzen können, womit es überfordert ist. Jugendliche freilich darf man nicht mehr bevormunden. Man kann sie aber auf ein Risiko hinweisen, aber tragen müssen sie es selbst. Wie anders können sie selbständig werden? Und haben nicht auch wir am meisten aus Fehlern gelernt?

Offenbar reicht es nicht aus, sein Vertrauen nur auf Kenntnis zu gründen. Es muß etwas hinzukommen, das man «Urvertrauen», «Gottvertrauen» oder «Weltvertrauen» nennen könnte, eine tiefere Art des Vertrauens. Fast alle Eltern aus meiner Befragung antworteten auf meine Frage, ob sie bei ihren herangewachsenen Kindern heute einiges anders machen würden, wenn sie es noch einmal zu tun hätten, mit «Ja». Aber bei den meisten klang auch dieses größere Vertrauen an, ein grundsätzliches Vertrauen zum herangewachsenen Kind und zu den tieferen Kräften im Leben, ein Vertrauen darauf, daß auch scheinbar schlechte Entscheidungen ihr Gutes haben können.

Vertrauengewinnen als Prozeß

Wenn ich oben sagte, daß man Vertrauen nicht aus Büchern lernen könne, so sollte das nicht heißen, daß es da nichts zu lernen gäbe. Vertrauen kann man lernen, wie man Sprechen lernen und Lieben lernen kann. Der Prozeß, in dem man Vertrauen gewinnt, verläuft allerdings zwischen Kindern und Eltern nicht in gleichen Phasen.

Die Eltern haben bei den Kindern einen riesigen Vertrauensvorschuß, ganz einfach durch ihr Dasein. Die Mutter (Eltern) sind die ersten vertrauten Personen des Kindes, es muß – lebensnotwendig – davon ausgehen, daß sie vertrauenswürdige Personen sind. Die übrige Welt ist noch unvertraut. Bei der Darstellung der Entwicklungsphasen als einem langen Prozeß der Abnabelung habe ich gezeigt, wie sich das Kind immer mehr zutraut, je mehr es seine Umgebung kennenlernt, daß es sich traut, immer länger und weiter wegzugehen, je mehr die Welt Gestalt gewinnt.

Wir haben auch gesehen, wie wichtig es in allen Phasen ist, noch einmal «heim»kehren zu können zu den vertrauten Personen, zu der Wärme und Geborgenheit der Familie. Wie das Vertraute und Bekannte als Rückhalt notwendig ist, um wieder das nächste Stück Fremdheit umwandeln zu können in Bekanntes, um etwas Neues kennenzulernen. Dadurch gewinnt das Kind mehr und mehr Vertrauen zu sich selbst, zu seinen eigenen Kräften und Fähigkeiten.

Eine Geschichte aus meinem Leben als Mutter kann diesen Vorgang verdeutlichen. Als Rea neun Jahre alt war, zogen wir aus dem Münchener Osten in den Münchener Süden um. Rea war todunglücklich darüber, weil sie dadurch ein Nachbarskind als Freundin verlor. «So jemanden wie Sabine finde ich nie, nie mehr!»

In der neuen Wohngegend gab es, wie sich zeigte, viel mehr spielende Kinder auf der Straße. Offenbar bildeten sie eine feste Spielgruppe. Sie kannten sich alle und hatten ihre «Posten». Rea schaute sehnsüchtig durchs Fenster. Sie hätte so gerne mitgespielt, traute sich aber nicht, zu fragen. Ich sollte an ihrer Stelle fragen. Das aber fand ich keineswegs gut. Schließlich wurde das Problem so gelöst: Wir gingen zusammen auf die Straße, ich mit dem Einkaufskorb in der Hand. Einige Schritte vor der Gruppe blieb ich stehen, so daß ich nicht dabei, aber in der Nähe war. Rea faßte sich ein Herz, ging vor und fragte: «Kann ich mitmachen?» Die Gruppe war offen genug, das freudig zu bejahen.

Rea sah ein, daß ich in diesem Fall ihr nicht helfen wollte und nicht helfen konnte. Sie erlebte aber auch, daß sie es ohne mich schaffte. Mein halbes Mitgehen war der Brückenschlag vom Vertrauten ins Noch-nicht-Vertraute.

In meinen Interviews war auch die Frage an die Jugendlichen enthalten: «Was war für dich das schlimmste Erlebnis mit deinen Eltern?» Zu meiner ersten Überraschung fiel jeder(m) Befragten sofort etwas ein. Wie aus der Pistole geschossen, wurde von Ereignissen berichtet, in denen der Vertrauensvorschuß (oder das Vertrauen?) des Sohnes oder der Tochter große Einbrüche erfahren hatte. Ein Junge erzählte, daß er es schlimm fand, daß ihn die berufstätige Mutter während der Ferien ins Kinderheim gesteckt hatte, wo sie doch wissen mußte, wie schlimm das für ihn war. Therese erzählte als ihr schlimmstes Erlebnis, wie ihre Mutter aus geringem Anlaß ausgerastet war und ihr ungerechterweise eine Ohrfeige verpaßt hatte, und Erich berichtete von einer Autofahrt, die ihm der betrunkene Vater zugemutet hatte. Alles offenbar Dinge, die sie bis dahin bei ihren Eltern nicht für möglich gehalten hatten. Aber das Bild, wieweit die Eltern vertrauenswürdig waren und wieweit ganz gewöhnliche Menschen mit ganz gewöhnlichen Eigenschaften und auch Schwächen, war von da ab realer. Sie hatten sie besser kennengelernt.

Bei den Söhnen und Töchtern stellt der Prozeß, in dem man Vertrauen gewinnt, eine Umwandlung dar von kindlichem Vorschuß-Vertrauen in reales Vertrauen. Sie lernen zunächst die Schwächen der Eltern kennen und wie diese sich auf sie auswirken; sie erleben die Eltern als nicht verläßlich, daß die Eltern Ängste übertragen und dadurch unangemessen reagieren wie die Mutter unterm Kletterbaum oder eine andere Mutter, die durchdreht, wenn die sechzehn- oder siebzehnjährige Tochter bei Freunden übernachtet.

In einer seiner «Maghrebinischen Geschichten» erzählt Gregor von Rezzori von einem Vater, der diesen Prozeß der Desillusionierung ein wenig beschleunigt. Er stellt seinen kleinen Sohn auf einen Schrank und sagt zu ihm: «Spring herab, ich werde dich mit meinen ausgebreiteten Armen auffangen. Ich, dein Vater.» Der Junge springt, der Vater geht zur Seite und läßt ihn mit voller Wucht zu Boden fallen. Als der Bub weint und sich beschwert, wird er vom Vater belehrt: «Lerne, mein Sohn, daß du dich auf keinen Menschen in der Welt verlassen kannst, noch nicht einmal auf den eigenen Vater.»

So drastisch braucht es nicht zuzugehen, aber die oben erwähnten «schlimmen Erlebnisse» fühlten sich vermutlich diesem Schock gar nicht so unähnlich an, obwohl von den Eltern kein Lehrstück beabsichtigt war.

Der «Wiederaufbau» von Vertrauen erfolgt, indem die nächste Stufe

der Gemeinsamkeit erklommen wird. Die Offenheit der Eltern ermöglicht es, daß Söhne und Töchter erkennen können, welche situativen und persönlichen Schwierigkeiten hinter schockierendem Verhalten stehen. In Schwierigkeiten aller Art sind die Jugendlichen bereits erfahren, sie waren nur bislang der Meinung, die Eltern hätten keine. Wenn sie hören, aus welchen Gründen die Eltern sich angepaßt verhalten und glauben, Kompromisse schließen zu müssen, welche Ängste dahinter stehen, kann eine neue Ebene der Verständigung entstehen; eine neue Vertrautheit, reales Vertrauen.

Aus «großen» Eltern werden normale Menschen mit Eigenheiten und Schwächen. Das Pauschalurteil «die Eltern» bricht wie ein Trugbild in sich zusammen. Mit ihr die Meinung mancher Kinder und Jugendlicher, sich zwischen Vater und Mutter entscheiden zu müssen. Diese Angst auslösende Entscheidungssituation war noch drängender, wenn die Eltern getrennt lebten oder sich in einer Beziehungskrise befanden. Auch wenn die Eltern ein sehr unterschiedliches Leben leben, kann jeder für sich auf unterschiedliche Art glaubwürdig und vertrauenswürdig sein.

Vertrautsein mit sich selbst hilft zu Vertrautsein mit den Kindern

Vertrautsein mit sich selbst heißt, die eigenen Gefühle zu kennen; zu wissen, wie man/frau selbst auf Äußerungen rings um sich reagiert, aber auch zu wissen, wie eigene Gefühlsäußerungen auf andere wirken. Damit kann man Gefühle entsprechend dem Gegenüber und der Situation relativieren.

Gefühle sind nicht zwingend. Ich muß nicht jeder Lust, jeder Unlust nachgeben, nicht jede innere Regung zeigen. Ich kann mich fragen, ob ich mit Verständnis rechnen kann und ob ich dem Gegenüber meine Gefühlsäußerung «zumuten» kann. Besonders hilfreich ist es, wenn ich mir so klar bin über meine Gefühle, daß ich sie nicht an Personen oder Sachen «abreagieren», aber auch nicht verändern muß.

Vertraut sein mit sich selbst heißt, auch über seine früheren Gefühle Bescheid zu wissen; heißt, sich zu erinnern, ohne Verklärung und Sentimentalität. Wie war es damals? Wie fühlte ich mich, wenn die Eltern nicht mochten, daß ich ständig unterwegs war? Und wie war das Unterwegssein? Warum gefiel es mir so gut, daß ich alles andere darüber vergaß?

Auch die Angst ist ein Gefühl, von dem ich wissen sollte, wie es sich bei mir auswirkt. «Gegen die Angst ist kein Kraut gewachsen», sagen viele. «Angst kann lebensrettend sein», ist eine andere These. Beides stimmt. Lebensrettend ist Angst, wo sie realistisch ist, wo sie mich unsicher macht, solange ich unsicher bin. Ich reagiere mit Vorsicht auf eine unvertraute Umgebung, auf neue Situationen, bis ich Gegenstände und Umstände allmählich kennenlerne. Dann ist auch die Angst weg. Kennenlernen heißt in diesem Falle das Kraut gegen die Angst.

Es kann sein, daß mich eine Situation trotzdem überfordert, daß es mir nicht gelingt, die einzelnen Gegenstände und Umstände ausreichend kennenzulernen, um die Angst zu überwinden. Dann hilft es mir vielleicht, Bewältigungsstufen einzubauen. Es kann auch sein, daß es sich um neurotische Ängste handelt, deren Grund ich vergessen habe: Kindheitsängste, die plötzlich auftauchen und absolut lähmen können; die mich daran hindern können, tiefe Empfindungen zu haben oder echte Begegnungen mit anderen Menschen; die mich aber auch daran hindern können, Umwelt und Gegenstände rings um mich differenziert wahrzunehmen. Dann heißt das Kraut gegen die Angst vielleicht auch Therapie, sofern ich etwas daran ändern will.

Was haben meine Gefühle und mein Umgang mit ihnen mit den scheidenden Kindern zu tun? Es ist schwer möglich, einen neuen Umgang zwischen Eltern und Kindern zu lernen, wenn die Gefühlsbasis dafür nicht klar ist. Denn das Gefühl, die Liebe zu meinem Kind, ist dasselbe geblieben. Aber der Ausdruck dieser Liebe stimmt nicht mehr, wenn ich ihm noch mit 18 oder 20 Jahren hinterhersorge. «Ernährst du dich auch ausreichend und gesund?» oder: «Mach bloß das nicht. Damit verdirbst du dir deine Laufbahn!» Jeder Versuch, die Jugendlichen mit dem nicht mehr angemessenen Ausdruck alter Gefühle zu gängeln, treibt sie weiter weg, äußerlich und innerlich. So kann die Angst, das «Kind» zu verlieren, dazu führen, das Kind tatsächlich zu verlieren.

An diesem Punkt haben wir den Jugendlichen einiges voraus: Wir können uns vorstellen, wie es ihnen geht und was sie bewegt, wenn wir ehrlich gegenüber unseren vergangenen Gefühlen sind. Sie können sich nur distanzieren, wenn sie fühlen, daß etwas nicht mehr paßt. Sie sind auf der Suche nach dem jeweils gültigen Gefühl, nach der entsprechenden Form. Sie werden sie leichter finden, wenn wir uns klar über die eigenen Gefühle sind und wenn es uns gelingt, den jeweils angemessenen Ausdruck dafür zu finden, zurückhaltend, wenn unsere Gefühle nicht gefragt sind, konfrontationsbereit und offen, wenn es der gegenseitige Prozeß erfordert. Dann hilft Vertrautsein mit sich selbst und den herangewachsenen Kindern auch zu gegenseitigem Vertrauen.

7 Die Kleinfamilie

In diesem Kapitel soll es noch einmal um die patriarchalische Kleinfamilie im allgemeinen gehen. Inwieweit hängt es mit dieser Lebensform zusammen, daß wir es so unendlich schwer haben, erwachsen zu werden, daß oft eine jahrelange Krise Voraussetzung dafür ist, in ein neues Lebensstadium einzutreten und sich darin zu entfalten?

Auch die Kleinfamilie kann in verschiedener Weise gelebt werden. Das wurde, glaube ich, an den vielen Beispielen in den vorstehenden Kapiteln bereits deutlich. Denise kam aus einer Kleinfamilie, auch Erich und Ruth. Ich halte es durchaus für möglich, das eine oder andere zu übernehmen oder sich zu Veränderungen anregen zu lassen, um so die Bedingungen der Kleinfamilie zu verändern – in Richtung «offene» Familie etwa. Es geht darum, den Familienprozeß bewußt und durchsichtig und dadurch weniger zwanghaft zu machen.

Wer sich nicht auf diese Ebene der «Theorie»-Diskussion begeben möchte, von dem möchte ich mich an dieser Stelle ohne Groll verabschieden. Es gibt Menschen, die sich lieber in ihrer unmittelbaren Umgebung gründlich umsehen. Die lieber immer wieder denselben Spaziergang machen und ihre Eindrücke vertiefen. Und andere, die lieber immer weiter ausschweifen, immer neue Dinge betrachten und erörtern.

Das Ablösungsdrama als Kleinfamiliendrama

Als ich die Kulturhistorikerin Cillie Rentmeister fragte, was sie mir über Ablösung in den von ihr untersuchten Matriarchaten sagen könne, wie denn diese Phase dort ablaufe, antwortete sie prompt: «Ablösung gibt es dort nicht. Der Clan oder die Gruppe bleiben ja zusammen.»

Die Ablösungsdramatik ist in der Tat ausschließlich ein Problem unserer westlichen Zivilisation und wäre in der Form, in der wir sie ringsumher erleben, nicht denkbar ohne die moderne Kleinfamilie. Gemeint ist die patriarchalische Zwei-Generationen-Familie Vater – Mutter – Kind(er), und zwar meist mit wenigen Kindern. Eine Familie mit drei Kindern wird heutzutage bereits als kinderreich betrachtet.

Ich fragte eine junge Besucherin, was sie dazu meine, warum es für Eltern und Kinder so schwer ist, voneinander loszukommen, wenn die Kinder großgeworden sind. Sie meinte: «Weil sie so fixiert sind aufeinander.» Mehr sei dazu wohl nicht zu sagen.

Was hat es mit dieser «Fixierung» auf sich? Wörtlich heißt fixiert soviel wie «fest verbunden», «festgeklebt». Das Wort wird als psychologischer Ausdruck hauptsächlich für Paare verwendet, von denen man sagt, sie seien aufeinander «fixiert», wenn sie nur noch füreinander Augen und Ohren haben, und zwar nicht im Stadium der ersten Verliebtheit, sondern nach langer Verbundenheit, wenn beide sich ein Leben ohne den(die) Partner(in) nicht vorstellen können.

Obwohl es Eltern und Kindern klar ist, daß die Kinder eines Tages selbständig sein und weggehen werden, trifft das Wort «fixiert» die Beziehung recht gut. Und für die Kinder trifft es auch zu, solange sie klein sind, können sie sich ein Leben ohne die Eltern nicht vorstellen. Als kleines, hilfloses Kind bin ich auf die Eltern angewiesen. Es ist lebensnotwendig, daß sie mir geben, was ich brauche: Essen, Trinken, Liebe und später Orientierung. Und es sind immer diese beiden Personen, die mir das geben; meistens sogar nur eine, die Mutter. Vom Vater wird mir dann erzählt, daß er durch seine Arbeit dafür sorgt, daß alles da ist, und ich nur deshalb zu essen erhalte und etwas zum Anziehen habe. Ich bekomme auch mit, daß er das Sagen hat, also mehr oder weniger die Autoritätsperson ist.

Wenn ich Glück habe, lerne ich bald, daß es noch viele andere vertrauenerweckende Personen gibt, Freunde, Bekannte oder Verwandte der Eltern, die auch das zur Verfügung haben, was die Eltern haben: Essen, Trinken, warme Kleider, Liebe und Lachen. Aber sie sind nur manchmal da und dann wieder nicht. Und besuchen kann ich sie auch nur ab und zu. Ich würde auch gar nicht dort bleiben wollen. Denn ich habe schon herausgefunden: Die einzigen, auf die ich mich verlassen kann und die sich für mich zuständig fühlen, sind die Eltern.

Hier ein Gegenbeispiel: Denise, acht Jahre, die nach einem Streit mit den Eltern zu Hause ausziehen wollte und auch sagen konnte, wohin sie gehen würde. Sie kannte Freunde der Eltern, die sie mochte und zu denen sie Vertrauen hatte. Es mag nun dahingestellt sein, ob das wirklich ganz ernstgemeint oder als Drohung im Zorn zu verstehen war. Denise hatte jedenfalls das Glück, tatsächlich Erwachsene zu kennen, von denen sie sich vorstellen konnte, daß sie dort willkommen wäre. Es mag auch dahingestellt sein, ob sie wirklich so willkommen gewesen wäre.

Der Normalfall ist aber, daß Kinder ganz und gar auf ihre Eltern angewiesen sind. Genau auf diese beiden Menschen, es gibt da keine Wahl und kein Entrinnen. Und da ist es sicher auch ratsam, sich auf diese Eltern einzustellen und sich völlig an ihnen zu orientieren. Ich erinnere mich, wie mich eine Nichte, damals etwa zehn Jahre alt, ziemlich genervt hat, als sie bei uns zu Besuch war, weil sie jede meiner Handlungen mit dem Satz kommentierte: «*Meine* Mama macht das aber *nicht* so.» Und es war für sie ganz klar, daß ihre Mama alles richtig und ich demnach alles nicht richtig oder falsch machte. Das war ein Ausdruck dafür, daß sie auf ihre Mutter angewiesen und auf sie fixiert war, aber dennoch ein «Fort»schritt innerhalb ihrer Entwicklung (vgl. S. 75ff): Sie nahm wahr, daß ich vieles anders machte als ihre Mutter, vielleicht entstand dadurch schon die Ahnung, daß alles nicht so laufen *muß* wie bei ihrer Mutter.

Alle wichtigen Dinge im Leben, auf die es letztlich ankommt, spielen sich in der Kleinfamilie zwischen nur zwei bis vier Personen ab. Die ganze materielle Abhängigkeit, aber auch alle tiefen Gefühle sind auf diesen engen Rahmen zusammengepreßt. Kein Wunder, wenn sich da Fixierungen und Verstrickungen anbahnen.

In der Mehr-Generationen-Familie konnten sich die Gefühle besser verteilen. Vielleicht lebte eine Tante mit im Haushalt, die einen besseren Draht zu einem der Kinder hatte als die Mutter. Und Oma und Opa waren möglicherweise anwesend und ansprechbar. Das bedeutete für die Kinder Ausweichmöglichkeiten; ihre Abhängigkeit von den Eltern war nicht so total. Aber auch die Liebe der Eltern verteilte sich auf mehr Kinder und auf mehr Personen. Vor allem werden die Wünsche und Erwartungen und Sehnsüchte nicht alle «dem» Sohn oder «der» Tochter übergestülpt oder umgekehrt «dem Vater», «der Mutter».

Da jede Person in einer Kleinfamilie für alle anderen von zentraler Bedeutung ist, richten sich derart viele Wünsche und Vorstellungen auf sie, daß es unmöglich ist, sie alle zu erfüllen. Der Sohn zum Beispiel, der es einmal weiter bringen soll als der Vater und irgendeine «höhere» Laufbahn einschlagen soll, obwohl er mehr praktische oder künstlerische Neigungen hat. Oder der Vater, der vielleicht als idealer Familienvater stilisiert wird, während er selbst eher in die Ehe hineingestolpert ist und noch hundert andere Sachen außer Familie im Kopf hat. Sollte er sich aber eines Tages als einer zeigen, der sich noch Zeit für anderes nimmt als Broterwerb und Familie, kann er für Frau und Kinder zu demjenigen werden, der die Familie «verrät» und «nie da» ist.

Die Kleinfamilie ist vergleichbar einem Karussell voller gegenseitiger Gefühle, Wünsche und Erwartungen. Es ist schwer, von diesem ewig kreisenden Karussell abzuspringen. Denn Abspringen bedeutet Sturz ins Leere. Solche Nähe der Figuren zueinander wie auf dem Karussell gibt es sonst nirgends. Und wenn eine(r) es geschafft hat, auszusteigen, oder glaubt, es geschafft zu haben, so sehnt sie (er) sich zurück zu jenem Kreisen um den einen Mittelpunkt.

Paul, Student, 23 Jahre, war schon vor über einem Jahr von zu Hause ausgezogen. Er hatte ein inniges Verhältnis zu seiner Mutter gehabt, was auch weiterhin fortbestand, allerdings mehr von Mutters Seite aus, die ihm Briefe schrieb, ihn anrief, ihm Päckchen schickte und ihn besuchte. Paul wollte von seiner Mutter loskommen, selbständig werden. Er bat sie, ihn nicht mehr zu besuchen, und schob dabei sein Studium vor. Paul litt bereits seit dem Jugendalter an Asthma. Die Mutter sah ein, daß sie zurückstehen müßte, wenn Paul an seiner Karriere bastelte. Die Mutter schrieb: «Trotzdem möchte ich immer wissen, wo du bist, damit ich mich zu Dir hindenken kann.» Paul fühlte sich wie verfolgt durch diese mütterlichen Gedanken. Er spürte, wie das «Hindenken» der Mutter ihn im Griff zu halten versuchte. Er verzog, ohne eine Adresse zu hinterlassen. Von da an war sein Asthma verschwunden.

Zwei der hauptsächlichen Bindekräfte des Familienkarussells, die auch in diesem Beispiel sichtbar werden, sind *Liebe* und *Haß*. Der von Freud entdeckte Ödipuskomplex, wonach sich die Kinder in den jeweils gegengeschlechtlichen Elternteil verlieben, existiert tatsächlich, schon weil die Kinder, wie gezeigt wurde, keine emotionalen Auswahlmöglichkeiten haben. Dem heutigen Stand anthropologischer Forschung zufolge gibt es diesen Komplex nur in der Kleinfamilie. Er ist bei den «Naturvölkern» gänzlich unbekannt. Genausooft verlieben sich umgekehrt die Mütter in ihre Söhne, Väter in ihre Töchter oder jeweils eine(n) von ihnen. Und das ist, angesichts der Macht der Eltern, das schwerer lösbare Verhältnis. Wer hätte nicht schon eine verliebte (liebende) Mutter um ihren heranwachsenden Sohn herumschwänzeln sehen. Sie hat ihn «gemacht», sie weiß, was er mag und wie er's mag. Kaum vorstellbar, daß es da irgendwann eine junge Frau gäbe, die ihr das gleichtun könnte!

Und zwischen diesen mehr oder weniger geheimen Liebesbeziehungen steht das Ehepaar, das sich ewige Treue geschworen hat, das aber diese neuen Geliebten (Liebenden) gezeugt und in die Welt gesetzt hat. Das Liebeskarussell dreht sich weiter als Eifersuchtskarussell. Jede(r) will von jedem(r) Geliebten möglichst viel bekommen, und möglichst er (sie) alleine. Und dazwischen die «Zukurzgekommenen», die sich von den Eltern weniger geliebt fühlen oder vom Partner(in) um der Kinder willen zurückgesetzt fühlen! So berichtete Utta (30 Jahre), daß ihre Mutter auf sie doppelt eifersüchtig sei. Erstens sei sie als Frau des Vaters eifersüchtig auf sie als die jüngere Frau, die der Vater gleichfalls liebt. Und zweitens auf die Zeit, die die Tochter mit dem Vater verbringt, während die Mutter auch gern mit ihr zusammen wäre. Denn selbstverständlich richtet sich die Liebe in der Familie nicht nur auf die jeweils gegengeschlechtlichen Familienmitglieder, sondern heftige Gefühlsbeziehungen laufen auch zwischen den Frauen bzw. Mädchen und Männern (Jungen). Und die Kehrseite nicht geglückter Liebe ist der Haß. All das läuft weitgehend unterschwellig, unausgesprochen. Ein weiteres Kennzeichen von Kleinfamilie ist, daß sehr wenig von diesem brodelnden Kessel von Gefühlen eindeutig zutage tritt und ausgesprochen wird. Trotzdem weiß jeder Bescheid, auch die kleinsten Kinder.

Alle sind Experten im Deuten von Gesichtsausdrücken und im Heraushören von Untertönen.

Die zweite Kraft, die das Karussell am Drehen hält, sind die bereits erwähnten Wünsche und Erwartungen aneinander, die Vorstellungen der Familienmitglieder übereinander, die Projektionen. Wenn oben von Liebe, verstanden als Leidenschaft, die Rede war, so ist hier die von Erich Fromm so genannte «bedingte» Liebe gemeint, die die Autorität in der Familie aufrechterhält. Das ist noch immer hauptsächlich das Anliegen des Vaters, der sich «häufig mit seinem Sohn identifiziert und von ihm nicht nur das sozial Nützliche, sondern gleichzeitig auch die Erfüllung seiner eigenen unbefriedigt gebliebenen Wünsche und Phantasien erwartet. [...] Er liebt den Sohn unter der Bedingung, daß dieser die an ihn geknüpften Erwartungen erfüllt. Ist dies nicht der Fall, kann die Liebe bis zum Umschlagen in Haß und Verachtung geschwächt werden.» (Fromm 1971, S. 105)

Und damit wirken die Kräfte, die das Karussell drehen, in die Gesellschaft hinein: die ausgezogenen «Kinder» kurbeln das Karussell in ihren neugegründeten Kleinfamilien wieder an. Sie projizieren an Erwartungen in den Partner oder die Partnerin hinein, was aus der Herkunftsfamilie übrigblieb, so daß die Partner(innen) von vornherein den in sie gesetzten Hoffnungen nicht gerecht werden können. Wünsche, die die eigenen Eltern hervorriefen, soll die Partnerin oder der Partner jetzt erfüllen, was sie(er) nicht kann, aber auch nicht versteht – so geht das Spiel weiter. Aufgelöst wird das Spiel oft erst, wenn ein Partner durch Psychotherapie mehr über seine in der Kleinfamilie erworbenen Mechanismen erfährt und aus dem Karussell aussteigt. Und damit oft auch aus der Paarbeziehung, außer in den Fällen, in denen beide Partner sich in Therapie begeben und danach vielleicht miteinander weitergehen können.

Aber auch das Hineinwirken in die Gesellschaft geht weiter. Die bedingte Liebe hat Folgen. Erich Fromm beschreibt sie in einem frühen Aufsatz wie folgt: «Die Bedingtheit der väterlichen Liebe hat typischerweise zwei Konsequenzen; zunächst den Verlust jener seelischen Sicherheit, wie sie durch die Gewißheit eines unbedingten Geliebtwerdens geschaffen wird; weiterhin die Verstärkung der Gewissensinstanz bzw. einer Haltung, in der Pflichterfüllung zum Zentrum des Lebens wird, weil nur diese wenigstens ein Minimum von Liebessicherheit garantieren kann. Allerdings wird auch die maximale Erfüllung der Ge-

Wenn die Kinder . . .

...erwachsen werden, wenn sie sich allmählich von der Familie zu lösen beginnen, ist nicht nur elterlicher Rat gefragt. Da kann man sich als Mutter oder Vater nicht einfach «abmelden». Da geht es teilweise ganz schlicht um Bares.

Frühzeitige Vorsorge tut der Familienkasse kaum weh und entspannt die familiäre Atmosphäre.

wissensförderung nicht die Produktion von Schuldgefühlen verhindern, da die Erfüllung immer hinter den idealen Forderungen zurückbleibt.» (Fromm 1970, S. 105)

Ich will jetzt nicht darauf eingehen, daß die mütterliche Liebe, zumindest anfänglich, eine unbedingte ist. Und sicher hat sich die «patrizentrische» Familie, in der die Autorität des Vaters ausschlaggebend ist, in Richtung «matrizentrisch» verschoben. Die Frauen haben mehr Entscheidungsfreiheit und Einfluß in Familienangelegenheiten gewonnen. «Pflichterfüllung» hat dementsprechend nicht mehr den Stellenwert, den sie noch für unsere Eltern hatte. Dennoch ist die (entfremdete) Arbeit im Zentrum des Lebens geblieben und macht zum Beispiel die Arbeitslosigkeit nach wie vor zum tragischen Schicksal. Insofern gilt Erich Fromms Analyse meiner Ansicht nach noch immer.

Es scheint nahezuliegen, daß es um so leichter ist, aus dem Karussell auszusteigen, je schwieriger das Beziehungsgefüge ist. Das Gegenteil ist jedoch der Fall. Sicher fallen Ihnen auch Situationen in befreundeten oder gastfreundlichen Häusern ein, wo es gut war, auf Besuch zu sein, aber irgendwann auch gut, wieder zu gehen. In anderen Situationen haben Sie sich wie gefangen gefühlt. Unter den Familienangehörigen läuft alles irgendwie verquer, unterschwellige Erwartungen, indirekte Aggressionen, alles unter freundlichster Oberfläche. Sie sitzen wie gebannt und sind, ohne es zu wollen, in den Zirkus einbezogen. Sie wagen sich nicht fort und wären doch viel lieber an einem Ort mit klaren Gefühlen. Die Söhne und Töchter in einer Familie, die diese Situation zwanzig Jahre lang «gewöhnt» sind, haben es noch schwerer, sich aus ihr zu lösen als Sie bei Ihrem Besuch.

Wer sich lange in einem äußerst schwierigen Zusammenspiel bewegt hat, ist in diesem zwar versiert, fühlt sich aber leicht unsicher in ganz «normalen» Verhältnissen. Die sind ihm verdächtig, da kennt er sich nicht aus, da möchte er lieber zurück in die komplexen Verhältnisse, die er durchschaut. Kinder von Alkoholikern bleiben zum Beispiel im größten Chaos absolut ruhig und behalten den Überblick. Hier fühlen sie sich «zu Hause», hier kennen sie sich aus. Dazu kommt, daß Kinder aus emotional schwierigen Verhältnissen sich verantwortlich dafür fühlen, das labile Familiengleichgewicht aufrechtzuerhalten. Sie haben das Gefühl, als könnten sie es sich nicht erlauben, sich zu entfernen, um es sich woanders gutgehen zu lassen oder sich selbst zu entwickeln. Sie stehen unter dem Zwang, ständig anwesend zu sein, um einen Elternteil am eventuell drohenden Weglaufen oder Absacken zu hindern.

Sind die Gefühlslage und die Situation in der Familie jedoch ausgeglichen und stetig, so kann ein Kind ruhig und ohne Heimweh woanders Ferien machen und Spaß haben, oder der (die) Jugendliche in der Ablösungsphase kann ruhig die eigenen Wege gehen. Es wird ihm (ihr) auch relativ leichter möglich sein, eines Tages auszuziehen und sich nur noch besuchsweise – als Erwachsener – bei den Eltern aufzuhalten. Hier passieren keine Katastrophen, die es hätte verhindern können bzw. müssen!

Wir sind oben davon ausgegangen, daß das Karussell in jeder Familie existiert, daß es durch die Kleinfamilienstruktur selbst bedingt ist. Jetzt sieht es so aus, als gäbe es doch «bessere» Familien und «schwierigere» Familien. Ist das Karussell also unter bestimmten Umständen vermeidbar? «Typischerweise» – wie Erich Fromm sagt – nicht. Nur zwei Personen, die mit den Kindern konfrontiert sind, und umgekehrt, die große Intimität, die zwischen allen Personen herrscht und die in ihrer Intensität ohne jedes Gegengewicht ist, viel Unbewußtes, Unterschwelliges bei den beteiligten Personen und dann noch einige gesellschaftliche Zwänge, von denen noch die Rede sein wird, machen die Kleinfamilie zu dem Beziehungskarussell, das sie typischerweise ist.

Was nicht sein muß in der Kleinfamilie, ist die Isolierung, die Abgeschlossenheit. Familien mit offenem Haus und mehreren wirklich guten, nahen Freunden sind nicht so starke Klammern wie die «Normalfamilie». Die Kinder gehen dann mit ihren guten Freunden selbst auch aus und ein. Was auch nicht sein muß, ist die Unausgesprochenheit und Unklarheit der Gefühle und Reaktionen, die oft noch aus der Kindheit der Eltern herrühren.

Es gibt heutzutage viele Selbsterfahrungsgruppen oder andere therapeutische Gruppen, um herauszufinden, welche Familienmacken man / frau mit sich herumträgt. Sicher wird man / frau durch die Teilnahme an einer solchen Gruppe diese Macken nicht einfach auflösen können. Aber man / frau kann neue Wege finden, zu reagieren, wenn man / frau wieder einmal der kleinen Schwester begegnet, die alles darf, während man / frau selbst das nicht durfte. Oder der Mutter, die mit Gejammer die gesamte Familie terrorisiert, oder dem Vater, der sich aus allem raushält. Es ist möglich zu lernen, auf die Gefühle, die diese Situation bei einem auslöst, nicht die in der Familie üblichen Spiele folgen zu lassen.

Mehr-Kinder-Familien und Vater-Mutter-Kind-Familien

Ich möchte es mir nicht anmaßen, die Unterschiede zwischen der Ablösung von Ein- oder Zwei-Kinder-Familien und von «kinderreichen» Familien theoretisch zu klären. Das wäre vermessen. Es würde eine umfangreichere Studie voraussetzen, die ich nirgends gefunden habe und selbst nicht leisten kann. Ich möchte hier nur ein paar Reflexionen und Beobachtungen zur Diskussion stellen.

Zum Beispiel die Frage, wer es leichter hat, von zu Hause wegzukommen und sich zu verselbständigen, das Einzelkind oder ein(e) Bruder (Schwester) von mehreren Geschwistern, läßt sich, wie mir scheint, nicht eindeutig beantworten. Ein wichtiger Vorteil der Vielkinderfamilie ist – wie bei der Großfamilie – das ungleich größere Angebot an Erfahrungen, Fähigkeiten, Begabungen, Liebhabereien und jeweiligen Gestimmtheiten bei mehreren Kindern in verschiedenen Altersstufen. Die Kinder sind dem erwachsenen Paar weniger ausgeliefert, können sich untereinander verbünden, sich gegenseitig etwas abgucken. Insofern ist dann die Eltern-Kind-Bindung weniger stark. Für Familien mit einem Kind kann gelten, daß die Beachtung, Liebe, Fürsorge von zwei erwachsenen Personen, die auf ein kleines Wesen gerichtet ist, oft zuviel Druck bedeutet, um dem Kind noch Raum für die Entwicklung seiner Selbständigkeit zu geben. Das bedeutet schlechtere Voraussetzungen dafür, sich in anderer Umgebung zurechtzufinden und zu integrieren.

Das größere «Angebot» innerhalb der Familie kann aber auch eher zu der Illusion führen, keine Menschen von außerhalb zu brauchen; emotional autark zu sein.

Die «Binnenstruktur» einer großen Kleinfamilie kann sehr verschieden aussehen, sie kann sehr verfilzt und verflochten sein, im Sinn der oben als «emotional schwierig» bezeichneten Familien. Auch geheimbündlerisch-verstrickte Familien habe ich kennengelernt. Ein Witz des Vaters löst eine ganz bestimmte Folge von Witzen der Söhne und Reaktionen der Schwestern aus, selbst das Haustier hat seine bestimmte Rolle, die Mutter setzt an einer bestimmten Stelle ein und beschwert sich. Alles ist für einen Außenstehenden kaum verständlich. Die Söhne und Töchter können längst ausgezogen sein, kaum treffen sie sich wieder zu Hause, wird dieses Spiel wieder eröffnet. Aufgebaut ist es oft auf einer Reihe von Tabus, die nur die Eingeweihten kennen. Darüber spricht man nicht. Und daran rührt man auch nicht, wenn die erwachsenen Kinder zu Besuch kommen.

Die Kleinfamilie als Nest

Wenn das so schwierig ist mit der Kleinfamilie und obendrein gefährlich, weil es Knackse und Fixierungen für das ganze Leben geben kann – wieso halten wir an dieser Form fest? Hat sie so auffällige Vorteile auf der anderen Seite?

Wir alle sind in Kleinfamilien aufgewachsen und kennen es einfach nicht anders. Wenn wir Schwierigkeiten empfinden oder Kritik an den Eltern haben, so nehmen wir uns vor, es selbst in unserer eigenen Familie einmal ganz anders, viel besser zu machen als die Eltern. Andere Formen des Zusammenlebens wie beispielsweise Wohngemeinschaften können wir uns oft nicht vorstellen.

Die meisten von uns haben auch Wärme erfahren in ihren Herkunftsfamilien. Sie bleiben lebenslang in engem Kontakt mit Eltern und Geschwistern. Wenn Schwierigkeiten im eigenen Leben eintreten, Krankheit, Arbeitslosigkeit, Krisen, Tod eines Partners, elternlose Kinder, wenden sich viele Menschen eher an die Familie um Hilfe als an Freunde, Kollegen, Bekannte aus anderen Lebenszusammenhängen. Und die Familien fühlen sich auch nach wie vor für Hilfe zuständig.

Ich meine hier die «inoffizielle», die tatsächliche Wärme und Hilfe, die wir erfahren und die uns gerade angesichts einer «kalten», unpersönlichen, harten Arbeitswelt und Öffentlichkeit so wichtig, so unersetzbar erscheint. Wir haben, wenn wir aus einer warmen Familie stammen, lebenslang Menschen auf unserer Seite, die uns kennen und trotz unserer Schwächen unterstützen. Die andere Seite ist das «Subsidiaritätsprinzip», von dem der CDU/CSU-Staat ausgeht, wonach staatliche Hilfe immer erst dann gewährt wird, wenn die Familie finanziell «am Ende» ist. Dieses Prinzip oder diese Politik setzt gar zu oft das Familienkarussell in seiner schädlichen Form wieder in Gang. Alte Erpressungsmechanismen treten wieder in Aktion: Ich helfe dir, wenn du deine Kinder in einen christlichen Kindergarten bringst, wenn du heiratest, wenn du... Ich kenne einige Menschen, die unter diesen Umständen lieber auf Arbeitslosenhilfe oder BAföG verzichtet haben, als zu riskieren, sich erneut auf alte Spiele einzulassen.

Wir sind damit beim «öffentlichen» Teil gelandet, bei den Gründen für das Subsidiaritätsprinzip. Ich gehe davon aus, daß dieses Prinzip nicht nur aus Gründen der Einsparung staatlicher Mittel hochgehalten wird, sondern weil die Kleinfamilie für unterstützenswert gehalten wird. Sie erfüllt wichtige Aufgaben für unsere Gesellschaft.

Die Aufgaben der Kleinfamilie

Daß die Kleinfamilie die heute noch allgemein übliche Lebensform ist, hängt außer mit der Tradition, die sie uns nahezu als die «natürliche» Form erscheinen läßt, damit zusammen, daß sie die gesellschaftlich *geförderte* Form ist. Es gibt Gesetze, die die Kleinfamilie zur Norm erheben und die es sehr erschweren, zum Beispiel ein Kind in einer Wohngemeinschaft aufzuziehen, zumindest wenn nicht beide Eltern darin leben.

Die Gesetze sind dabei noch nicht einmal das unüberwindlichste Hindernis: Die meisten Häuser und Wohnungen, die Neubauten noch mehr als die Altbauten, haben höchstens Kleinfamilien-Ausmaße. Die moderne Architektur hält die Leute fest im Familienkarussell. Die «bezahlbare» Form legt sogar die Art des Familienlebens weiter fest durch Wohnzimmer, Elternschlafzimmer, ein oder zwei winzige Kinderzimmer.

Gesetze und Wohnungsbau haben ihre sehr guten Gründe dafür, in diesem Maße kleinfamilienfreundlich zu sein. Obwohl die Kleinfamilie für den einzelnen unendliche Schwierigkeiten mit sich bringt und auch ihre Aufgaben für die Gesellschaft keineswegs optimal erfüllt (vgl. S. 188), ist sie von unschätzbarem Wert für das industriekapitalistische Gesellschaftssystem, in dem wir leben. Für dieses System hält sie alle Trümpfe in der Hand. Diese Trümpfe (oder «guten Gründe») liegen in drei ihrer Hauptfunktionen, auf die im folgenden etwas genauer eingegangen werden soll, nämlich: 1. die Disziplinierung der Menschen durch die Familie, 2. die Familie als Ort kostenloser Erholung und größtmöglicher Steigerung des Konsums, 3. die Familie als Ort für den Traum von der Freiheit.

Die Disziplinierung der Menschen

Die Kinder sind die Privatsache der Familie. Der Staat findet sich zwar bereit, gewisse Anreize zu gewähren wie Kindergeld und Steuerermäßigung und Schulgeldfreiheit, damit der Kindersegen nicht ganz zum Versiegen kommt. Die «Steueraufkommen» und «Rentenaufkommen» müssen schließlich irgendwoher kommen. Im übrigen müssen jedoch die Familien sehen, wie sie die Kinder groß kriegen. In immer noch sehr vielen Familien wird über längere Zeiträume eine ganze Arbeitskraft dafür «freigestellt». In der Regel ist es die Frau. Sie ist dann dafür zuständig, sich um die Kinder zu kümmern, während der Mann für zwei arbeitet bzw. für die Erhaltung der gesamten Familie. Dadurch werden gleich alle beiden Erwachsenen daran gehindert, auf «dumme Gedanken» zu kommen. Der Mann kann von seiner Arbeit nicht weglaufen, weil er sonst seine Verpflichtung, die Kinder zu ernähren, nicht erfüllen würde. Ja, er sieht sich sogar zu Wohlverhalten am Arbeitsplatz genötigt, traut sich kaum, auf Rechten zu bestehen oder Rechte (wie zum Beispiel das Streikrecht) in Anspruch zu nehmen, um bloß nicht seinen Arbeitsplatz zu verlieren. So ist die äußere Disziplinierung des Mannes gewährleistet.

Die Frau ist unmittelbar an die Familie gebunden. Mindestens fünfzehn Jahre, bei mehreren Kindern entsprechend länger, muß sie «zur Stelle sein», «ihren Platz ausfüllen», bei den Kindern bleiben. Sie macht das sogar kostenlos. Um eine gute Mutter zu sein, ist es ratsam, auch eine gute Ehefrau zu sein, damit ihr der Ernährer bleibt und sie genügend Zeit für die Kinder hat. Das ist die äußere Disziplinierung der Frau als Mutter der Kleinfamilie.

Beide werden nicht festgebunden. Sie bleiben in der Regel freiwillig. Dafür sorgt das Über-Ich, das sie sich in ihrer früheren Kleinfamilie zugelegt haben. Durch die «bedingte Liebe» des Vaters haben sie damals so etwas wie Pflichterfüllung als Selbstverständlichkeit in ihr Leben aufgenommen (s. S. 178). So werden auch die Kinder in der Kleinfamilie «diszipliniert». Sie lernen zu gehorchen und sie lernen die Moral (Über-Ich), die sie wie von selbst – ohne äußere Autorität – funktionieren läßt, so daß sie zum Beispiel selbst auch wieder Kleinfamilien gründen und für diese Familien arbeiten werden.

Die Kleinfamilie ist ein Ort widerstreitender Gefühle. Gefühle, auch wenn sie brodeln, vermitteln Wärme und Geborgenheit. Die Geborgenheit in der Familie wird erkauft durch ein wenig lustbetontes, wenn nicht sexualfeindliches Klima des Zusammenlebens. Zu viele der wenigen Personen in der Kleinfamilie sind tabu füreinander. Nach wie vor ist auch die kindliche Sexualität in aller Regel tabuisiert. Auch die lebenslange Ehe mit einem Partner, in der häufig das sexuelle Interesse füreinander nachläßt, wirkt in dieselbe Richtung. Auch durch dieses eher lustfeindliche Klima wirkt die Kleinfamilie disziplinierend. In der Familie werden jene Verzichtleistungen gelernt und verinnerlicht, die notwendig sind, damit Menschen so arbeiten, wie sie es im Kapitalismus tun müssen. Freud nannte es «sublimieren» und meinte damit Verzicht (wie er meinte gesellschaftlich notwendiger Verzicht) auf Triebhaftes, auf Lustgewinn, um kulturelle Leistungen für die Gesellschaft erbringen zu können. Sicher ist, daß niemand ohne Widerspruch acht Stunden am Fließband stehen würde, wenn er nicht zum Lustverzicht erzogen worden wäre. Das sind die inneren Voraussetzungen der Disziplinierung.

Mögen die Menschen neurotisch sein, das heißt teilweise unfähig zum Genießen, wie sie es in der Kleinfamilie werden, Hauptsache für das Wirtschaftssystem, daß sie nicht arbeitsunfähig werden. Das ist durch die beschriebenen Mechanismen sichergestellt. Es gibt immer ausreichend viele Menschen, die bereit sind, auch die trostloseste Arbeit zu tun. Die Familie macht die Menschen also nicht arbeitsunfähig, eher schon unfähig zur Rebellion. Und auch das ist im Sinne «des Systems».

Erholung und Konsum in der Familie

Unsere Produktions- und Konsumgesellschaft ist darauf angewiesen, daß die arbeitenden Menschen zu Hause, also in der Familie, alles haben, was sie erholsam und entspannend finden, damit sie am anderen Morgen wieder frisch und bereitwillig zur Arbeit erscheinen. Diese Erholung soll unentgeltlich geschehen. Der Arbeitgeber will nichts damit zu tun haben. Und das läuft auch im Normalfall ganz in seinem Sinn: Die Frau ist «sowieso» zu Hause wegen der Kinder. Dann kann sie auch, wie nach der traditionellen Rollenteilung in der Familie üblich, den Haushalt besorgen: also Essen kochen, einkaufen, putzen und Wäsche waschen, bügeln und nähen. Daß diese Arbeitsteilung zu völlig verschiedenen Erlebniswelten zwischen Mann und Frau führt, mag Spannungen und Mißverständnisse verursachen. Da muß die Familie selber sehen, wie sie damit fertigwird, daß die Bedürfnisse der Frau, wenn sie «Nur-Hausfrau» ist, am Abend gegensätzlich sind zu denen des Mannes. Sie möchte zum Beispiel wissen, was draußen läuft, möchte unter Umständen Menschen treffen, ins Kino, zum Tanzen gehen, während er sein müdes Haupt in ihren Schoß legen möchte.

Da hilft dann in der Regel gemeinsamer Konsum aus der Verlegenheit, und das ist wiederum ganz und gar im Sinn des Wirtschaftssystems. Nie könnte so viel konsumiert und verschlissen werden, wie durch die Aufsplitterung der Gesellschaft in viele, viele Kleinfamilien mit ebensovielen Waschmaschinen, Spülmaschinen, Kühltruhen, Autos, Tonanlagen, Fernsehern etc. etc. Und dieser gemeinsame Konsum ist auch wiederum etwas Verbindendes, kleistert die Spannungen, die durch die Arbeitsteilung zwischen den Eheleuten entstanden sein mögen, wieder zu. Man kann ein Leben damit verbringen, gemeinsamen Besitz zu erwerben, zu pflegen, auszubauen und zu entfalten, weiter zu kultivieren etc. Das Notwendige kann hochstilisiert werden zum höheren Konsum, zum Möbelkult, Wohnkult, Eßkult.

Der Traum vom privaten Glück

In den Abschnitten «Das Ablösungsdrama als Kleinfamiliendrama» (S. 174) und «Die Disziplinierung der Menschen» wurde klar, daß die Kleinfamilie die Menschen ganz und gar nicht freiläßt, sondern durch vielerlei Mechanismen dafür sorgt, daß sie – innerlich und äußerlich – «bei der Stange bleiben».

Aber in allen Medien bis hin zu den Schullesebüchern wird die Familie als Ort der Freiheit dargestellt. Die Illusion oder «Ideologie», die Familie sei unser *Privat*bereich, in dem wir machen könnten, was immer wir möchten, ist weit verbreitet. Dabei ist es nicht schwierig, sich die Hinfälligkeit dieser Ideologie noch von weiteren zwei Punkten her vor Augen zu führen.

Erstens ragt die herrschende Politik durch Recht und Gesetz ohne Umschweife in die Familie hinein, so daß deren Mitglieder keineswegs machen können, was sie wollen. Das bekommen sie zu spüren, sobald sie auch nur ein wenig aus der Reihe tanzen. Sie finden es zum Beispiel nicht richtig, geschweige denn notwendig, daß die Wiederaufbereitungsanlage Wackersdorf gebaut wird. Sie wohnen in der Oberpfalz und fühlen sich veranlaßt, den Widerstand gegen die Anlage zu unterstützen. Einen kleinen Beitrag sehen Sie darin, daß Sie Gäste beherbergen, die wegen ihrer Beteiligung an Demonstrationen gegen die Wiederaufbereitungsanlage festgenommen wurden und jetzt vor Gericht gestellt werden. Ein Akt der Gastfreundschaft für noch nicht verurteilte Leute. Sie müssen damit rechnen, daß Ihr Privathaus von der Polizei umzingelt und durchsucht wird.

Ein anderes Beispiel: Sie wollen auf «sanfte Energie» umsteigen und Selbstversorger werden im Energiebereich. Sie stellen sich also einen Sonnenkollektor aufs Dach oder ein Windrad in Ihren privaten Garten. Eine Stunde später ist die Polizei zur Stelle: Ihre Energiespender sind «genehmigungspflichtig» bei der Bauaufsichtsbehörde. Oft genug werden Kollektoren und Windräder wegen «Landschaftsverschandelung» verboten! Der Kurs der öffentlichen Politik steht nicht auf «sanfter» Energie, also soll man als Privatmann auch die Hände davon lassen.

Andere Beispiele aus dem Familienrecht zeigen, daß die Familie keineswegs als «privater» Ort der Betroffenen gilt. Der Staat entscheidet, ob die Ehefrau nach der Scheidung Unterhalt bekommt und wieviel, welcher Ehegatte auf wieviel Rente Anspruch hat, wann die Ehe als zerrüttet gilt, so daß die Ehepartner geschieden werden, welcher Ehegatte welche Pflichten gegenüber dem andern hat und welche Ansprüche, welches «Recht» die Eltern gegenüber den Kindern haben und wo es endet. Die Rechtsauffassung darüber ändert sich laufend, je nach Politik. In den siebziger Jahren wurde das Scheidungsrecht «liberalisiert», zur Zeit wird die Schraube eher wieder angezogen.

Es kann kaum einen Zweifel geben, daß die öffentliche Sphäre in die Familie hineinragt. Vor ein paar Jahren habe ich dieses Phänomen wie folgt dargestellt: «Die Trennung der Privatsphäre von der Arbeitswelt ist nur eine scheinbare, eine ‹Ideologie›. Ein Trost für die Eheleute, daß sie die Türe hinter sich zumachen können und dann unter sich sind. Ein Gewinn jedoch auch für den Kapitalismus, daß sie sich ‹frei› fühlen, während er ihnen die Werbung über Radio oder Fernsehen und die ganzen Ängste und Verhaltensweisen hinterherschickt, aber alle Folgen als ihr ‹persönliches› Problem abtut.» (Mühlbauer-Braun, in: Breidenstein 1982, S. 198)

Nicht nur durch Radio und Fernsehen dringt die Werbung in die private Welt der Familien ein, sondern auch indirekt über Modeströmungen aller Art, von der Kleidung bis zur Wohnungseinrichtung, Musikwellen, Hobby-Wellen, Spielemoden etc. Und wo der «Druck der Straßen», das heißt der Schaufenster und modisch gekleideten Spaziergänger, seine Wirkung verfehlt, bringen's die Kinder aus der Schule mit: eine Barbie-Puppe muß jetzt her. Alle Kinder haben sie. Oder ein Setzkasten mit Nippes-Kram. Und während wir das den Kindern noch (meist vergeblich) auszureden versuchen, fallen wir selbst auf irgendein Lockangebot oder eine Welle – die neue Strickwelle oder ähnliches – herein. Oder hängen vor der Farbglotze, um den Frust der Arbeitswelt abzureagieren oder den Frust der isolierten Hausarbeit. Das ist der Traum vom privaten Glück.

Das größte Interesse hat unser Wirtschafts- und Gesellschaftssystem und unser Staat jedoch gerade an der Schwierigkeit, die Thema dieses Buches ist: Daß die Kleinfamilie es so ungeheuer erschwert, «erwachsen» zu werden, ist ganz in deren Sinn. Denn die lebenslange Unselbständigkeit macht die Menschen fügsamer und leichter zu handhaben. Die Nicht-Ausgezogenen, nur Umgezogenen sind ausreichend mit sich beschäftigt. Ihnen bleibt wenig Energie für «abweichendes» Verhalten.

Dies ist ein weiterer Grund, warum alle Politiker der Systemerhaltung auf die Familie schwören und sie durch ermunternde Maßnahmen und Gesetze stützen sowie durch restriktive Maßnahmen und Gesetze ihren Verfall zu verhindern suchen.

Die Kleinfamilie als nicht-angepaßte Lebensform

Wenn oben von «Aufgaben» die Rede war, die die Familie «erfülle», so hat sich das spätestens dann als Ironie in bezug auf die wirklichen Bedürfnisse der Menschen herausgestellt, als diese Aufgaben benannt wurden: Disziplinierung, Konsum und Illusion. Von den Schwierigkeiten für jeden einzelnen, den schweren Belastungen, die seine Familienherkunft für ihn/sie bedeuten kann, wurde ebenfalls schon berichtet. Auch einige «gute» Gaben der Familie wurden erwähnt: Wärme, Geborgenheit und viele Sehnsüchte (Gefühle) sind in den meisten Familien vorhanden.

Noch immer steht jedoch die Antwort auf die Frage aus, ob die Familie nicht doch noch die relativ beste, bewährteste Lebensform in der modernen Industriegesellschaft sei. Ich traue mich jetzt, diese Frage ganz eindeutig mit «Nein» zu beantworten. Wenn kleinfamiliengeprägte Menschen sich bisher nur selten und meist nur befristet zu anderen Formen des Zusammenlebens aufraffen konnten wie Wohngruppen, Wohngemeinschaften, Arbeits- und Lebensgemeinschaften, Erziehungskollektiven (wie beispielsweise den Kibbuzim, siehe weiter unten), so erscheint mir die Schlußfolgerung völlig unzulässig, daß sie deshalb die «beste» ist, weil keine andere Lebensform in unserer westlichen Welt bisher so alt geworden ist. Die Gründe dafür sind meiner Meinung nach andere. Nämlich daß Menschen durch die Kleinfamilienerziehung für andere Formen nicht ausreichend sensibilisiert und auseinandersetzungsfähig werden, daß andere Formen auch gesellschaftlich in keiner Weise unterstützt werden. Eher schon kann man über die Familie sagen, was Churchill über die Demokratie sagte: Sie sei die beste aller schlechten Möglichkeiten.

Nüchtern betrachtet funktioniert die Kleinfamilie als Ort der Kindererziehung für die arbeitsteilige moderne Industriegesellschaft gar nicht besonders gut, denn Disziplin ist nicht die einzige Eigenschaft, die im Beruf gebraucht wird. So lernen die Kinder in der Familie nicht, mit sehr unterschiedlichen erwachsenen Personen auszukommen, weil sie außer den Eltern keine Erwachsenen gut kennenlernen. Das ist keine gute Voraussetzung, um später im Team zusammenzuarbeiten.

In der Familie wird nicht mehr produziert. In der Stadt existiert in der Regel nicht einmal mehr ein Garten, der angebaut würde; es wird selten noch eingekocht oder selbst geschneidert. Die Kinder erleben also keinerlei Tätigkeiten, die auf Berufe vorbereiten könnten, außer der Hausarbeit. Gerade die Mutter, mit der die Kinder am meisten zusammen sind, versteht in der Regel wenig von Technik und Naturwissenschaften, die unsere Welt und unser Leben bestimmen.

Aber auch das Beziehungsgefüge der Familie ist nicht geeignet, in vernünftiger Weise auf das Arbeitsleben vorzubereiten. In der Familie ist alles total: die totale Liebe beziehungsweise der totale Haß, die totalen Forderungen aneinander. Alles geschieht gemeinsam (solange die Kinder klein sind): Essen, Schlafen, Freizeitunternehmungen wie Spazierengehen oder Badengehen. Der Familienprozeß zielt auf etwas Ganzheitliches. Die Familie ist kaum in der Lage, Gefühle und Abläufe distanziert und in ihren Einzelheiten zu betrachten. Sie ist daher nicht geeignet, auf die Spezialisierung vorzubereiten, wie sie in der modernen Berufswelt allgegenwärtig ist.

Zwar kommt die Arbeitswelt der Familie entgegen und nimmt «bekannte» Strukturen an, damit das «Familienkind» sich darin zurechtfinden kann. In allen Betrieben gibt es Väter, die «das Sagen» haben, tröstende und beschwichtigende Mütter und Kollegen, die an die Geschwister erinnern, die um die Liebe der Eltern konkurrieren. «So wiederholt sich die Familie ihrer Form nach in den Sozialstrukturen der Fabrik, der Gewerkschaft, der Volks- und Oberschule, der Universität, der Handelsgesellschaft, der Kirche, der politischen Parteien und des Regierungsapparats, der Streitkräfte, der Krankenhäuser im allgemeinen und der Nervenkliniken im besonderen usw.» (Cooper 1972, S. 8) Und damit hat das Gesellschaftssystem auch das «Familienkind» wieder im Griff, und sei es den Jahren nach zehnmal «erwachsen». Der Vater (Chef, Lehrer) ist mir voraus, er weiß mehr, ist mit Macht ausgestattet; es ist am besten, ihm zu folgen. Notfalls muß ich gegen ihn aufbegehren. Das Denken und Erleben bleibt in den eingeschliffenen Bahnen gefangen, so als sei das Familienmodell das einzig mögliche Modell des Zusammenlebens zwischen Menschen.

Aufwachsen im Clan oder Sippenverband

Bei der Betrachtung der Kleinfamilien sind wir bereits auf einige Punkte gestoßen, die ganz offensichtlich die Ablösung der Jugendlichen vom Elternhaus erschweren oder verzögern. Aus einem anderen Blickwinkel sind das genau die Punkte, die die radikale Trennung von der Familie notwendig machen, damit es dem jungen Menschen in unserer Gesellschaft gelingen kann, sich zu entwickeln.

Gibt es überhaupt Lebensformen, die überhaupt das Erwachsenwerden leichter, den Übergang vom Jugendalter zum Erwachsenenalter weniger abrupt und krisenhaft, fließender und selbstverständlicher sein lassen? Ja, meiner Meinung nach gibt es diese, und ich will versuchen, drei davon ebenfalls im folgenden Kapitel zu skizzieren: 1. Naturvölker, die noch im Clan oder Sippenverband leben, 2. moderne Wohngemeinschaften und 3. die Kibbuzim in Israel. Alle drei Lebensformen können selbstverständlich nur mit Einschränkung verglichen werden mit der Familienform, in der wir alle großgeworden sind. Im ersten Fall handelt es sich um Gesellschaften, die nicht vergleichbar sind mit der modernen Industriegesellschaft. Im zweiten Fall gibt es noch wenige Beispiele mit längerer Kontinuität und viele Faktoren, die eine Wohngemeinschaft mit der andern kaum noch vergleichbar erscheinen lassen.

Bei den Kibbuzim ist zwar das «Material» von inzwischen drei oder vier in Kibbuzim aufgewachsenen Generationen vorhanden – ein zahlenmäßig riesiges «Material». Skeptiker werden jedoch einwenden: Die historischen Umstände, unter denen die Kibbuzim entstanden sind, lassen sich nicht übertragen in unsere Welt. Der Schwung, die Begeisterung, die Ziele der Kibbuz-Bewegung, die breite Unterstützung aus allen Teilen der Welt, all das ist unwiederholbar vorüber und mit nichts anderem vergleichbar. Dazu kommt: Das Modell ist inzwischen «verwässert». Es gibt immer mehr Kibbuzin, in denen die Kinder wieder bei den Eltern schlafen, die mehr Privatleben und mehr Privatgeld eingeführt haben. Und schließlich: Wollen wir überhaupt so etwas wie Kollektivierung in der Erziehung? Hängen wir nicht über die Maßen am Individualismus, der großen Vielfalt der Lebensformen? Was also kann uns ein Beispiel wie die Kindererziehung der Kibbuzim bedeuten?

Allen Einwänden zum Trotz meine ich, daß es sich lohnt, ein wenig dabei zu verweilen, wie Kinder und Erwachsene in den drei Gesellschaftsformen zusammenleben, sich anzuschauen, welche Bedingungen sich dort «erleichternd» für den Prozeß des Erwachsenwerdens auswirken.

Die folgenden Erwägungen verfolgen keinesfalls den Zweck, eine der dargestellten Lebensformen als die allein seligmachende Alternative zur patriarchalischen Kleinfamilie darzustellen. Das wäre vergebliche Liebesmüh, entspricht nicht meiner Auffassung und würde auf den Vater oder die Mutter hierzulande, deren Sohn oder Tochter gerade in der Pubertät steckt oder gar schon vom Ausziehen spricht, vermutlich eher zynisch wirken.

Die Absicht der Untersuchung von drei «Modellen» im Zusammenhang mit dem Thema Ablösung ist für mich eher so etwas wie eine

Befreiung der Phantasie. Ich will nicht festkleben an dem, was ist, weil es eben so ist und schon immer so war und immer so sein wird, sondern das Fenster öffnen, um festzustellen: Es gibt Gesellschaften, in denen es anders ist. Die patriarchalische Kleinfamilie, heute meist eine Zwei-Generationen-Familie oder ein Eltern-Kind-Dreieck, ist keine naturgegebene, gottgewollte Ordnung, sondern eine historisch entstandene, von Menschen gemachte, akzeptierte und gelebte Form.

Ich habe oben schon darauf hingewiesen, daß die «Naturvölker» die Ablösungsproblematik unseres Kulturkreises nicht kennen. Dieser Abschnitt soll die Frage näher untersuchen, wie unser Problem von den Völkern gelöst wurde, die noch im Clan oder Sippenverband leben. Im Anschluß an diesen Spaziergang in andere Kontinente und fremde Welten soll die Frage gestellt werden, ob es möglich ist, «Lehren» für unsere Gesellschaft aus diesen Erfahrungen zu ziehen.

Auffallend ist, daß die Menschen bei den Naturvölkern immer gemeinsam *mit vielen Kindern* aufwachsen, daß sie immer *mit mehreren Erwachsenen* außer den Eltern engen Kontakt haben, daß *die Gruppe* bei ihnen die tragende Einheit ist, daß sie *in die Tätigkeiten der Erwachsenen hineinwachsen*, daß ihr Leben eine *Einheit mit Natur und Kosmos* darstellt. Es scheint mir lohnend, diese fünf Punkte im folgenden etwas genauer zu betrachten.

Ich muß mich dabei auf Berichte von Forschern und Forscherinnen verlassen, die meist unter ganz bestimmten Fragestellungen und nicht immer unvoreingenommen, sondern oft mit westlicher Brille geforscht und beschrieben haben. Manche Antworten sind daher weniger deutlich, als das bei einer direkten Untersuchung der Fall sein könnte.

Wenn viele Kinder gemeinsam aufwachsen

Bei allen «primitiven» Gesellschaften, von denen ich gehört und über die ich gelesen habe, haben viele Kinder aller Altersgruppen viel miteinander zu tun. So leben zum Beispiel bei den Jivaros (Ost-Ecuador) die Kinder mehrerer Frauen in einem Haushalt zusammen, pro Haushalt durchschnittlich neun Personen. Und das ist nicht der einzige Kontakt zu anderen Kindern. Vielmehr haben darüber hinaus die Nachbarschaften, obwohl die Häuser recht weit voneinander stehen, enge

Verbindung zueinander. (Harner 1972, S. 79) Bei den Arapesh, einem Bergvolk in Neu-Guinea, werden ältere Kinder für jüngere zum Aufpassen und Helfen herangezogen. «Mädchen wie Jungen lieben kleine Kinder und sind immer bereit, sie auf den Armen zu halten. Wenn die Mutter zum Arbeiten in den Garten geht, nimmt sie ein größeres Kind mit, das auf den Säugling aufpaßt, statt ihn den ganzen Vormittag allein auf einer Bastdecke oder in seinem kleinen Netz aufgehängt zurückzulassen. Ist der kleine Aufpasser ein Junge, so hält er das Kind in seinen Armen, während Mädchen das Babynetz auf dem Rücken tragen.» (Mead 1970, S. 54) Bei den Minang (Indonesien) lebt die ganze Muttersippe in einem Sippenhaus mit ca. 40 Personen zusammen. (Rentmeister 1985, S. 53)

Immer sind Kinder, die am Leben bleiben, «erwünscht». Nie sind sie in Minifamilien isoliert. Die inzwischen bei uns häufigste Kleinfamilienform mit einem Kind (1986: 50 %) wäre in allen genannten Völkern unvorstellbar. «Was uns immer wieder auffiel: die Rücksicht, ja die Zärtlichkeit, mit der Kinder untereinander und Erwachsene, auch Männer – mit den Kindern umgehen. *Nicht nur mit den eigenen – mit allen Kindern des Dorfes.*» (Troeller 1986, S. 2) Das wurde in einem Fernsehfilm der Reihe «Kinder der Welt» über die Konkomba in Westafrika berichtet. Die Prinzipien des Umgangs der Kinder untereinander sind gegenseitige Hilfe und Voneinanderlernen. Das in den westlichen Ländern vorherrschende Prinzip der Konkurrenz (Leistungskonkurrenz um Liebe – später um «Erfolg») ist nicht bekannt. Selbst Völker, die härteren Existenzbedingungen unterworfen sind und daher auch härter erziehen (die Dobu nach Ruth Benedict oder die Mundugumur, von denen Margaret Mead erzählt), erziehen zur Solidarität innerhalb einer größeren Personengruppe, dem Clan. Dort wird absoluter Zusammenhalt gelebt.

Im Pubertätsalter ziehen die Jugendlichen bei den beschriebenen Völkern oft mit Gleichaltrigen in Jugendhäuser zusammen und werden bestimmten Regeln wie Nahrungstabus etc. *gemeinsam* unterworfen. Bei manchen Völkern leben die Jungen für eine Zeitlang mit den Männern zusammen, die sie «einweihen», die Mädchen bleiben mit den Frauen im Frauen-Clan-Haus oder in Mädchen- oder Jugendhäusern.

Das für die offenbar erwünschte Solidarität der Jugendlichen deutlichste Beispiel hörte ich von den Kosas in Transkai (Afrika). Die Initiation der Jungen besteht bei ihnen darin, daß die Gesichter der Jugendlichen weißgekalkt werden und sie verpflichtet sind, allein ein Stück Großwild zu jagen. Die Erwachsenen dürfen ihnen bei dieser Bewährungsprobe in keiner Weise behilflich sein, wohl aber dürfen sie sich gegenseitig helfen, ein Junge dem anderen. Aus gegenseitiger Hilfe zwischen Kindern und Jugendlichen wird Verantwortlichkeit für den Clan oder die Sippe als Erwachsene(r).

In jedem Haus leben mehrere Erwachsene

In keinem «Naturvolk» leben die Kinder nur mit den Eltern zusammen wie in unserer Kleinfamilie. Wenn sie in großfamilienartigen Verbänden leben, wie das bei den Jivaros oder den Konkomba der Fall ist, so leben immer noch alleinstehende Verwandte und (oder) die Großeltern mit im Haushalt. Oder die meisten Männer haben mehrere Frauen wie bei den Jivaros. Für die Kinder heißt das, daß sie niemals allein ihren Eltern ausgeliefert und total von ihnen abhängig sind, wie das bei uns der Fall ist. In mutterrechtlichen Gesellschaften kommt dazu, daß der Vater oft nicht als der Erzeuger gilt oder zumindest keine Ansprüche aus seiner Vaterschaft ableiten darf. «Einen Sohn aufzuziehen, Nahrung für ihn herbeizuschaffen, von der er, der Vater, selbst nichts genießen darf, bedeutet für einen Mann das größte Glück. Nach dem Glauben der Arapesh baut der Vater den Körper seines Sohnes Stück für Stück auf. [...] dieses Verhältnis zwischen Vater und Sohn, das auf dem Geben und dem dankbaren Empfangen von Nahrung aufgebaut ist, besteht in einem gewissen Umfang zwischen allen Alten und Jungen einer Gemeinde. Jeder Mann hat seinen Teil zum Wachstum jedes Kindes beigetragen, und wenn sich ein junger Mann einem alten gegenüber einmal so weit vergessen sollte, daß er grob und hastig zu ihm spricht, dann erwidert der Alte traurig und vorwurfsvoll: ‹Bedenke, wie viele Schweine ich gemästet habe, damit du wachsen konntest.›» (Mead 1970, S. 84)

Die Autoritätsperson in mutterrechtlichen Gesellschaften ist der Mutterbruder, der nicht mit im Haushalt lebt. Er wird sich also niemals in die kleinen Meinungsverschiedenheiten des täglichen Lebens einmischen, sondern nur bei Lebensfragen wie Verlöbnis oder Zuständigkeiten bei der Arbeit auftauchen. Der mit den Kindern zusammenlebende

Vater hat nichts zu sagen, sondern nur zu versorgen. Er hat dadurch die Chance, eher so etwas wie ein Kamerad für die Kinder zu sein.

Wie wenig die Kinder veranlaßt sind, sich auf die Eltern zu fixieren, zeigt wiederum ein Beispiel der Arapesh: «Eine Tante kommt zu Besuch und nimmt das Vierjährige für eine Woche mit in ihre Hütte und gibt es dann an andere Verwandte, damit diese es gelegentlich zu den Eltern zurückbringen. Daraus folgt, daß das Kind die Welt als eine Welt voller Eltern sehen lernt und nicht als einen Ort, in dem Sicherheit und Glück allein von der Kontinuität seiner Beziehungen zu den eigenen Eltern abhängen. Der Kreis seines Vertrauens erweitert sich, ohne daß sich seine Liebe allzusehr verallgemeinert [...] diese (die Eltern; die Verf.) behalten eine Sonderstellung, da das Kind mit ihnen am häufigsten zusammen ist.» (Mead 1970, S. 59)

Die Kinder haben stets eine ganze Reihe von Erwachsenen als Vorbilder, Beispiele, Vertrauenspersonen. Sie müssen nicht, wie unsere Kleinfamilien-Kinder, ein Beziehungskarussell besteigen, das kreist und kreist, so daß es Jugendlichen schwer wird, abzusteigen.

Gruppe und Individuum

Das Wohl des Clans oder der Sippe wird bei allen Völkern, über die ich gelesen habe, nicht als Raub am einzelnen angesehen; Clan oder Sippe sind ganz selbstverständlicher Nährboden des einzelnen, letzten Endes sind sie nicht unterschieden von ihm selbst. Es gibt also auch kein abgehobenes Recht. Die meisten gesellschaftlichen Regeln sind für jedermann, also auch für Kinder, als vernünftig erkennbar. Sie zu befolgen erleichtert allen das Leben und den Kindern das Erwachsenwerden.

So bearbeiten die Arapesh ihre Gärten nach einem komplizierten System in gemeinschaftlicher Arbeit. Jede(r) ist Hausherr eines Gartens und Gast in mehreren anderen und hat noch Anspruch auf Erträge von Gärten der Vorfahren etc. Dabei handelt es sich nicht um schwere Arbeit wie Bäume fällen. Man (frau) könnte sie also auch alleine machen: pflanzen, jäten, ernten, Zäune ziehen. Die Arapesh schätzen jedoch die gemeinsame Arbeit überaus. Sie gehen lieber kilometerweit, um mit einer Gruppe zu arbeiten, als in der Nähe des Wohnhauses allein zu arbeiten. Dieses System hat aber noch einen ganz entscheidenden wirtschaftlichen Grund: die Gärten werden nicht gleichzeitig bearbeitet, und auch die Ernten der Yamswurzeln erfolgen deshalb nicht zur gleichen Zeit. Das hilft Hunger zu vermeiden, denn die Arapesh sind kein reiches Volk.

Der Aufbau «primitiver» Gesellschaften ist zwar immer hierarchisch, jedoch nicht im westlichen Verständnis; oft richtet sich die Hierarchie nach dem Alter; oft haben die Männer formale, die Frauen inhaltliche Autorität. So trägt zum Beispiel bei den Miang der Sippenvorsteher die einstimmige Entscheidung der Sippe im Rat vor. Es handelt sich nicht um Machthierarchien der Unterdrückung, sondern um Ordnungen der Weisheit und Hilfe. So gilt zum Beispiel bei den Konkomba «selbst bei der Feldarbeit [...] diese Ordnung. Der Älteste hackt rechts, der Jüngste ganz links. [...] Ist einer der Jungen schwächer als die anderen, wird er vom Ältesten und Zweitältesten in die Mitte genommen. Sie übernehmen dann einen Teil seiner Arbeit.» (Troeller 1986, S. 5)

Die Gruppe, die immer eine überschaubare Größenordnung hat, reagiert auf historische Veränderungen mit Veränderungen der Regeln, die dann einer neuen Realität angepaßt werden, also einsichtig sind. So ist der weibliche Bevölkerungsanteil bei den Jivaros doppelt so groß wie der männliche, da die Männer immer wieder bei Gefechten mit verfeindeten Nachbarvölkern dezimiert werden. Aus dieser Tatsache, die offenbar zur Zeit des Berichts unveränderbare Realität war, folgte die Einrichtung der Gruppenehe, das heißt, daß ein Mann zwei bis drei Frauen heiraten kann. Er vergrößert sogar sein Ansehen damit und das der Frauen, die in einem großen Haushalt leben. Niemand würde von «Frauenüberschuß» reden. Diese Regelung enthält zugleich eine Art Geburtenregelung.

Nicht immer sind Gruppenregeln weise und harmonisch, aber immer erscheinen sie nachvollziehbar und lebbar. Selbst eine so schwierige Eheregelung wie die der Dobu, die von der Natur weniger gesegnet und daher mehr zur Härte als zur Harmonie erzogen werden, enthält etwas wie Gerechtigkeit und Ausgleich: Die Ehepaare mit Kindern leben dort abwechselnd ein Jahr im Dorf der Frau, ein Jahr im Dorf des Mannes. Der (die) jeweils «Fremde» hat es schwer und wird mit Mißtrauen betrachtet, kann sich aber im nächsten Jahr im eigenen Dorf «erholen». (Benedict 1955, S. 104)

In fruchtbarer Umgebung sind die Beziehungen der Menschen weniger streng geregelt. Die vorhandenen Regeln sind mehr auf Harmonie ausgerichtet. Fast paradiesisch erscheint es uns, wenn wir hören, daß die Buschleute nur zweieinhalb bis drei Stunden täglich benötigen, um ihren Lebensunterhalt zu erarbeiten. Der Rest des Tages gehört der «Beziehungspflege» und der Kunst. Vor allem Musik und Tanzen sind beliebt, aber es gibt auch begeisterte Maler. Da Ehrgeiz ein Fremdwort ist im Wertesystem der Buschleute und die Profitsucht ebenfalls noch unbekannt ist, begnügen sie sich mit dem, was sie zum Leben brauchen. Kulturelle Leistungen entstehen bei ihnen nicht aus der «Sublimierung» unterdrückter Triebregungen. Das heißt, Sexualität und Lust werden sowohl bei Kindern wie auch bei Erwachsenen zugelassen. Dafür haben die Buschleute keine Pyramiden und keine Kirchen hervorgebracht, sondern nur einfache Hütten, in denen sie selbst wohnen und die sie vor dem Wetter schützen. – Die einfachen Regeln sind für die Kinder nicht schwer zu lernen und für die Herangewachsenen leicht zu verwirklichen. Die Buschleute gehen von einem Lebensgefühl gegenseitigen und Natur-Vertrauens aus, das etwa in dem Satz zusammengefaßt werden kann: «Alle wollen mir wohl, keiner will mir übel. Es ist genug für alle da.» Da sie so viele Stunden täglich im Gruppenverband mit Singen, Tanzen, Reden verbringen, gibt es wenige Konflikte und keine, die nicht gelöst werden könnten. (Vgl. den Film «Die Götter müssen verrückt sein»)

Anders ist es bei Clans oder Sippenverbänden, die mehr um ihre Nahrung kämpfen müssen. Da sind Leben und Arbeit härter, die Regeln sind strenger. So wird etwa bei den Mundugumur-Säuglingen die nährende Mutterbrust immer wieder weggezogen. Sie müssen laut brüllen und schnell und gierig saugen, um satt zu werden. Sie lernen also hart und schnell zuzupacken, um ihren Teil zu bekommen. Natürlich sind sie von härterer Wesensart als die Arapesh oder Buschleute. Sie sind ruppiger, auch in ihrer Sexualität, und setzen sich eher über Regeln hinweg. So wird die Partnerwahl durch die Eltern von ihnen nicht einfach hingenommen. Trotzdem ist es auch bei ihnen Kindern und Heranwachsenden klar, was sie tun müssen, um mit ihrem Clan auszukommen und ein Leben zu haben, das so gut wie dort möglich ist.

Der Mann arbeitet zum Beispiel die Hälfte seiner Arbeitszeit auf den Äckern der Frau, die andere Hälfte auf den Äckern seiner Mutter. Und die Frauen haben ebenfalls ihre klar umrissenen Aufgaben. Das ist klar und nicht schwer zu lernen. Deshalb werden bei den Mundugumur die Heranwachsenden in die Gesellschaft der Erwachsenen aufgenommen, bald nachdem sie geschlechtsreif geworden sind. Sie können dann Mutter oder Vater werden und die Rolle von Frau oder Mann in der Gesellschaft verantwortlich übernehmen.

Oft ist der Übergang ins Erwachsenenalter schlicht und gar nicht besonders feierlich. Wenn sich bei den Jivaros ein Mann eine Frau ausgeguckt hat, dann läßt er einen bereits verheirateten Mann seines Clans informell vorfühlen, ob er bei dieser gern gesehen ist. Wenn er das annehmen kann, geht er auf die Jagd und kehrt mit seiner Beute im Elternhaus der jungen Frau ein. Wenn sie sich für den Bewerber entschlossen hat, setzt sie sich zu ihm und ißt mit ihm von dem Fleisch, das er erbeutet und als Gastgeschenk mitgebracht hat. Von da ab werden sie als Mann und Frau angesehen und werden die kommende Nacht miteinander verbringen.

In den erwähnten Kulturen gibt es keinen abgehobenen Staat als «Vermittlungsinstanz» wie in den westlichen Industriestaaten. Bei uns sind die Menschen auf die Privatsphäre in der Familie angewiesen als Gegengewicht zu den unpersönlichen Beziehungen in der Öffentlichkeit. Bei den «Naturvölkern» existiert keine Trennung zwischen privat und öffentlich, die in der Familie erlernten Regeln sind zugleich die Regeln der Gesellschaft. Mit diesen Regeln identifizieren sich alle Gruppenmitglieder. Es handelt sich nicht wie bei uns um Gesetze, die uns übergestülpt werden, die wir zum Teil als uns fremd und feindlich, vielleicht als überflüssig oder als einengend oder als ungerecht empfinden, weil sie den Besitzenden helfen, während sie die Besitzlosen benachteiligen.

Bei den «Naturvölkern» ist klar, daß die erlernten Regeln für alle gelten, und meist ist ihr Sinn auch noch erkennbar. Wenn Regeln keinen Sinn mehr haben, ist es nicht schwer, sie abzuschaffen, sobald Einigkeit in der Sippe darüber besteht.

Es gibt keine Spezialisten

«Kinder spielen mit den Gegenständen des täglichen Lebens. Spielzeuge in unserem Sinne kennt man hier nicht.» (Troeller 1986, S. 2) Von den Konkomba in Westafrika ist die Rede. Das «tägliche Leben» wird später auch das Erwachsenenleben der Kinder sein. Womit sie jetzt spielen, damit werden sie später arbeiten. Berufe in unserem Sinne kennt man dort nicht. Es gibt lediglich eine gewisse Arbeitsteilung zwischen den Geschlechtern, die bereits bei den Kindern angelegt wird. So bekommen zum Beispiel bei den Arapesh die kleinen Mädchen bereits Gegenstände auf den Kopf und sind stolz darauf, diese zu tragen, weil das auch als Frauen eine ihrer Aufgaben sein wird. Aus der Arbeitsteilung zwischen Mann und Frau wird jedoch in der Regel kein Unterschied des Ansehens abgeleitet.

Eine der großen Schwierigkeiten beim Erwachsenwerden in unserer Gesellschaft, nämlich die Entscheidung für einen spezialisierten Beruf zu einer Zeit, wo Jugendliche alles sein wollen, bleibt Kindern in «primitiven» Gesellschaften erspart. Sie haben die Chance, alle Tätigkeiten, die sie als Erwachsene zu tun haben werden, als Kinder zu sehen und zu erlernen. Ihr Leben wird nicht gespalten sein zwischen Berufsleben und «Privat»leben, sondern sie werden ein ungeteiltes Leben leben.

Eins mit Natur und Kosmos

Der einzelne ist nicht nur eins mit der Gruppe, sondern durch seine Teilhabe an der Gruppe auch zugleich eins mit dem Kosmos. «Die Kinder erfahren sich als Teil einer kosmischen Einheit, deren Harmonie sie erhalten, wenn sie die Regeln und Gesetze der Gruppe respektieren.» (Troeller 1986, S. 4) So wird es von den Konkomba berichtet. Von Indianern wird berichtet, daß sie dieses Einssein auch in Trance-Zuständen erfahren.

Die «Naturvölker» haben kein pluralistisches Wertesystem, das es unseren Kindern u. a. erschwert, erwachsen zu werden. Die «Regeln und Gesetze der Gruppe» enthalten stets mehr oder weniger Kultisches, Teile von Naturreligion und Glaubensvorstellungen. Wenn eine Ernte nicht gedeiht oder ein Kind krank wird, nehmen die Zuñi, ein Pueblo-Volk in den USA, an, daß der Ritus nicht korrekt ausgeführt wurde. Solche Vermutungen bestimmen tagelang die Gespräche im Dorf und erregen die Gemüter. (Benedict 1955, S. 48) Auf jeden Fall herrschen bei allen «primitiven» Völkern, über die geforscht wurde, einheitliche Vorstellungen und Erklärungen über den Kosmos und das

Menschenleben im Kosmos. Bei allen Völkern verstehen sich die Menschen als abhängig von der Natur, von der sie leben. Sie erweisen «höheren Mächten» der Natur ihre Huldigungen, um weiter im Einklang mit ihnen zu bleiben. Sie verehren die «Mutter Erde».

Im Gegensatz dazu bemühen sich die Völker des Westens seit einigen Jahrhunderten darum, Herrschaft über die Natur zu erlangen – unabhängig von der Natur zu werden, selbst Götter zu sein.

Lehren aus der Gruppenerziehung

Zurück zu der Frage, was wir aus den Beobachtungen, wie «Naturvölker» ihre Kinder großziehen, lernen können. Manches, was wir über sie lesen oder hören, mutet wie Berichte aus einem für immer verlorenen Paradies an. So ist es unvorstellbar, die Spezialisierung in unserer hochtechnisierten Welt rückgängig zu machen. Wir können und wollen auch keine Einheits-Weltanschauung einführen. Wir können auch nicht die Geschichte des Individualismus, die die ganze westliche Kultur und Zivilisation so tief geprägt hat, rückgängig machen.

Wir können jedoch unsere Kleinfamilien öffnen oder mindestens unser Bewußtsein für die Möglichkeit und Notwendigkeit dafür schärfen. Wir können dafür sorgen, daß unsere Kinder engen Kontakt zu vielen anderen Kindern und engen Kontakt zu vielen anderen Erwachsenen erhalten.

Aufwachsen in Wohngemeinschaften

Ein Versuch, der in unserer Zeit und Gesellschaft eine gewisse Breitenwirkung hatte und hat, sind die *Kinder- und Schülerläden* und die *Wohngemeinschaften.* Beide Bewegungen gingen (und gehen teilweise noch) davon aus, daß die Kleinfamilie keine unserem Leben angepaßte Form der Erholung und Kindererziehung ist (s. S. 188). In beiden war die Auffassung verbreitet, daß das kapitalistische Gesellschaftssystem an der

Kleinfamilie festhält, weil sein Bestand von der Kleinfamilie abhängt. Denn diese bringt die Menschen hervor, die das System braucht.

Auch in der jungen Generation findet die Form der Wohngemeinschaft mehr und mehr Verbreitung. Allerdings sind Wohngemeinschaften selten, in denen verheiratete Paare mit anderen – Verheirateten oder Unverheirateten – zusammenleben.

In Wohngemeinschaften wechseln die Mitglieder relativ häufig. Der Einzug ist von vornherein nicht auf «lebenslang» ausgerichtet wie die Ehe, sondern eher «solange es mir gefällt» und «solange die Leute der WG miteinander harmonieren». Es gibt aber auch so etwas wie WG-Müdigkeit oder auch eine Müdigkeit, sich mit immer neuen Leuten auseinanderzusetzen. Manche fallen aus derartigen Motiven in eheähnliche Verhältnisse «zurück» oder bilden erneut eine Art Kleinfamilie.

Die den Wohngemeinschaften gegenüber skeptische Öffentlichkeit greift gerade diesen Umstand der Fluktuation als Beweis dafür auf, daß diese Lebensform die Familie nicht ersetzen könne, denn «Kinder brauchen kontinuierliche Bezugspersonen». Daß die Schwierigkeiten in Wohngemeinschaften, die die Auseinandersetzungen ermüdend machen können und oft zum Scheitern führen, auf Kleinfamilien-Macken zurückzuführen sind, wird dabei nicht gesehen. Aus diesem Grund ist auch die Wohngemeinschaft heutzutage noch eine schwierige Lebensform und wird das auch noch lange bleiben. Ob und inwieweit Kinder aus Wohngemeinschaften weniger Schwierigkeiten mit der Ablösung haben, wird uns anhand einiger Beispiele im folgenden Abschnitt beschäftigen.

Die Gründer(innen) von Kinder-und Schülerläden wollten, daß ihre Kinder nicht nur für kurze Besuche oder während der Schule mit Gleichaltrigen zusammen waren, sondern den ganzen Tag über (und oft auch in der Nacht und am Wochenende). Sie sollten dort u. a. nach dem Neillschen Summerhill-Modell (Neill 1968) weitgehend selbstbestimmt miteinander leben, spielen und arbeiten (lernen). In den Wohngemeinschaften wurden den Kindern mehrere erwachsene «Bezugspersonen» geboten. Die Kinder sollten dadurch von den Eltern unabhängiger sein und dadurch weniger fixiert. Die Mitglieder einer Wohngemeinschaft gingen meist von derselben Gesellschaftsanalyse und Gesellschaftskritik aus. Ihr Versuch einer solidarischen Gemeinschaft (Gruppe) war ein Versuch, die Kleinfamilie und damit auch das Gesellschaftssystem in Frage zu stellen, ja ansatzweise zu überwinden. Hier tauchen also alle

Fragen auf, die in sog. «primitiven» Gesellschaften anders gelöst werden als bei uns, abgesehen von der Berufsspezialisierung. (Bei weitergehenden Arbeits-und Lebensgemeinschaften, zum Beispiel den Landkommunen, wurde und wird auch die Spezialisierung in Frage gestellt.)

An zwei jungen Leuten, Clarissa und Lajos, die einen großen Teil ihrer Kindheit und Jugend in einer Wohngemeinschaft verbracht haben, will ich darstellen, wie sich diese Erfahrung auf ihr Erwachsenwerden ausgewirkt hat.

Clarissa

Clarissa (23 Jahre) lebte vom zwölften bis 22. Jahr in der WG ihrer Schwester. Als Kind war sie ein «Straßenbesen», immer unterwegs mit anderen Kindern oder bei den Pferden, bis zum Angelus-Läuten. Da mußte sie zu Hause sein. Die Eltern hatten keine Zeit für sie, weil sie gemeinsam einen «Gemischtwaren»-Laden betreuten in der kleinen Stadt, in der sie geboren wurde. Sie hat es nicht so in Erinnerung, als wenn ihr deswegen etwas abgegangen wäre, eher so, als wäre das ihrer Neigung, umherzustreunen, unmittelbar entgegengekommen. Sie war die jüngste von drei Schwestern und hatte als Nesthäkchen gewissermaßen eine Sonderrolle, das heißt, sie bekam weniger Druck von den Eltern. Die Schwestern erzählten sogar von Schlägen, die sie noch erhalten hatten. Für Clarissa war das schlimmste Ereignis eine Ohrfeige der Mutter, weil sie das Angelus-Läuten «überhört» hatte, und zwar gleich um Stunden. Da war die Mutter ausgerastet. – Andere Probleme der Schwestern hatte sie nicht, weil sie noch Kind war. So zum Beispiel das Schlüsselproblem ihrer zweitältesten Schwester. Wenn sie ausgehen wollte, gab es immer Mordstheater, ob sie den Hausschlüssel kriegen würde oder nicht. Erna war damals 16 oder 17.

Als Clarissa neun war, starb ihre Mutter. Die Schwestern waren schon ausgezogen, nur Erna kam noch regelmäßig am Wochenende. Dem Vater wurde es irgendwann zuviel, allein für sich und das Schulkind Clarissa den Haushalt zu führen. Schließlich hatte er noch den Laden. Clarissa kam ins Internat zu Klosterschwestern. Sie verbrachte dort die schrecklichste Zeit ihres bisherigen Lebens. Das Entsetzen hält sie heute noch gefangen, wenn sie davon berichtet: sechs Uhr Messe.

Sieben Uhr Frühstück. Schule. Nach dem Mittagessen: Internatsspaziergang, Hand in Hand, abwechselnd auf drei verschiedenen Wegen. Von 2–6 Uhr Studierzeit, egal ob die Schulaufgaben für diese Zeit ausreichten oder nicht. Clarissa, die so viel Freiheit gewöhnt war, fand diese Zeit in jeder Hinsicht zu lang. 6–7 Abendessen. 7–8 «frei» im Garten! Das war die beste Zeit. Ab und zu gab es Fernsehen am Abend, die Auswahl der Sendungen trafen die Klosterschwestern. An den Wochenenden durften sie nach Hause. Erna oder später manchmal Ernas Freund und manchmal auch die Tante holten sie mit dem Auto ab. An zwei Sonntagen konnte niemand kommen, sie zu holen. Das war ein Alptraum für sie.

Nach einem Jahr starb Clarissas Vater. Der Laden wurde aufgegeben. Das Haus blieb zunächst als «Heimat» der drei Schwestern erhalten. Für Clarissa hatte die Klosterschule nicht die geeignete Fachrichtung, sie wollte auch auf keinen Fall dort bleiben. Da nahm die älteste Schwester, Ingrid, sie bei sich in ihrer Wohngemeinschaft auf.

In der Münchner Altbauwohnung lebten sechs Leute, Männer und Frauen gemischt. Clarissa fand es zuerst höchst ungemütlich in der Wohngemeinschaft. Sie schämte sich, im Schlafanzug durch die Diele zu gehen, und wußte auch nichts zu sagen. Sie konnte nicht kochen und hatte noch nie abgespült.

Die neue Schule gefiel ihr; sie war im Internat unterfordert gewesen.

Beim Essenkochen war ihr wichtig, daß sie ihre Lieblingsspeisen kochen konnte, Kochen bedeutete aber auch, vollwertiges Mitglied der WG zu sein. Indessen dauerte es noch Jahre, bevor sie auf eine entsprechende Frage antwortete: «Ich wohne in einer WG» und nicht mehr: «Ich wohne bei meiner Schwester». Mit ungefähr 16 Jahren war es *ihre* WG geworden. Bis dahin hatte sie sich auch zunehmend Wissen angeeignet, um bei Diskussionen in der WG mitreden zu können, hatte gelernt, schlagfertig zu reagieren und Spitzen mit Ironie zu begegnen.

Ingrid, neun Jahre älter, hatte einige Schwierigkeiten mit der Verantwortung für Clarissa. Die notwendigen Amtsgänge oder Schulbesuche machte sie stets frühestens nach der zweiten Aufforderung, meist knapp bevor es zu spät war. Auch in der Wohngemeinschaft bemutterte Ingrid Clarissa keineswegs, sondern ließ sie alleine wursteln und allmählich selbständiger werden. Clarissa fand das in Ordnung, manchmal beneidete sie Kinder in der Schule jedoch ein wenig um die mitgebrachten Pausenbrote.

Ihre Pubertät blieb ohne auffällige Trotz- oder Auflehnungsversuche. Gegen wen auch? Mit der seelischen Pubertät war sie eher zurück. Mit 13 ging sie noch in die kirchliche (katholische) Bastelgruppe. Erst mit 14 oder 15 fing sie an, sich für die gemischten Klassenparties zu interessieren, und war scharf auf die Dienstagnachmittage der evangelischen Jugend, wo auch ältere Jungen hinkamen. Wenn sie heute an diese Zeit zurückdenkt, fällt ihr auf, wie begeisterungsfähig sie damals war. Sie konnte sich mit Haut und Haar für Sachen einsetzen und zu guten Taten hinreißen lassen, bei denen sie heute sagen würde: «Man muß sich damit abfinden» oder: «Das hat eh keinen Sinn». Das war eigentlich gut, vom Lebensgefühl her. Damals stieß sie auch irgendwann zur Jugendgruppe des Bundes Naturschutz und fing an, sich für Natur und Umwelt zu engagieren.

Als sie anfing, sich spezieller für Jungen zu interessieren, waren die Schwestern offensichtlich überfordert oder von ihrer eigenen Erziehung überrollt. Ingrid wollte doch tatsächlich verbieten (!), daß sie zu ihrem ersten Freund fuhr. Aus heiterem Himmel – Clarissa wußte gar nicht, wie ihr geschah, denn das war nicht der Umgangston zwischen ihnen. Schließlich mußte sie versprechen, daß sie sich dort nicht nach 22 Uhr im Nachtleben aufhalte. Immerhin gebe es da eine Aufsichtspflicht und das Jugendamt, das diese überwache.

Davor gab es bereits eine Aufregung in der «Familie», als nach einem WG-Fest ein Junge bei ihr im Zimmer schlief. Da schaltete Ingrid sogar noch Erna ein, und beide Schwestern redeten auf sie ein. Clarissa wurde verdächtigt, mit dem Jungen geschlafen zu haben. Sie ist sich bis heute nicht sicher, ob Ingrid und Erna ihr damals geglaubt haben, daß da nichts gewesen war. – Über den ersten Freund meinten die Schwestern übereinstimmend, daß er «nicht geeignet» sei für Clarissa. Diese hält zwar heute auch nicht mehr viel von Freddie, aber empfand das damals doch als ungeheure Einmischung von Seiten der Schwestern. Plötzlich will jemand ihr Erfahrungen wegnehmen und Ratschläge erteilen. Aber nach diesen Ereignissen war die «Erziehung» durch Ingrid dann auch vorbei.

Ja, es gab eine Zeit, wo sie durch Ingrid genervt war. Sie erinnert sich, daß sie so mit 17 oder 18 mit ihrem damaligen Freund Hans viel darüber gesprochen hat. Sie war damals froh, wenn Ingrid aus dem Haus war, um zu jobben. Sie hatte ziemlich viel Kritik an Ingrid: Ihre Art zu essen, ihre Art zu studieren, ihre «Verschwendungssucht» mißfiel ihr.

Es war für Clarissa der größte Graus, mit Ingrid einkaufen zu gehen. Insbesondere die Weihnachtseinkäufe für Erna waren schlimm. Ingrid kaufte halbe Läden aus. Wenn sie zurückkamen, war im Haushalt von Erna längst alles da, was gebraucht wurde. – Trotz dieser Kritik und Genervtheit wäre Clarissa niemals auf die Idee gekommen, Ingrids wegen aus der WG auszuziehen. Aber sie war selbst auffallend erleichtert und froh, nachdem Ingrid ausgezogen war. Nicht daß sie sich das gewünscht hätte. Sie stellte es nach dem Auszug zu ihrer eigenen Verwunderung fest.

Nachdem Ingrid nicht mehr in der WG wohnte, war Clarissas Verhältnis zu ihr auf der Stelle wieder vorbehaltlos gut. Sie freuen sich beide, wenn sie sich treffen, und haben sich dann viel zu erzählen.

Clarissa meint, sie stelle sich das schrecklich vor bei Eltern-Kind-Verhältnissen. Man müsse dann ständig das Gefühl haben, die kennen einen durch und durch. Und ewig erzählen sie Geschichten von früher. Sie habe bei der Beobachtung von diesen Verhältnissen oft den Eindruck, als seien die Eltern gar nicht in der Lage, Veränderungen beim «Kind» wahrzunehmen.

Wie war das für Clarissa als Kind mit dem vielbeschriebenen Wechsel in WGs? War das bei ihnen auch so? Ja, es kam schon vor, daß jemand auszog und «Ersatz» kam. Schließlich wohnte sie zehn Jahre in der WG. Insgesamt meint Clarissa dazu, daß es immer neue Anregungen und Impulse gab, wenn ein(e) Neue(r) einzog. Im einzelnen kam es natürlich auf die einzelne Person an, wie groß die Trauer beim Auszug war oder wie erfreulich die neue Anwesenheit. Sie zählt einige auf, die wichtig für sie waren. Einer machte mit ihr Physik-Schularbeiten. Das brachte ihr einiges. Einer war immer zu Gaudi aufgelegt. Den mochte sie auch ganz gern. Ein Freund von Ingrid, der einzog, als Clarissa 17 war, ließ Ingrid so richtig aufblühen. Das war für alle gut. Aber mit diesem Freund, Otto, verstand sich Clarissa auch besonders gut. Zu einigen ehemaligen WG-Mitgliedern bestehen heute noch freundschaftliche Beziehungen. Andere haben sich nach dem Auszug weniger solidarisch verhalten. Die Beziehungen sind eingeschlafen.

Anmerkung Clarissas zu ihrer Elternlosigkeit: Sie nimmt an, daß sie dadurch ortsgebundener ist. Sie hängt an Bayern und an der WG-Wohnung. Sie würde nicht ins Ausland ziehen wollen.

Clarissa hat es bisher noch nie länger als sechs Wochen ohne Freund ausgehalten. Nach ihrer letzten Beziehung, einer sehr langen und innigen Freundschaft, hatte sie sich das ernsthaft vorgenommen. Diese «Schwäche», meint sie, sei möglicherweise auch auf ihre Elternlosigkeit zurückzuführen.

Anmerkung zu Clarissa

Mir fiel in der Geschichte von Clarissa – ohne daß ich sie überbewerten möchte – vor allem eines auf: Sie hat ihre Pubertät als freudige Zeit erlebt. Nichts von dem üblichen Anecken, den Ängsten, dem krassen Antesten verschiedener gesellschaftlicher Autoritäten, das ich in anderen Lebensläufen Jugendlicher beobachtete. Grundton ihrer Pubertätszeit ist geheimnisvolles, aber freudiges Erwarten der Dinge, die das Leben bringen wird. Die große Begeisterungsfähigkeit, die sie «damals» hatte, fand sie selbst toll, wenn auch – im Rückblick – etwas illusionistisch. Aber im übrigen war ihr in der WG der Schwester offenbar ein langsames Selbständigwerden möglich. Freiwillig übernahm sie die Pflichten der Wohngenossen eine nach der anderen, ohne Trotz und Auflehnung oder Aufrechnerei: «Der oder die macht aber weniger». Klar, daß jede(r) in jeder Beziehung das seine beitragen mußte.

Da es sich um eine studentische WG handelte, lernte sie allmählich, sich auch intellektuell zu behaupten. Vermutlich hätte sie in einer handwerklich ausgerichteten oder Land-WG sich an anderen Werten orientiert. Trotzdem war sie, wie es scheint, frei, ihre Interessen herauszufinden, ohne die Notwendigkeit, sich abzusetzen, die in der Familie lebende Jugendliche spüren. Biologie gefiel ihr als Schulfach und Leistungskurs. Sie wurde weiterhin angeregt durch die Jugendgruppe des Bundes Naturschutz und die Freunde, die sie dort gewann. Aber sie ließ dieses Studienfach fallen, weil es ihr nicht brachte, was sie sich davon versprochen hatte. Sie entschied sich von neuem nach Lust-Gesichtspunkten, aber auch praktisch-realistischen Erwägungen (s. S. 118).

Die Ablösung von der Schwester geschah fast unmerklich. Tatsächlich ist es vorstellbar, daß auch mit anderen, nicht verwandten Mitbewohner(inne)n ein gereizter Zustand eintritt und ein entspannter Zustand erst wieder möglich wird, wenn man/frau auseinandergezogen ist. Allerdings kann das – nach allem, was wir über die Familie gehört haben – durchaus heißen, daß es sich dann ebenfalls um eine sekundäre

Ablösung handelt (vgl. S. 50). Und die Ablösung von den Geschwistern ist ja auch in der Familienerziehung die erste und leichteste, weil dabei kaum Abhängigkeiten im Spiel sind, sondern lediglich – normalerweise hart genug – Rivalitäten um die Liebe der Eltern.

Niemand in der WG hat eine kontinuierliche Elternrolle für Clarissa übernommen, und sie hat selbst auch keine feste Elternfigur gesucht. Man könnte eher von verschiedenen «Bezugspersonen» sprechen, die sie sich je nach Bedarf auswählte. Der erschreckte Versuch der beiden Schwestern, bei Clarissas sexuellem Erwachen mit Druck und Autorität einzusteigen, schlug gänzlich fehl. Was ganz und gar ausblieb, ist der bei Familienkindern oft Jahre dauernde Prozeß der Fortbewegung, um noch einmal zurückzukehren. Ingrid zog aus, weil sie einmal allein leben wollte und weil sie sich auf eine Prüfung vorbereiten mußte. Clarissa fühlte sich momentan erleichtert, war verwundert darüber und ist heute sehr freundschaftlich mit Ingrid verbunden. Da ist nichts zurückgeblieben, keine wunden Punkte, keine Überempfindlichkeiten. Das war ein für mich verblüffendes Ergebnis des Interviews mit Clarissa. Es verstärkt die Vermutung, daß das Aufwachsen in einer Gruppe das Erwachsenwerden sehr viel leichter und harmonischer macht. Im Fall Clarissas war es offensichtlich auch von Vorteil, daß die Mitglieder der Gruppe *gleiche* Pflichten, aber *ungleiche* Begabungen und Interessen hatten, daß es Männer und Frauen waren.

Lajos

Die Eltern trennten sich 1968, als Lajos vier Jahre alt ist. Die Mutter (Else) zog zunächst mit zwei anderen Frauen zusammen. Lajos ist in dieser WG das einzige Kind. Nach einem Jahr entstand aus einem «Kinderladen» eine größere «Kommune» in Stadtnähe, in einem städtischen Haus mit größerem Garten. Einige Elternpaare aus dem Kinderladen zogen mit ihren Kindern ein, außerdem einige «alleinstehende» Frauen und Männer, «Freunde» aus der «68er Bewegung». Lajos hatte jetzt zwei gleichaltrige Spielkameraden und zwei kleinere Kinder zum Spielen. Die Zahl der erwachsenen Personen bewegte sich zwischen neun und elf.

Nach fünf Jahren, in denen der Kern der WG stabil blieb, spaltete sich die WG. Ein Teil der Kommunarden wollte aufs Land ziehen, Landwirtschaft betreiben und Tiere halten. Der andere Teil hatte daran kein Interesse und blieb in der Stadt; eine städtische Altbauwohnung, die den Bedürfnissen entsprach, wurde gefunden. Sie diente der Land-WG auf Jahre – solange die Stadt-WG bestand – als Unterschlupf, wenn man/frau in der Stadt zu tun hatte.

Else hatte sich entschlossen, aufs Land zu gehen. Sie hatte sich entschieden, ihren Beruf als Lehrerin solange nicht auszuüben, als in den Schulklassen dreißig Leute saßen. Sie meinte, daß es mit maximal 16 möglich sei, pädagogisch zu arbeiten . Wenn das nicht zu erreichen sei, wollte sie lieber Bäuerin sein. Vor ihrem Wechsel auf den Hof, den der Landkommunen-Flügel gefunden hatte und der ein Anziehungspunkt für weitere Leute wurde, nutzte Else die Gelegenheit und machte mit einem Freund und ihrem Sohn Lajos eine Reise quer durch Asien. (Für Lajos war es das Jahr, das er ehemals zu früh in die Schule gekommen war. Nach der Rückkunft würde er ins Gymnasium kommen. Das Gymnasium in der nächsten Kleinstadt beim Hof nahm ihn auch ein Jahr später ohne Komplikationen auf.)

In der Landkommune lebte Lajos zehn Jahre mit einem festen Kern von Leuten zusammen. Am Rand gab es einigen Wechsel. Trotzdem hatte Lajos außer seiner Mutter Else vier, fünf Erwachsene, mit denen er fünfzehn Jahre zusammenlebte, andere mit denen er sechs, sieben oder zehn Jahre zusammen war. Auf dem Hof ist Lajos zunächst das einzige Kind. Später, nachdem die zweite Kindergeneration geboren war, blieb er das einzige ältere Kind.

Erwachsene «Bezugspersonen»

Von allen Leuten, mit denen Lajos auf so viele Jahre gemeinsamen Weges «zurückblicken» kann, hebt er zwei Männer (Karl und Ernst) und eine Frau (Wendula) hervor, die besonders wichtig für ihn gewesen seien. Alle drei sind aus Universitätslaufbahnen ausgestiegen, als sie aufs Land zogen. Sie haben Karrieren aufgegeben, um ein «Modell» zu verwirklichen. Sie sind Intellektuelle geblieben, schreiben «papers», verfolgen Absichten, stoßen auf neue Fragen und Themen und setzen sich damit intensiv auseinander. Das imponiert Lajos an ihnen.

Ein anderer Mann, mit dem Lajos gerne zusammen war, Hansi, war wohl eher ein Kumpel für ihn, mit dem er gerne gemeinsam etwas unternahm, der spontane lustige Einfälle hatte und draufgängerisch in der Durchführung war.

Die anderen Frauen mag er auch, «schön, daß sie da waren», aber ihren Einfluß schätzt Lajos selbst nicht besonders hoch ein.

Else, seine Mutter, war und ist ungeheuer wichtig für ihn. Sie hatte großen Einfluß auf seine Entwicklung. Ihr Einfluß lag auf einer anderen Ebene als der von Karl und Ernst. Sie lehrte ihn die genaue Wahrnehmung: erst hingucken, dann denken und nicht umgekehrt. Die Dinge sind anders, als man sie sich im Kopf zurechtlegt. Ihre Herangehensweise ist mehr sinnlich und gefühlsgebunden als abstrakt.

Lajos findet es toll, daß Else so weltoffen und gescheit ist. Sie kommt mit Gummistiefeln aus dem Stall über den Hof. Man fragt sie etwas über moderne Kunst, und man kann mit einer bedenkenswerten Antwort rechnen. Was er nicht gut findet ist, daß sie nichts macht aus ihrem Wissen und ihrer Begabung. Wo Else aufhört, sich mit etwas zu beschäftigen, fängt Wendula gerade an. Sie macht ihre Überlegungen öffentlich, gewinnt andere dafür. Bei Karl und Ernst ist das ohnehin klar. Else dagegen hat «versteckte» Qualitäten.

Er nimmt ihr übel, daß sie keine Hilfe für ihn ist bei dem, was er machen möchte (Filme), weder finanziell noch durch Beziehungen. Aber er findet das selbst nicht fair, so zu denken. Nur findet er andererseits auch, daß er einen besonders schweren Start hat.

Eine Kritik, die nach Lajos' Aussage mehr seine eigenen Ängste ausdrückt: daß Else so isoliert auf dem Hof sitzt, daß der Kreis von Leuten, mit denen sie näheren Kontakt hat, doch recht klein ist. Das würde Lajos nicht aushalten. (Die Kommune hat sich vor ca. drei Jahren aufs neue gespalten. Ein Großteil der Leute zog nach Italien. Else blieb zurück und führt den Hof weiter.)

Sein Vater ist für ihn einer seiner «weitläufigen Bekannten». Es gab ein Alter, so um die dreizehn Jahre, wo Lajos bereit war, sich mit ihm auseinanderzusetzen. Er machte damals mit ihm eine Reise nach Albanien. Lajos bewunderte Bernd wegen seines Wissens. Aber die Art, es anzuwenden, gefällt ihm nicht. Er selbst, Lajos, war immer ein verbissener Diskutierer, aber Bernd blieb immer überlegen. Lajos hatte einen emotional sicheren Standpunkt, ihm war klar, was für ihn selbst richtig und wichtig war und was nicht. Aber auf die Ebene konnte man Bernd gar nicht locken. Lajos vermutet, daß für Bernd sein – Lajos' – ganzes Leben nicht richtig ist. – Ja, doch, er würde sich selbst schon als politisch interessiert bezeichnen. Er fände es wichtig, etwas zu verändern. Er glaubt aber nicht, daß das über die Politik möglich ist. Man müßte andere Wege beschreiten, Filme zum Beispiel. Nicht den Weg der Argumente, die bewirken offensichtlich nichts.

Kontakte zu anderen Jugendlichen

Lajos' Kontakte in der Klasse waren «nicht so toll». Er wurde als «Exot» angesehen. Die anderen spürten, daß er andere Interessen und andere Erfahrungen hatte. Seine Beziehungen wurden auch nicht dadurch gefördert, daß er «schlau über alles daherreden konnte» und dies auch gerne tat.

Die Freundschaften unter Jungen seien über Mofa-Fahren, Fußballspielen und Besäufnisse gelaufen. Mit alledem konnte er wenig anfangen. Er hatte das Gefühl, daß bei den Mädchen mehr «los» war. Aber da bestand diese Trennung zwischen Jungen und Mädchen, mit der er absolut nichts anfangen konnte. Einmal wollte er mit zwei Mädchen zusammenziehen in der Kleinstadt, in der sein Gymnasium war, so mit 15 oder 16 Jahren. Aber die Wirtin war nicht einverstanden. Sie fand das «unmoralisch».

Dabei war Lajos, wie er heute meint, zwischen seinem 12. und 15. Lebensjahr ziemlich «spießig». Die Oma war wichtig für ihn. Er ging immer in gepflegten Flanellhosen in die Schule. Ganz viele in seiner Klasse haben lange Zeit nicht gewußt, daß er in einer Landkommune wohnte. Dabei glaubt er nicht, daß er es verheimlicht hat. Er dachte, sie wüßten es längst.

In diesem Alter war er auch noch froh, daß er bei der Berufsangabe des Vaters «Architekt» sagen konnte. Auch bei der Mutter wäre ihm «Lehrerin» wahrscheinlich lieber gewesen als «Bäuerin». Aber geschämt hätte er sich vor den Mitschülern wegen der kaputten Autos am Hof und weil Else dort in ihren Stallklamotten rumlief. Auch deshalb nahm er so gut wie nie Leute mit nach Hause.

Lajos befand sich in dieser Hinsicht in einem Konflikt: Er war einerseits stolz auf die Leute, mit denen er wohnte; er war stolz darauf, daß diese so schlau waren und er selbst dadurch auch so schlau war. Aber es war ihm auch bewußt, daß er dadurch einsam war, eben weil es bei ihnen so «ärmlich» war.

Als er 16 war, fragten ihn manche nach seinem Zuhause. Die Beziehungen wurden differenzierter, insgesamt besser für ihn. Er nahm jetzt auch hin und wieder Leute mit und machte von den Möglichkeiten des Hofes Gebrauch: Hier durften sie Feste feiern, woanders wurde dies nicht erlaubt.

Rückblickend würde Lajos sagen, daß er an der Grenze zu etwas war, was man «kontaktgeschädigt» nennen könnte. Das trifft übrigens auch auf die beiden Jungen zu, mit denen er in der Stadtkommune von seinem fünften bis zehnten Lebensjahr zusammen war. Sie haben ihm ähnliches über sich berichtet. Vielleicht kam es durch den übermäßigen Kontakt mit Erwachsenen, die vielen Besucher; überhaupt die vielen Beziehungen. Jedenfalls empfand Lajos einen Mangel an Spontaneität bei sich selbst, der bei den anderen beiden Jungen auch da war.

Pubertät

Als ich Lajos nach Pubertätserscheinungen wie «Aufmüpfigkeit» frage, meint er, er habe viele Jahre «hauptberuflich rumgemuffelt».

Und als ich mich danach erkundige, wie es mit den «Diensten» geklappt habe und ob er einbezogen gewesen sei, meint er: die anderen hätten schon damit gerechnet, daß er seinen Teil übernehme, er habe sich aber erfolgreich gedrückt. Überhaupt sei seine Erziehung zu sozialem Verhalten seltsame Wege gegangen. Sie sei glatt mißlungen. Er müsse sich zu jedem sozialen Akt zwingen. Bei dem Freund, mit dem er im Moment zusammenwohnt, beobachtet er ähnliche Erscheinungen wie bei sich selbst. Er sieht den Abwasch stehen, denkt sich: «Ach ja, der Abwasch!» Beim nächsten Mal: «Ich könnte es tun.» Wenn er zum drittenmal vorbeikommt: «Ich sollte es tun», und wenn er wieder vorbeikommt, hat der Freund bereits abgewaschen, beschwert sich aber, daß Lajos es nicht getan hat. Dabei wäscht er noch nicht einmal ungern ab.

Ich frage, ob die anderen sich das haben bieten lassen, daß er seinen Teil an der Gemeinschaftsarbeit nicht übernommen hat. Lajos erzählt: Bis auf Schläge oder «Stubenarrest» haben sie es mit allen Mitteln versucht, ihn dazu zu bringen. Aber schließlich wohnte er in der WG, weil Else dort lebte. Er hatte sich nicht dafür entschieden, auf dem Hof zu leben. Man konnte ihn letztlich nicht rausschmeißen. Aber es gab viel Streit deswegen. Manchmal auch jetzt noch, wenn er zu Besuch auf dem Hof ist.

Werte

Und alle wußten, daß er mit Land nichts am Hut hatte und hat. Lajos hat nie begriffen, was da so toll sein soll an der Landarbeit und an der Handarbeit überhaupt. Er beschäftigt sich nicht gerne mit handwerklichen Tätigkeiten. Einmal in seinem ganzen Leben hat er ein Ministück Garten umgegraben. Er hat einfach das Gefühl, daß ihm das nichts gibt. Oder vielleicht auch: es lohnt sich für ihn nicht, sich ein ganzes Jahr mit der Kuh abzustressen, um einen dann vielleicht sogar nur mittelmäßigen Käse zum Frühstück zu haben. Das ist es ihm nicht «wert». (Lajos kocht auch nicht aus demselben Grund.)

Lieber mag er Dinge, die etwas «in der Schwebe» sind, bei denen «sich das meiste im Kopf bzw. in den Sinnen abspielt», als handfeste Handwerksprodukte.

Und lieber als das Land ist ihm die Stadt, die er viel lebendiger findet mit ihren vielen Eindrücken und Tausenden von Leuten, die in den Straßen vorübergehen. Er mag diese Vielseitigkeit, die Vielschichtigkeit und die Abwechslung. Er mag das, was hin-und hergeht zwischen den Menschen allein dadurch, daß man sich ansieht.

Und er findet den Komfort in der Stadt toll, die Übersichtlichkeit. Ein Badezimmer in der Stadt hat vier Wände und vier Ecken. Wenn die geputzt sind, ist es auber. Wenn er dagegen an das Badezimmer auf dem Hof denkt! Uferlos! Da braucht man gar nicht erst anzufangen. Und so ist es mit allem!

Bücher mag Lajos sehr. Er glaubt nicht, daß er das von seinem Vater hat. Schon eher aus der Stadtrand-WG, von den vielen Intellektuellen dort, die ja auch zum Teil deshalb in der Stadt geblieben sind, weil sie dort besser ihre intellektuellen Berufe ausüben können. Lajos merkt auch, daß sich sein Verhältnis zu den Leuten von damals im Moment wieder verändert, daß er wieder Lust hat, Ingrid zu besuchen, die Mutter eines Gleichaltrigen aus der Stadtrand-WG, die damals in die Stadt-WG zog und jetzt wieder in einem «eheähnlichen Verhältnis» lebt und ein Kind hat.

Als großen Vorteil seiner Kommune-Erziehung sieht Lajos die vielen «Bezugspersonen» an. Er war nicht darauf angewiesen, sich mit Else oder mit Else und noch einer Person zu verstehen. Es wäre furchtbar gewesen, sich nur mit Else befassen zu müssen, so gern er sie auch mag.

Es war insgesamt «total angenehm», daß so viele verschiedene Personen da waren. Ja, sicher, darüber wurde auch geredet, die anderen dachten auch so, daß die Kleinfamilie da einen riesigen Nachteil hätte. Dieser Gedanke war ihm sehr früh klar und geläufig. Er leuchtete ihm ein, er entsprach seiner eigenen Erfahrung.

Beziehungen

Er findet es richtig, mit Beziehungen so umzugehen, wie er es von Kind an miterlebt hat. Wenn eine Geschichte vorbei ist, ist sie vorbei. Er hält das selber genauso. (Seine letzte Beziehung dauerte zweieinhalb Jahre.) Dabei hatte er manchmal furchtbar dran zu knabbern, wenn eine Beziehung von Mitbewohnern auseinanderging, etwa die von Ernst und Wendula, weil er die auch zusammen, als Paar, mochte. Danach gab es meistens eine «rauhe» Zeit für die beiden. Sie blieben aber in Kontakt miteinander. Und sie haben immer noch «Sachen zusammen», die sie mit niemand anders so haben. Das findet er tröstlich. – Auch er wird mit seiner «ehemaligen» Freundin in Kontakt bleiben.

Auszug

Nach dem ersten mißglückten Versuch, auszuziehen, mit 15 oder 16, erwog Lajos noch ernsthaft, zu seiner Oma zu ziehen. Aber er wollte nicht so weit weg von Else (die Oma wohnt etwa 400 km vom Hof entfernt). Er «war nicht stark genug, wegzugehen,» obwohl es ihm auf dem Hof gestunken hat (besonders der Streit wegen seines «Sozialverhaltens»).

Als er dann mit zwanzig tatsächlich auszog, ein Jahr vor dem Abitur, war das ein «gewaltiger Prozeß». Er wollte weg von einer Frau. Er zog in die nächste Großstadt. Er fand es «toll, auf sich selbst gestellt zu sein». Er fühlte sich «richtig souverän».

Noch einmal: Die Beziehung zur Mutter

Anders, als das Lajos bei vielen seiner Altersgenossen beobachten konnte, ist er «ganz und gar nicht gleichgültig» gegenüber Else, seiner Mutter. Auch jetzt, wo er ausgezogen ist. Ihre Zuneigung ist ihm wichtig. Sie zu mögen ist ihm wichtig. Ganz selten ist er richtig wütend auf sie. Sie freuen sich beide sehr, wenn er auf den Hof kommt. Das hält nur nicht sehr lange. Er nimmt an, daß sie beide Schwierigkeiten haben, Veränderungen aneinander festzustellen.

Vermutlich liegt dies auch an ihren verschiedenen Welten, zwischen ihnen fließt «ein breiter Fluß». Wenn nicht ihre völlig verschiedenen Interessen wären, könnte sich Lajos durchaus vorstellen, in einer WG mit Else zusammenzuleben – in der Stadt versteht sich. Er wüßte nicht, mit wem er lieber zusammenwohnen würde. Jetzt ist es so, daß Else ihm zwar den Garten zeigt, wenn Lajos auf den Hof kommt. Lajos freut sich daran, wie sie sich freut. Ähnlich ergeht es Else mit seinen Interessen, wenn sie sich in der Stadt treffen.

Inzwischen ist ihm klar geworden, daß er auch mehr hätte tun können bzw. müssen, um ihr Verständnis für seine Ziele und Interessen zu wecken. Zumal sein Filminteresse darauf zurückgeht, daß er früher oft mit Else im Kino war, daß sie viel über Filme gesprochen haben und ähnliche Meinungen darüber hatten. Aber später fuhr er oft allein in die Stadt, wenn er Geld hatte. Er wurde zurückhaltend und verschlossen: Schließlich *brauchte* er ihr Verständnis nicht.

Er hätte nie geglaubt, daß es notwendig ist, die Beziehung zur Mutter zu «pflegen». Übrigens ist auch der Junge aus der früheren Stadt-WG, mit dem Lajos noch freundschaftlich verbunden ist, jetzt wieder «total» oft mit seiner Mutter zusammen. Auch diese beiden sind nur durch ihre verschiedenen Interessen voneinander «abgegrenzt».

Anmerkung zu Lajos

Die «Auswertung» des Berichtes von Lajos finde ich besonders schwierig. Mir wird hier stärker bewußt als bei der Geschichte von Clarissa, wie wenig zusammenhängend und wie zufällig die Geschichten von Hunderten von Wohngemeinschaften der Bundesrepublik verlaufen. Gerade auch im Unterschied zu den Kibbuzim, die bereits «Material» über drei Generationen von Kindern gesammelt haben, die in einem Kibbuz großgeworden sind, ist der Fall von Lajos (wie auch der von Clarissa) noch immer eine Besonderheit. Tatsächlich sind Kinder, die in Kommunen großgeworden sind, heute noch Einzelfälle. Die 68er Bewegung war eine politische Bewegung, in der Kinder (soweit vorhanden – denn es war ja auch eine Jugendbewegung) eher «störend» waren. Darin ist sie den Anfängen der Kibbuz-Bewegung vergleichbar. Sie war jedoch außerdem eine kurzlebige Bewegung. Nach wenigen Jahren haben sich viele Leute wieder vereinzelt oder den «Marsch durch die Institutionen» angetreten, was in aller Regel zu individueller Karriere und Anpassung führte. Insofern sind sowohl Lajos als auch Clarissa mit ihrer kontinuierlichen WG-Sozialisation über viele Jahre auch Glücksfälle, die mir als Beispiele sehr wertvoll erscheinen, weil sie beide erstaunliche Abweichungen zu «Familienkindern» aufweisen.

Auch Lajos hatte keine Gleichaltrigen auf dem Hof, mit denen er sich hätte auf gleicher Ebene messen können, wenigstens über lange und wichtige Lebensabschnitte nicht. Sein eigenes Gefühl ist so stark davon geprägt, daß er «vergaß», mir zu erzählen, daß sich das in den letzten Jahren seines Lebens auf dem Lande geändert hatte. Einer seiner frühen Gefährten aus der Stadtrand-WG war zugezogen, blieb über ein Jahr und besuchte dieselbe Schule wie Lajos. Ein junges Mädchen in seinem Alter etwa, die an Landwirtschaft in Zusammenhang mit Landkommunen interessiert war, kam hereingeschneit und blieb auf Jahre. (Sie hatte und hat ein besonders enges Verhältnis zu Else.) Und eine Frau mit halbwüchsiger Tochter war auf dem Hof eingezogen. Es gab also plötzlich eine richtige Jugendgruppe am Hof. Und Lajos fand das auch «ganz toll» (vgl. seine Bemerkung oben, daß es so um die 16 «besser» wurde, auch mit den Schulkameraden).

Trotzdem ist für sein Gefühl im Rückblick bestimmend, Kind unter vielen Erwachsenen gewesen zu sein. Im Gegensatz zu den Kibbuz-Kindern war er in seiner Schulklasse isoliert, «Außenseiter». Die ganze

Kommune hatte eine extreme Außenseiterposition gegenüber der Umgebung. Aber während die Erwachsenen dieses Schicksal frei gewählt hatten, war Lajos von Else mitgeschleift worden auf *ihren* Weg. Insofern kann es kaum verwundern, daß er sich zeitweilig «an der Grenze zu kontaktgestört» empfand.

Dasselbe Schicksal wirkte sich bei Clarissa in der Stadt-WG sehr viel weniger gravierend aus. In einer städtischen Schulklasse gibt es eine viel größere Vielfalt von familiären Hintergründen. Und eine Stadt-WG lebt nicht so grundsätzlich verschieden von der Umgebung wie eine Land-WG. Clarissa war in der Klasse nicht Außenseiter. Wenn Mitschüler(innen) zu ihr nach Hause kamen, fanden sie das höchst attraktiv, daß man da so vieles selbständig machen konnte, was bei ihnen zu Hause nicht ging. Und ihre intellektuelle Schulung durch die WG-Mitglieder brachte ihr in der städtischen Schule eher Vorteile, während dieselbe Eigenschaft, seine «Schlauheit», Lajos vermutlich eher zusätzliche Isolierung einbrachte.

Es ist schwer zu sagen, ob Lajos' Ablehnung des Landlebens nicht auch durch diese Erfahrung der Isolierung bestimmt wurde, ob es ein Absetzungsverhalten gegenüber Else, aber auch gegenüber Karl, Ernst und Wendula war. Seine intellektuelle Prägung, daß er Bücher faszinierend fand etc., liegt sicher länger zurück. Er selbst führt sie auf die Stadtrandkommune zurück. Tatsächlich war ja die aus der 68er Bewegung sich entwickelnde Landfreak-Bewegung eine intellektuelle Bewegung, die am Anders-Leben auf dem Lande interessiert war. Lajos übernahm den einen Teil, die Intellektualität, von seinen Vorbildern. Den Ort ihres Experimentes, das flache Land, lehnte er ab.

Und gleichgültig, worauf seine Ablehnung primär zurückzuführen ist, sie macht ihm das Weggehen von Else leicht. Sie ermöglichte es ihm sogar, wegzugehen und nach wie vor mit zärtlicher Zuneigung an Else zu hängen, es schmerzlich zu empfinden, daß sie durch Welten getrennt sind. Und auch gern und oft den «breiten Fluß» zu überqueren, der zwischen ihnen liegt, um sich zu begegnen. – Auffallend ist sein konkretes, «realistisches» Mutterbild; es steht in seiner Konkretheit im Gegensatz zu den meisten Elternbildern in meiner Befragung.

Ich fand bemerkenswert, wie offen und ohne Scheu Lajos über seine Gefühle spricht, so wie ich das sonst nur von Frauen kenne. Jungen lernen in der Kleinfamilienerziehung häufig, die Gefühlsäußerung zu unterdrücken. Ein Junge weint nicht, und ein Junge leidet auch nicht, sondern er schlägt um sich, wenn ihm was nicht paßt, oder er frißt es in sich hinein. Lajos stellt ja auch fest, daß er mit den männlichen Imponier-Geschichten nichts anfangen konnte (Mofa, Fußball, Saufen), als seine Klassenkameraden anfingen, darüber Identität zu gewinnen, er fühlte sich von den Interessen her eher zu den Mädchen hingezogen.

So bin ich auch geneigt, seine – seiner eigenen Meinung nach mißlungene – Erziehung zu sozialem Verhalten eher positiv zu deuten. Er beschäftigt sich offenbar stark damit und ist wohl auf dem Weg, in dieser Beziehung an sich selbst zu arbeiten. Ein in einer normalen Kleinfamilie erzogener Junge würde keinen Gedanken darauf verschwenden, warum er nicht abwäscht und sich nicht am Putzen beteiligt. Sein Vater tut das ja auch nicht. Es ist offenbar Frauensache.

Auffallend ist bei beiden jungen Menschen – Clarissa aus der städtischen «Zweck»-Wohngemeinschaft, Lajos aus der (ihrer Herkunft nach) studentenbewegten Landkommune –, daß sie ein großes Spektrum von geistigen Interessen und künstlerischen Neigungen haben. Dabei dürften die vielen Anregungen durch viele Erwachsene, mit denen sie über Jahre zusammenlebten, eine Rolle spielen. Sicher hat die weltanschauliche Gemeinsamkeit beider Wohngemeinschaften auch das gesellschaftlich-politische Bewußtsein beider Jugendlicher geprägt.

Beide Jugendliche hatten in der Latenzphase nicht täglich Gleichaltrige in ihrer Umgebung. Lajos empfand dies als Mangel, Clarissa hatte in der städtischen Umgebung offenbar eher die Möglichkeit, sich entsprechende Kontakte zu verschaffen. Beide Wohngemeinschaften wurden in der Adoleszenzphase mehr und mehr für andere Jugendliche attraktiv. WGs sind in aller Regel offener als Kleinfamilien. Jugendliche werden dort für voll genommen und können sich entfalten. In der Pubertät hielten sowohl Clarissa als auch Lajos sich zurück mit Auskünften über ihre «Herkunft». Es schien ihnen eher etwas peinlich zu sein, daß sie in einer unüblichen Lebensform zu Hause waren. Lajos hat eine große Anzahl von Tätigkeiten in seiner ständigen Umgebung beobachten können: Gartenbau, Landwirtschaft, Handwerk. Er konnte allem wenig Interesse abgewinnen und entschied sich für einen künstlerischen Beruf in der Stadt.

Clarissa erlebte Studenten und junge Intellektuelle privat. Sie fand einen angemessenen Weg für sich.

Das Erziehungsmodell der Kibbuzim

Die wenigen «Fälle» bei uns in Wohngemeinschaften großgewordener Kinder erlauben keine Verallgemeinerungen darüber, was Erwachsenwerden in der Gruppe für die moderne Industriegesellschaft heißen könnte. Als drittes Modell möchte ich daher auf die Erziehung in den Kibbuzim eingehen. Sie stellen gleichsam ein Experiment im großen Stil dar, in dem Tausende von Kindern über mehrere Generationen beobachtet werden konnten. Dieses «Experiment», das unter den Bedingungen einer sich industrialisierenden Gesellschaft begann, kann uns am besten Auskunft darüber geben, ob Gruppenerziehung in modernen Gesellschaften möglich ist. Auch Auskunft darüber, ob europäisch geprägte Menschen anders leben und erziehen können als in der uns vertrauten Kleinfamilie.

Die Israeli immigrierten ab Ende des vorigen Jahrhunderts aus aller europäischen Herren Länder nach Palästina, sie waren daher europäisch geprägte Menschen, was auch bei Begegnungen bzw. Konfrontationen von Kibbuzniks mit der umgebenden arabischen Welt deutlich wird.

Wir haben weiterhin das Glück, über eine Anzahl geeigneter Untersuchungen zu verfügen. Ich werde mich im folgenden hauptsächlich auf Bruno Bettelheim stützen, dessen abwägende Darstellungsweise mir dem Gegenstand besonders angemessen zu sein scheint. (Bettelheim 1985. Die Untersuchung von Bruno Bettelheim stammt aus dem Jahr 1964.) Ich habe außerdem die neuere Untersuchung von Eckart Schiele (Schiele 1982) herangezogen, auch wenn sie mir vergleichsweise tendenziös und trocken erscheint. Um den Überblick und eine Art Vergleich zu ermöglichen, werde ich auch die Kibbuz-Erziehung nach den fünf Fragestellungen betrachten, die sich aus den Berichten über «primitive» Völker für unser Problem des Selbständigwerdens junger Menschen ergeben haben.

Die Peer-group

Das Erziehungssystem der Kibbuzim ist ganz und gar auf dem Zusammenleben der Gleichaltrigen aufgebaut. Die Peer-group, das heißt die Gruppe Gleichaltriger, ist immer da, Tag und Nacht. Wenn es in der Kleinfamilie lebenswichtig ist für ein Kind, sich mit den Eltern gut zu stellen, weil es von ihnen abhängig ist, so ist ein Kibbuz-Kind emotional von der Peer-group abhängig. Die Eltern sind zwei Stunden am Tag beim Kind; sie bringen es außerdem am Abend ins Bett. Aber selbst, wenn ein Kind bittet und fleht, die Eltern «dürfen» nicht bleiben. (Jedenfalls ist dies so in der Mehrheit der Kibbuzim. Es gibt einige Kibbuzim, in denen die Kinder bei den Eltern schlafen.) Die Eltern sind also auch nicht «mächtig», geschweige denn «übermächtig» wie bei uns. Sie sind vielmehr selbst den Vorschriften des Kibbuz unterworfen.

Die Altersgenossen sind immer da. Mit ihnen muß man sich vertragen. Sie können trösten, wenn das Kind nachts aufwacht, Angst hat und weint. Die Eltern sind nicht erreichbar. Die «Metapelet» (Kinderschwester, Erzieherin) hat so viele Kinder zu betreuen, daß ein Kind lang und laut weinen muß, bevor sie erscheint. Da die Nachtwachen meistens Aushilfen sind, wäre die schließlich auftauchende Metapelet auch keine vertraute Person. Die Altersgenossen dagegen sind dem Kind vertraut, sie sind immer in Rufweite.

Am Tag gilt schon für das Krabbelkind: «Solange es die ungeschriebenen Gesetze einhält – und das ist meist der Fall – ist immer jemand da, mit dem es spielen kann; es ist niemals allein [...] die Kinder sind Kameraden, nicht Konkurrenten. Ist eines stärker, so wird es seine Kraft gebrauchen und gelegentlich auch mißbrauchen, aber niemals für lange Zeit; sehr schnell macht sich der Gruppengeist bemerkbar, das Kind spürt die Mißbilligung und fügt sich ein. Die Hilfsbereitschaft ist bei diesen Kindern viel stärker ausgeprägt als das Streben nach Herrschaft. *Da keine Eltern da sind, um deren Gunst man buhlen könnte*, und da *das Wetteifern allgemein nicht geschätzt wird*, verhalten sich die Kinder wie Geschwister (gemeint ist die kameradschaftliche Seite des Geschwisterverhaltens; die Verf.); die Stärkeren üben einen gewissen Einfluß aus, aber sie wenden ihn auch im Interesse der Gruppe an. All das ist bereits eingespielt, wenn die Kinder zu laufen beginnen. Doch schon vorher haben sie gelernt, in einer Weise *unabhängig* zu sein, die *in unseren Mittelstandskreisen praktisch unbekannt* ist.» (Bettelheim 1985, S. 90; Hervorhebungen der Verf.)

Bruno Bettelheim geht so weit, von einem «Gruppen-Ich» zu sprechen, das den «stärksten Aspekt» des Ichs bei dem im Kibbuz erzogenen Menschen darstelle, einem Gruppen-Ich, das stärker sei als das «persönliche Ich». «Bestimmte Ich-Funktionen, wie die Einschätzung einer Situation, werden im wesentlichen vom Gruppen-Ich durchgeführt statt vom persönlichen Ich». (Bettelheim 1985, S. 236) Vielleicht wird klarer, was etwa gemeint ist, wenn man sich vor Augen führt, «daß es im Kibbuz die höchste Leistung des Ichs darstellt, gut mit den anderen zu arbeiten [...] daß es das stärkste Gefühlserlebnis für den Kibbuznik darstellt, mit den anderen zu fühlen, was sie fühlen oder – richtiger ausgedrückt – wie wir alle fühlen. Das ist etwas anderes als die Unterdrückung jedes Gefühls, obwohl es uns, die wir so stark in der Vorstellung befangen sind, daß unsere tiefsten Gefühle private oder zumindest persönliche sein müssen, so scheinen mag.» (Bettelheim 1985, S. 236)

Ich habe den Versuch Bruno Bettelheims, das, was er im Kibbuz vorgefunden hat, in unser Denken zu übersetzen, zitiert; es scheint mir wichtig, festzustellen, daß viele Kriterien und Kategorien, die wir anzuwenden gewohnt sind, wenn es sich um Kindererziehung handelt oder auch um *die* menschliche Psyche, auf kibbuz-erzogene Kinder und Erwachsene nicht anwendbar sind, unter anderen die Kategorien aus der Psychoanalyse. Für Sigmund Freud war die mittelständische Kleinfamilie Untersuchungsgegenstand. Offenbar sind seine Entdeckungen auch nur für diese gültig. Außerhalb dieser Bedingungen ist «Übersetzung» notwendig, um zu verstehen.

Um gleich mit der Übersetzung fortzufahren: Das Über-Ich des Kibbuz-Kindes wird nicht, wie in der Kleinfamilie, von den Eltern geformt, sondern ebenfalls von der Peer-group. «Alle Gewissensbisse und Schuldgefühle, die unsere Mittelstandskinder empfinden, wenn sie sich gegen die Eltern auflehnen, fühlt der im Kibbuz geborene gegenüber seiner Gruppe.» (Bettelheim 1985, S. 244) Was auch wir als «Gruppendruck» kennen, nämlich, daß es zum Beispiel schwer ist, eine abweichende Einzelmeinung gegen eine Gruppenmeinung aufrechtzuhalten, ist für ein Kibbuz-Kind unmöglich. Es wird allerdings auch sehr selten vorkommen, daß ein Kibbuz-Kind abweichend denkt, weil es ja mit den anderen fühlt, was sie fühlen. (Und denkt, was im Kibbuz gedacht wird. Darüber jedoch später.)

Für das Kleinkind und das Schulkind ist das tatsächlich so. Die Welt ist so, wie sie im Kibbuz ist, und sie ist so in Ordnung. Das «Latenzkind» hat eine glückliche Zeit im Kibbuz mit außerordentlich viel Freiheit und vielen guten Angeboten: Die Sauberkeitserziehung der Metapelets kennt keinen Druck, und sie sieht es auch nicht als ihre Aufgabe an, den Kindern Tischsitten beizubringen, wie das in unseren Mittelstandsfamilien üblich ist.

Jugendliche, die ihren Horizont über die Kibbuz-Grenzen hinaus erweitern möchten, haben nicht mehr diese selbstverständliche Genügsamkeit. Für dieses Alter ist das Leben im Kibbuz oft anstrengend, weil der (die) Jugendliche einiges verdrängen muß, um immer im Konsens mit der Gruppe zu leben. Aber die Übereinstimmung ist noch immer so wichtig, daß das «Gruppen-Ich» in der Regel siegt.

Das Kibbuz-Kind hat viele Mütter

Auch die männlichen Kibbuzniks sehen die Kinder des Kibbuz als gemeinsame Kinder an. Die Metapelets sind allerdings Frauen. Die leiblichen Mütter stillen in der Regel ein halbes Jahr, die Eltern bleiben, auch für das Kibbuz-Kind, besondere Personen. Aber sie sind nicht lebenswichtig. Das Kibbuz-Kind kann sich fest darauf verlassen, daß es zu essen bekommt, ein warmes Bett und etwas zum Anziehen und Spielen hat. All das kommt nicht von den Eltern, sondern vom Kibbuz. Emotionale Sicherheit erhält es, wie gesagt, durch die Gleichaltrigen. Es «braucht» die Eltern nicht. Jedenfalls, nachdem es die Erwachsenen als unbeständig erlebt und sich damit abgefunden hat, daß nur die Gleichaltrigen «zuverlässig» sind. Die Mutter stillt nach sechs Monaten ab und löst dadurch das enge Verhältnis zu ihrem Kind. Die Säuglings-Metapelet wird ebenfalls nach sechs bis acht Monaten abgelöst. «Jedenfalls spürt das Kind zu einem überaus frühen Zeitpunkt (verglichen mit unserem Mittelstandskind): Je größer ich werde, je mehr ich an der Welt teilhabe, desto unwichtiger wird meine Mutter. Und sehr bald zeigt sich, daß Kind und Eltern zueinander stehen wie Verwandte, die sich gern besuchen.» (Bettelheim 1985, S. 97)

Die wichtigsten erwachsenen Menschen für das Kibbuz-Kind sind die Mutter und die Metapelet. Zwischen diesen könnte es auch zu Rivalitäten kommen, wenn nicht beide sich mit dem Kibbuz identifizieren würden und seinen Regeln verpflichtet wären. Das bedeutet, daß die leibliche Mutter so handelt wie die Mutter in der Geschichte vom Kaukasischen Kreidekreis: Sie läßt ihr Kind los und überläßt es der anderen Frau, damit es nicht zerissen wird. Wenn also ein Kind sich bei den Eltern über die Metapelet beschwert, werden diese es nicht unterstützen, sondern erklären, daß der Kibbuz die Metapelet beauftragt habe. (Bei echten Regelverstößen könnten sich die Kinder an den Kibbuz-Rat wenden. Die Eltern anzusprechen, wäre dann auch sinnlos.) Das Kind erlebt also seine Eltern als lieb, aber mit wenig Macht ausgestattet, die Metapelet als zwar vergleichsweise mächtiger, aber ab und zu frustrierend. Schließlich verbringen Kind und Kinderfrau den Alltag gemeinsam. Sie ist jedoch nicht sehr «böse», denn der Erziehungsstil im Kinderhaus ist nicht autoritär. Was bei der Kleinfamilien-Mutter in einer Person vereinigt ist («liebe Mama – böse Mama»), verteilt sich hier auf mindestens zwei Personen, die sich aber einig sind, Teile des Kibbuz, also eines Ganzen zu sein.

Die «Kollektiverziehung» ist in unserer Kleinfamilienkultur ziemlich verpönt. Dem ohnehin vorhandenen Mißtrauen haben die Untersuchungen von René Spitz bei Heimkindern einige Nahrung geliefert. René Spitz (1969) hat bei Säuglingen und Kleinkindern, die in Heimen aufgezogen wurden, erhebliche Vernachlässigungsschäden festgestellt. Die Kleinfamilien-Ideologen hatten danach leichtes Spiel, den verunsicherten Müttern einzureden, daß Säuglinge eine feste Person brauchen, um das notwendige «Urvertrauen» zu gewinnen. Am besten scheint ihnen dafür die leibliche Mutter geeignet.

Wer sich mit den Ergebnissen der Kibbuzim-Erziehung auseinandersetzt, kann die Untersuchungen von René Spitz nicht mehr zugunsten der Kleinfamilienerziehung interpretieren. Im Gegenteil: die Bilanz von Sicherheit und Unsicherheit, die Bruno Bettelheim aufstellt (zu diesem Ergebnis kommt auch Eckart Schiele), fällt «deutlich zugunsten des Kibbuz-Kindes» aus. (Bettelheim 1985, S. 85) «Alles ist Eigentum des Kibbuz und da das Kind Teil des Kibbuz ist, gehört es auch ihm [...] Während wir sagen würden, daß dem Kibbuzkind all diese Dinge zu einem geringeren Grad gehören als etwa einem Mittelstandskind, kann sich das Kibbuzkind doch sehr auf deren regelmäßige Beistellung verlassen. Denn das Mittelstandskind hat alles von seinen Eltern bekommen und weiß, daß sie es ihm auch wieder nehmen können. Dem Kibbuzkind aber wird nichts gegeben, also kann ihm auch nichts entzogen werden. Es weiß zum Beispiel, daß es in der Nacht nie wird frieren müssen, nicht weil Bett und Decke ihm gehören, sondern weil sie ganz einfach da sein werden.» (Bettelheim 1985, S. 84)

Das Kibbuz-Kind hat auch nicht die Sorge und Angst, daß die Mutter (oder die Eltern) weggeht, daß die Eltern sich trennen oder sterben könnten, von der viele Kleinfamilienkinder zu bestimmten Zeiten beherrscht werden. Es hat nicht das Gefühl, seiner Mutter zu gehören, oder das Gefühl, daß die Mutter ihm gehören würde. «Da es solch wechselseitiges Einanderbesitzen im tiefsten Sinn nicht gibt, tritt das Gefühl eines Verlustes kaum auf. Durch die Tatsache, daß für das Kind ziemlich gut und in ziemlich gleicher Weise gesorgt wird, *ohne daß dies mit einer bestimmten Person verbunden* ist, entsteht die Situation, in der der Verlust einer bestimmten Person viel weniger stark empfunden wird. Außerdem reicht die ständige Gegenwart des Pflegepersonals (einschließlich aller Kibbuzniks) und der Gruppe der Gleichaltrigen aus, um das Verschwinden einer bestimmten Person aus der Umwelt sofort zu kompensieren.» (Bettelheim 1985, S. 158)

Der ständige Umgang mit vielen Personen vermittelt dem Kibbuz-Kind zahlreiche Anregungen. Für Anregungen sorgt auch die intelktuelle und Arbeitserziehung, die im Kinderhaus geboten wird. Fehlende Anregungen waren ein weiterer wichtiger Grund, der nach René Spitz zu Hospitalismus-Schäden führt.) Das Fehlen von Reizen und Anregungen ist keine Eigenschaft, die für Gruppenerziehung typisch wäre. Vielmehr waren die von René Spitz untersuchten Heime schlecht geführt und ausgestattet. Eckart Schiele hält es für nicht ausgeschlossen, daß die Kinder bereits vor Einlieferung in die Heime hospitalisiert waren.

In der Kibbuz-Erziehung sind die Erwachsenen nicht so wichtig für die Kinder wie üblicherweise in modernen Industriegesellschaften. Umgekehrt die Kinder auch nicht für die Erwachsenen, die angetreten sind, ihre Beziehungen zueinander zu entwickeln und einer gemeinsamen Aufgabe zu dienen. Mehrere Erwachsene sind relativ wichtig für das Kibbuz-Kind. Mit allen erwachsenen Kibbuzniks haben Kinder und Jugendliche Arbeitskontakte.

Gruppe und Individuum sind eins

Die Aussage der Überschrift trifft auf die Menschen im Kibbuz genauso zu wie auf die nach dem Stand der Technik «primitiven» Völker. Auch die Gruppengrößen, von denen berichtet wird, sind vergleichbar: zwischen 60 und 2000 Menschen leben in einem Kibbuz. Wenn ein Kibbuznik nicht mehr eins ist mit dem Kibbuz, ist es unmöglich für ihn, länger dort zu leben. So stark ist das Zusammenleben darauf aufgebaut, daß alle an einem Strang ziehen.

Für die Gründer, die in der Regel persönlich noch durch den engen Familienzusammenhalt in den Gettos geprägt wurden, war es oft schwierig, zwischen ihren individuellen «Bedürfnissen» und denen der Gemeinschaft abzuwägen. Es ist für Familienkinder immer ein längerer Prozeß hin zu der Erfahrung, daß die Gemeinschaft nicht unbedingt ein Raub am Individuum sein muß. (Vergleiche die Probleme von Wohngemeinschaften in unserer Gesellschaft) Shlomo Erel (1979) beschreibt in seinem Tagebuch auf anschauliche Weise einige dieser Anpassungsprozesse. Er bedauerte es, wenn die Gemeinschaft zu unflexibel reagierte und ihr dadurch wertvolle Mitglieder verlorengingen.

Die Werte, die einen Kibbuz zusammenhalten, sind allen Kibbuzniks gemeinsam, auch wenn sie durch die verschiedenen Erfahrungen der Generationen verschieden gefärbt sind. Sie heißen: Gemeinschaftseigentum, Gleichwertigkeit aller Mitglieder, keine religiöse Doktrin. Für die Heranwachsenden ist es erleichternd, daß ein- und dieselben Werte im Kibbuz durchgängig gelten. Es gibt keinen Vorrang des einen oder anderen Wertes, aber auch keinen «Pluralismus» der Werte. Zum Vergleich mit unserer Gesellschaft: Die Schwierigkeit eines katholisch erzogenen Jugendlichen, der unter dem Leitmotiv «Liebe deinen Nächsten» aufwuchs, um beim Eintritt in die Arbeitswelt auf die Ellenbogenkonkurrenz des Kapitalismus zu stoßen, bleibt einem jungen Kibbuznik erspart.

Wenn ich bei den «Naturvölkern» die Wertewelt mit der Formel «Eins mit Natur und Kosmos» zusammengefaßt habe, so läßt sich dies keineswegs auf die Kibbuzbewegung übertragen. Sie ist von ihrer Zielsetzung her zunächst als eine Gegenbewegung gegen alte festgefahrene Traditionen entstanden: gegen religiöses Dogma, gegen die Auswirkungen des Privatbesitzes und des patriarchalischen Familiensystems. Man könnte es so sehen, daß die Naturvölker entwicklungsgeschichtlich vor diesen «Fehlentwicklungen» stehen und die Kibbuzim diesen Stand auf einem anderen technologischen Niveau wiederherzustellen versuchen.

Während von den Buschleuten berichtet wurde, daß sie nur zweieinhalb Stunden täglich arbeiten müssen, um leben zu können, und den Rest des Tages damit verbringen, zu leben, wird im Kibbuz hart und lang gearbeitet. Das ist offenbar notwendig, damit sich der Kibbuz mit modernen Anlagen und auf modernem technologischem Niveau im Staat Israel behaupten kann. Arbeit ist damit zu einem auch erzieherischen Wert der Kibbuzim geworden. Befriedigung in der Arbeit zu finden, auch in der einfachen Arbeit, in der Handarbeit, ist ein Erziehungsziel der Kibbuz-Schulen.

Vielleicht ist das ein Grund dafür, daß die Lust, auch sexuelles Ausleben, nicht mehr den Stellenwert hat, den sie in den Anfängen der Kibbuz-Bewegung hatte. Das ist besonders schwer für die Adoleszenten, die miteinander aufwachsen, schlafen, essen, lernen – nur voreheliche Sexualität ist tabu. Sie müssen viel Energie darauf verwenden, ihre sexuellen Regungen zu verdrängen, ohne daß das im mindesten einsichtig für sie wäre. Denn Sexualität gilt in den Kibbuzim als gute, natürliche Kraft; ungeachtet dessen ist sie nur Kleinkindern und Erwachsenen erlaubt.

An «Eins mit Natur und Kosmos» erinnert die Tatsache, daß junge Kibbuzniks oft eine große Liebe und Anhänglichkeit zu «ihrem» Land entwickeln. Es ist denkbar, daß mehr gruppen- als familiengebundene Jugendliche einen zusätzlichen Fixpunkt – neben der Gruppe – in der heimatlichen Landschaft finden. Ich möchte in diesem Zusammenhang an den Ausspruch von Clarissa erinnern, daß sie sich nicht vorstellen könne, aus dem Land ihrer Herkunft, Bayern, wegzugehen.

Spezialisten

In den Kibbuzim gibt es alle Spezialisten, die in den modernen Betrieben gebraucht werden, die Teil des Kibbuz sind. Aber die Gemeinschaft ist nicht durch das Spezialistentum bestimmt, sondern sie bildet die Spezialisten heran, die sie braucht, oder schickt sie zur Ausbildung auf Fach- und Hochschulen. Berufswahl ist für junge Kibbuzniks also notwendig und möglich, eingeschränkt allerdings durch Notwendigkeiten und Möglichkeiten des Kibbuz.

Die Schulausbildung im Kibbuz hat hohes Niveau, umfaßt aber nicht die unmittelbare Vorbereitung auf das Universitätsstudium. Wer studieren will, kann sich die notwendige Vorbereitung auf eigene Initiative aneignen. Da der jugendliche Kibbuznik jedoch voll in Arbeit einbezogen wird, ist es ein hartes Brot für ihn, sich nach der schweren körperlichen Arbeit noch hinzusetzen und zu büffeln. Nur 14 Tage Sonderurlaub werden vom Kibbuz für «private» Prüfungsvorbereitungen gewährt.

Shlomo Erel, selbst noch familienerzogen, hält diese Einschränkungen für ein Problem der Kibbuzim, weil «begabte» Leute abwandern. Für die Jugendlichen vereinfacht es die Entscheidung. Es bleibt ihnen zudem die Möglichkeit, vom Kibbuz nach draußen entsandt zu werden, um in Gremien, in der Politik, in öffentlichen Einrichtungen zu arbeiten.

Kibbuz und Ablösung

Die Kibbuz-Erziehung bringt überwiegend nicht-neurotische Menschen hervor, die leicht von den Eltern weggehen, jedoch schwer von der Gruppe der Gleichaltrigen, ihrer Gruppe. Das ist freilich auch gar nicht vorgesehen. Normalerweise leben die Kibbuz-Kinder nach Ableistung ihres Militärdienstes und eventueller Ausbildungen, die sie nach draußen geführt haben, weiter im Kibbuz. Wie bei den «Primitiven» gibt es also kein Ablösungsproblem.

Wie viele Jugendliche aus den Kibbuzim abwandern, wie viele bleiben, ist schwer festzustellen. Ich habe darüber keine Statistik gefunden. Immerhin bietet die umgebende Konsumgesellschaft, die die jungen Kibbuzniks, Mädchen und Jungen, spätestens beim Militärdienst kennenlernen, einige Verlockungen und Bequemlichkeiten an . Diejenigen, die den Kibbuz verlassen, leiden stark unter dem Verlust ihrer Gruppe. Zumal ihnen klar ist, daß es ein unwiderruflicher Verlust ist. Berichten zufolge nimmt die Gruppe besuchende «Ehemalige» keineswegs liebevoll auf, sondern behandelt sie wie eine Art Verräter.

Junge Kibbuzniks, die abwandern, um «draußen» ihren Weg zu finden, sind in Wirtschaft und Politik sehr begehrte Arbeitskräfte und erreichen oft hohe Positionen. Offensichtlich kommen sie, nach anfänglichen Anpassungsschwierigkeiten, im «normalen» Leben gut zurecht. Da sie keine neurotischen Strukturen aufweisen, sind bei ihnen nicht Teile der Persönlichkeit und der Erlebnisfähigkeit blockiert, wie das beim neurotischen Menschen der Fall ist. Vielmehr sind Teile der Persönlichkeit nicht entwickelt. Die Persönlichkeit hat sozusagen «blinde Flecken», weil bestimmte Eigenschaften und Fähigkeiten im Kibbuz nicht gefragt sind und deshalb nicht gefördert werden, so beispielsweise Einzelleistungen. Die Entwicklung von Eigenschaften und Fähigkeiten, die auf dem «freien Markt» gebraucht werden, läßt sich jedoch nachholen.

Andererseits werden die «Kinder der Zukunft» auch nicht im Sinn meiner Definition überhaupt «erwachsen». Ein «Gruppen-Ich» ist kein autonomes Ich. Autonom sein zu wollen ist ein Ziel des Individualismus. Und wenn ein ehemaliger Kibbuznik seine Ziele ändert, ist es ihm offensichtlich möglich, autonom zu werden. Bruno Bettelheim zitiert eine Sozialarbeiterin, die, selbst im Kibbuz erzogen und weiterhin Mitglied des Kibbuz, eine Tätigkeit in Tel Aviv ausübt. «In der Stadt fühle ich mich erwachsen, aber sobald ich in den Kibbuz komme, fühle ich mich wieder wie ein Kind. So viel wird für mich entschieden, so wenig Entschlüsse muß ich selbst fassen, so schuldbewußt fühle ich mich, sobald ich etwas tue, denke oder fühle, das nicht ganz den Erwartungen der Gemeinschaft entspricht.» Bruno Bettelheim berichtet weiter: «Diese junge Frau war sich darüber noch nicht im klaren, ob sie ihr Leben lang Mitglied des Kibbuz bleiben wollte. Beide Lebensformen übten eine bestimmte Anziehung auf sie aus; die Unabhängigkeit eines erwachsenen Menschen und ein persönliches Ich ebenso wie die Art der Abhängigkeit, die einem Gruppen-Ich entspringt.» (Bettelheim 1985, S. 245)

Bemerkenswert erscheint mir, daß sie *beide Möglichkeiten zur Verfügung* hat.

Bei der Frage, was wir von der Kibbuz-Erziehung lernen können, neige ich zu der gleichen Antwort, die ich auch beim Bericht über die Naturvölker gab: Sicher ist es wichtig, offenere Formen von Familie zu finden, weniger Abhängigkeit von den zu wenigen übermächtigen Erwachsenen, viel Kontakt mit Gleichaltrigen. Sicher können und wollen wir die Kibbuzim mit ihrem anderen historischen Hintergrund nicht nachahmen. Wer in unserer Gesellschaft «kleinfamilienmüde» ist, wird andere Gemeinschaftsformen entwickeln.

8 Ablösung in der modernen Gesellschaft

Die «gespaltene» Gesellschaft

Verzeihen Sie, bitte, wenn ich Ihnen noch einmal mit den «Naturvölkern» komme. Wie bereits oben gesagt: Sicherlich gibt es keinen Weg zu ihnen zurück, zu einem Leben ohne Ablösungsprobleme. Aber die Gegensätze zwischen dem Aufbau ihrer Gesellschaft und unserer können verdeutlichen, welche Entwicklungen in unserer Gesellschaft zu den Ablösungsproblemen geführt haben.

Was den Jugendlichen bei den «Naturvölkern» die Ablösung erspart (siehe Kapitel 7), läßt sich auf den Nenner bringen: Es besteht große Nähe zwischen den Menschen, zwischen Erwachsenen und Jugendlichen und innerhalb der Generationen; die Jugendlichen haben einen großen Bewegungsspielraum. Anders ausgedrückt: Das Leben ist ganzheitlich und freiheitlich.

Genau das Gegenteil ist in unserer hochentwickelten und hochtechnisierten Gesellschaft der Fall. Es gibt nur kurze Zeiten im Leben von

Eltern und Kindern, in denen beide wirkliche Nähe erleben können. Sie sind selten «richtig» beieinander und kommen deshalb schwer voneinander los. Die Kinder haben immer weniger Spielräume. Denken Sie an den Verkehr auf den Straßen in der Stadt, aber auch auf dem Land. Stellen Sie sich einen städtischen Spielplatz vor. Vergleichen Sie die Möglichkeiten unserer Kinder in dieser Umgebung mit den Möglichkeiten, die wir selbst noch vor dreißig, vierzig Jahren hatten – mit unseren Spielräumen.

Für die Erwachsenen, die Eltern, ist es immer schwieriger, Orientierungen für ihr Leben zu finden. Es ist nicht mehr möglich, einen Überblick über die technisch-wissenschaftlich-politischen Entwicklungen unserer Welt zu gewinnen und dann noch Konsequenzen daraus für das eigene Leben zu ziehen. Immer mehr davon wird deshalb abgespalten, tabuisiert und durch wissenschaftliche Erklärungen gebannt. Es ist verständlich, daß Ängste entstehen, wenn die Jugendlichen neue Lebensräume für sich erschließen, die die Eltern bereits abgespalten, vergessen, verdrängt, übersehen hatten.

Konkretes Beispiel: Ein junges Mädchen (18 Jahre) will sich (sagen wir zusammen mit einer Freundin) als Tramperin einen Teil der Welt anschauen. Die Eltern sind entsetzt: Wo doch so viele «böse Menschen» auf der Welt herumlaufen! Das ist doch geradezu eine Herausforderung, wenn die beiden Mädchen dann auch noch auf diese «bösen» Menschen angewiesen sind! Der Vorschlag der Eltern dagegen: Die beiden sollen einen Ferienjob annehmen, bis sie genügend Geld beisammen haben, um sich eine «Interrail»-Karte zu leisten. Das würde die Gefahr zwar noch nicht beseitigen, aber doch mindern. Denn dann könnten sie planen, wo sie übernachten. Stünden nicht am Ende ohne Geld und ohne Bett da usw.

Alles verständliche Regungen und Erwägungen der Eltern. Auch mir bleibt das Herz stehen, wenn ich daran denke, was den beiden Mädchen alles zustoßen könnte. Was die Eltern aber nicht mehr wissen, ist: Wieviel Entgegenkommen, Menschlichkeit und Freundlichkeit es überall auf der Welt noch gibt! Wieviel mehr man/frau davon erfährt, wenn er/sie nicht mit Neckermann durch die Welt reist, sondern «auf Schusters Rappen» oder per Autostop oder per Fahrrad oder auf andere «abenteuerliche» Weise. Was da alles «passieren» kann! Negativ in den Phantasien der Eltern über den von ihnen längst ausgeklammerten Lebensbereich. Positiv in den Augen der Jugendlichen, die noch «offen» sind für neue Lebensbereiche.

Zurück zu meiner Behauptung, Kinder und Eltern seien nie richtig beieinander gewesen. Tatsächlich sind Trennung bzw. Getrenntheit kennzeichnend für unsere moderne, technisierte Gesellschaft. Im einzelnen Lebenslauf geht es normalerweise im Krankenhaus los (vgl. Kapitel 3), wo die Säuglinge nur (im Glücksfall) zum Stillen ins Zimmer der Mutter gebracht werden. Zu Hause finden sie Kinderzimmer vor. Dann kommt der Kindergarten. Dann die Schule. Aber je höher sie in der Schule aufsteigen, desto weniger hat das Gelernte mit Leben und Praxis zu tun, desto weniger mit der Seele. Jetzt wird die Technik des «Schluck und Spuck» erlernt. Wer das nicht kann, wird scheitern. Die Eltern können jetzt kaum noch folgen: 1. als Generation, weil die heutige Elterngeneration häufig eine geringere Schulausbildung hatte als die Generation ihrer Kinder, 2. weil sie der fortschreitenden Technik und Informationsflut hilfloser als ihre Kinder gegenüberstehen. Der Sohn lernt in der Schule den Umgang mit Software und Hardware, wovon der Vater keine Ahnung hat. Darüber sind dann auch keine Gespräche möglich.

Die Eltern arbeiten tagsüber an verschiedenen Orten. Keiner in der Familie hat eine Vorstellung, was der andere macht und wie es ihm dabei geht. Gut, man kann sich erzählen. Aber da kommt das nächste Problem. Das klappt auch immer weniger. Einerseits weil es immer weniger geübt wird, andererseits weil immer weniger Raum dafür da ist. Am Abend ist die Familie häufig nur noch durch das Fernsehprogramm vereinigt.

Nicht einmal bei der eigenen Familie wissen wir so genau, was bei jedem läuft, wie er (sie) den Tag verbringt, welche Freuden, welche Nöte sie (ihn) bewegen. Wieviel weniger wissen wir von anderen Familien, Nachbarn etc., ihren Freuden und Nöten, ihren Meinungen und ihrer Art zu leben! Wenn schon jemand sich auf alte Gebräuche besinnt (und das sind hervorzuhebende Höhepunkte des Austausches in unserer Welt), um ein Dorffest oder ein Stadtteilfest zu veranstalten, dann ist das meist nur mit sehr viel Alkohol möglich, weil wir dann etwas ungehemmter sind. Ohne den Alkohol würden wir soviel Nähe nur schwer aushalten.

Nicht als «verklärte» Gegengesellschaft, sondern nur als Gegenbild zur Veranschaulichung: die bäuerliche Großfamilie, wie sie auch mancherorts heute noch existiert. Sie kennt nicht die totale Arbeitsteilung der modernen Industriegesellschaft und dadurch auch nicht die Vereinzelung der Menschen. Auf dem Hof leben die Menschen eng und konkret zusammen (auch mit den Kindern). Jeder weiß vom anderen, was er macht. Meist arbeiten die Familienmitglieder in Sicht- und Hörweite miteinander, entweder auf dem Acker oder zum Beispiel beim Heuen auf der Wiese.

Die anderen Familien sind auf ihrem Acker oder ihrer Wiese zu sehen, wie sie dieselben Arbeiten verrichten. Man unterhält sich bei Arbeitspausen über die Zeitläufe, die gemeinsamen Arbeitsbedingungen, die Vorkommnisse in den Familien, das Wetter. Man weiß voneinander. Wenn ein Fremder auftaucht, wird das beachtet, beschäftigt die Gemüter, man will mehr von ihm wissen, ihn in die eigene Welt integrieren, vertraut werden.

Das genaue Gegenteil von dem, was in den modernen Großstädten zu beobachten ist, die die Isolierung der Menschen untereinander, der Familien untereinander auf die Spitze treiben. Wen nimmt es da noch wunder, wenn Jugendliche in der Pubertät und als junge Erwachsene nicht glauben, daß sie das, was sich bei ihnen abspielt, was sie in ihrer Umbruchsituation erleben, den andern und insbesondere den Erwachsenen mitteilen können? Es ist ein häufiges Leiden der Eltern während und nach der Pubertätszeit ihrer Kinder, daß sie nichts von ihren Kindern erfahren, immer wieder beklagen sie, daß die Jugendlichen alles mit sich selber ausmachen, daß sie nichts erzählen (vgl. Fallgeschichte S. 89f) und die Eltern dann unter Umständen um so ratloser vor überraschenden Taten oder Entschlüssen stehen!

Fritz Riemann (1975) faßt alle diese Phänomene unter dem Begriff «schizoides Verhalten» oder «schizoide Verhältnisse» zusammen. Er übernimmt diesen Begriff aus seiner psychiatrischen Praxis. Er zeigt auf, wie seine schizoiden Patienten einige Symptome in extremer Form und gebündelt aufweisen, die bei genauerem Hinsehen in unserer Gesellschaft «normal» sind.

Wörtlich heißt «schizoid» gespalten oder getrennt, das sind genau die Phänomene, die ich oben als gesellschaftstypische und zeittypische Phänomene aufgezeigt habe: die Trennung der Lebensbereiche, ganz generell die Trennung von Arbeiten und Leben, zwischen den Familien, zwischen den Menschen in der Familie, die ihren völlig getrennten Aufgaben nachgehen.

Hier die «normalen» Eigenschaften, die aus diesen modernen Verhältnissen hervorgehen, die Fritz Riemann bei schizoiden Patienten erlebt hat. Das psychische Hauptsymptom schizoider Patienten sind ihre *Kontaktschwierigkeiten.* «Sie fühlen sich einsam, haben keine tragende Beziehung zu einem Menschen. Viele sprechen von der Sinnlosigkeit des Lebens, von versuchtem oder geplantem Selbstmord [...] eine unbestimmte Angst gleichsam als Lebensgrundgefühl. Ein solcher Patient sagte einmal: ‹Angst ist die einzige Realität, die ich kenne!›» (Riemann 1975, S. 9)

«Bei aller Verschiedenheit der individuellen Symptomatik fallen uns immer wieder folgende Züge auf: eine ausgeprägte Egozentrik; ein Mangel an Liebesfähigkeit oder Liebesbereitschaft und eine geringe Einfühlung; ein tief verankertes Mißtrauen und eine breite Unsicherheit im mitmenschlichen Umgang [...] Angst vor mitmenschlicher Nähe [...] ihre Kontaktaufnahme und ihr sonstiger mitmenschlicher Umgang ist fast immer durch aggressive Haltungen gekennzeichnet; die werbenden, vertrauend sich öffnenden Möglichkeiten stehen ihnen kaum zur Verfügung [...].» (Riemann 1975, S. 10)

Alles bekannte Eigenschaften von «Jedermann» und «Jederfrau». Wir sind «Einzelkämpfer» oder «einsame Wölfe». Auch die Kinder kriegen es in ihren Kinderzimmern mit: Jede(r) ist auf sich selbst gestellt. Gleichzeitig bekommen sie allerdings auch mit: Ich schaffe es nicht allein. Mama muß mir helfen. Und deshalb soll sie für immer bei mir bleiben. Andere Freunde können ja dazu kommen. Aber «Mama soll nicht weggehen» wird oft als Lebensgrundgefühl bei den Kindern angelegt.

Arbeitsteilige Gesellschaft und Erwachsenwerden

Nicht, daß die meisten Menschen nicht das Aussehen von Erwachsenen hätten. Die meisten «funktionieren» auch wie Erwachsene. Viele gehen Berufen nach, heiraten, zeugen Kinder. Trotzdem werden viele im Sinne der einleitenden Definition niemals erwachsen.

Nach allem, was im vorigen Abschnitt gezeigt wurde, leben die Menschen in unserer Gesellschaft und in unserer Zeit isoliert, getrennt, fühlen sich bestenfalls als Rädchen im Getriebe. Ein wichtiger Punkt dieser Getrenntheiten ist, wie gesagt, die *Arbeitsteilung.* Arbeitsteilung heißt immer Einseitigkeit. Alle anderen Fähigkeiten und Begabungen eines Menschen bleiben unterentwickelt, ungelebt. In allen anderen Lebens-

und Arbeitsbereichen bleibt ein Mensch unserer Zeit «infantil» oder «wie ein Kind». Die meisten Menschen sind nur in einem Beruf «gut», sie können «nur» schreinern, «nur» Physik, «nur» Maschinenbau oder «nur» Buchhaltung. Selbst an sich vielseitigere Gebiete wie zum Beispiel Politik werden meistens so betrieben, daß in den wichtigen Fragen Fachleute herangezogen werden, zum Beispiel Juristen, Wirtschaftswissenschaftler, im Glücksfall Städteplaner oder Biologen. Viele Männer stellen sich im Haushalt «wie die Kinder» an, viele Frauen bei technischen Aufgaben.

In allerneuester Zeit ist durch Arbeitslosigkeit und Aussteigerbewegung wieder ein Trend zu Universalität oder Ganzheitlichkeit entstanden. Bei den einen mehr durch die Verknappung ihrer Mittel, während sie im Ausgleich dazu viel Zeit haben; bei den «Alternativen» mehr durch das Gefühl, daß die Arbeitsteilung eine Verödung des Lebens mit sich bringt, daß es sich um eine Selbstentmündigung handelt, nur handwerkliche oder nur geistige Arbeiten zu beherrschen.

Exkurs über Macht und Ohnmacht

Auf einer anderen Ebene hat Können etwas mit Macht zu tun. Arbeitsteilung kann auch heißen: ungeheuere Macht auf einem Gebiet zu besitzen und ohnmächtig auf den meisten anderen zu sein. Kein ausgewogenes Verhältnis also, schwierig für die Seele, trotzdem im Lot zu bleiben.

Auch das beginnt im Säuglingsalter. Das kleine Kind bereits erlebt sich allmächtig (jedenfalls ein geliebtes Kind, dessen Mutter auf Verlangen Brust oder Flasche reicht). Bei Unlustgefühlen reicht ein Piepserchen, um hochgenommen und getröstet zu werden. Die Mutter versuchte es mit Windeln, Wiegen und Füttern. Trotzdem waren da auch gleichzeitig Ohnmachtserlebnisse. Wenn weder Nässe noch Hunger, noch Einsamkeit das Schreien verursacht hatten, hatte das kleine Kind keine Möglichkeit, seine Wünsche mitzuteilen. Das weitere Leben kann als Prozeß angesehen werden, immer «mächtiger», seiner selbst mächtig und selbständig zu werden. Diesen Prozeß haben wir in Kapitel 3 betrachtet.

Zunächst wird die «Macht» scheinbar geringer, jedenfalls die

Macht über die Mutter. Sie geht nicht mehr und holt die Tasse, wenn das Kind dies bereits selber tun kann. Es selber tun zu können wird von den meisten Kindern als große Befriedigung erlebt.

Aber an irgendeinem Punkt der Entwicklung in unserer arbeitsteiligen, abstrakten Welt wird vielen Menschen ihre Ohnmacht in vielen Bereichen bewußt. Sie erinnern sich an ihre Säuglingszeit, dieses Allmachtsgefühl, das sie damals erlebten, als die Eltern noch die Größten waren, die alles konnten. Ich selbst konnte sie dazu bewegen, ihre Größe in meinen Dienst zu stellen, wann immer ich das wollte. Da fällt mir Susanne (26 Jahre) ein, die als junges Mädchen des öfteren von einem Spruch des Vaters schwer betroffen war: «Je älter du wirst, desto dümmer wirst du auch.» Der Vater identifizierte sich mit der relativ langsamer werdenden Entwicklung, die den jungen Menschen schwer zu schaffen machen kann. Was bei einem kleinen Kind «toll» und faszinierend gefunden wird, ist beim älteren Kind selbstverständlich; nichts Besonderes, alltäglich. – Woher soll es neue Größe gewinnen, wie die «Macht» wiedererringen?

Wer die Ohnmacht, Rädchen im Getriebe zu sein, nicht ertragen kann, der wird sich weiterhin mit Größe identifizieren. Inzwischen ist ihm klargeworden, daß die Eltern selbst keineswegs so mächtig sind, wie sie ihm als Kind erschienen. Vielmehr sind sie selbst arme Würstchen ihrer Vorgesetzten oder des Hausbesitzers etc. Es ist also günstiger, die Projektionsfiguren weit entfernt anzusiedeln, damit nicht erkennbar wird, daß ich selbst ohnmächtig bleibe, weil ich sie ohnehin nie erreichen kann. So ist zum Beispiel das große Interesse an Königin Silvia und ihrem Leben zu verstehen. So auch die Identifizierung mit Fußballvereinen – ihr Sieg ist mein Sieg –, mit dem Militär, der Partei, dem Betrieb.

Nicht nur räumlich und sozial wird verschoben, sondern auch zeitlich. «Später, wenn ich einmal groß bin», denkt ein Kind, «werde ich mächtig sein. Wenn ich einmal Vater oder Mutter bin, dann bin ich stark. Wenn ich einmal Vorgesetzter bin ... oder selbst Lehrer ...» Wenn ein junger Mensch etwas von alledem geworden ist oder sogar mehreres, zum Beispiel Vater und Vorgesetzter, merkt er, daß er doch noch nichts erreicht hat. Immer ist die Verantwortung an anderer Stelle, bei «den Politikern», der Betriebsleitung usw.; beim Bundeskanzler sind es «Sachzwänge», die NATO-Verträge, die Konjunktur etc., die ihn zwingen und gleichzeitig von der Verantwortung befreien.

Damit überträgt das Kind, der Jugendliche oder der nicht erwachsene Erwachsene seine Machtansprüche immer auf eine Person oder eine Instanz, die entfernt ist. Zunächst auf den Vater, dann auf den oder die Lehrer, später auf «Die da oben». Immer ist es eine andere Stelle, die Autorität hat, bis zum Bundeskanzler, den ich nur noch im Fernsehen sehe, und in einer letzten Steigerung bis zum lieben Gott, mit dem ich nicht einmal mehr Bildschirmkontakt habe.

In unserer gesellschaftlichen Wirklichkeit gibt es kaum noch eine «Autorität», die aus Wissen und Kompetenz entscheidet und handelt und dann auch höchstpersönlich die Verantwortung trägt. Die Hierarchien von Autorität, mit denen wir es meist zu tun haben, zeichnet auf allen Ebenen ein großes Maß an Willkür aus. Nicht der Kompetentere ist der Höhere und der Kompetenteste der Höchste, sondern derjenige, der es sich leisten kann, irrational zu handeln, rückt in der Hierarchie auf. Auch der Vater erhält seine Autorität nicht dadurch, daß er bestimmte Dinge kann und weiß, sondern weil er sich etwas traut: Daß er sich traut, nach Hause zu kommen, wann es ihm paßt, und die Mutter oder auch andere wichtige Leute anzuschnauzen. So beginnt der Kindertraum von «Superman». «Dös is a Hund» (bewundernd gemeint) ist die Volksmeinung in Bayern über Franz Josef Strauß. Der traut sich, Gesetze zu biegen und sich durchzusetzen.

Die Autorität vom Erwachsenen besteht darin, daß er kindisch sein kann und nicht mit Strafe rechnen muß, sondern Anerkennung erhält.

Die Identifizierung mit den Mächtigen bringt dem einzelnen keinen materiellen und keinen geistig-seelischen Gewinn, außer diesem Gefühl der Größe, der Macht. Im Gegenteil, diesem Gefühl der Größe wird ohne weiteres das eigene Interesse, der eigene Nutzen geopfert. So hörte ich einen leitenden Angestellten auf der unteren Ebene der Firma Siemens erläutern, warum «wir» (das heißt die Firma Siemens) demnächst Leute kurzfristig entlassen müssen, weil «uns» ein zu großer Arbeits- und Angestelltenstab mit langer Kündigungsfrist in der heutigen Zeit nicht nützlich ist. Lieber lassen «wir» Überstunden machen, wenn die Aufträge da sind, und legen dann wieder Kurzarbeit ein.

Der so sprach, war selbst Mitte fünfzig, im kritischen Alter. Seine Gesundheit war nicht die beste. Er gehörte nach seinen eigenen Ausführungen ganz eindeutig zu dem abzubauenden Mitarbeiterstab, identifizierte sich aber gegen die eigenen Interessen mit der Firma.

Ein weiteres Beispiel «aus dem Leben»: Als Buchhändlerin war ich einige Jahre in der größten Buchhandlung Münchens beschäftigt. In der Vorweihnachtszeit, wenn den ganzen Tag über Menschenschlangen an allen Kassen anstanden, wurde abends das Zusammenzählen des Kassenbestandes in einer Art Ritus öffentlich vorgenommen. Die Kollegen, die sich auf den Nachhauseweg vorbereiteten, versammelten sich noch kurz bei der Kasse, um das Ergebnis zu hören, und es gab begeisterte Zurufe, wenn der Betrag erheblich war. «Wir», Teil einer großen, berühmten, starken, weiter und weiter expandierenden Firma... Unser Weihnachtsgeld stand freilich fest und wurde nicht durch höhere Einnahmen beeinflußt und verbessert. Aber das stolze Gefühl, an der Expansion der Buchhandlung teilzuhaben, ließ uns darüber hinwegsehen, daß unser Gehalt nicht so üppig war wie das vieler Kunden, die sich teuerste Kunstbände leisteten und stapelweise Nachhilfebücher für ihre Kinder.

Was im kleinen die Firma ist, ist im großen zum Beispiel der Nationalstaat, mit dem ich mich identifiziere. In besonders pervertierter Form kann es die «Rasse» sein wie im Dritten Reich.

Kapitalistisches System und Infantilität der Erwachsenen

Unsere Gesellschaft ist nicht nur eine arbeitsteilige Gesellschaft, in der der einzelne wenig Überblick und wenig tatsächliche Macht besitzt. Unsere Gesellschaft ist auch eine Profitgesellschaft. Die Menschen in ihr sind gegen ihre eigenen Interessen ausbeutbar und identifizieren sich mit Mächtigen. Jedes Herrschaftssystem funktioniert gut, wenn die Beherrschten sich für die Interessen der Herrschenden abrackern und sie für ihre eigenen halten. In unserem System kommt hinzu, daß das kapitalistische Wirtschaftssystem vom Ohnmachtsgefühl der Konsumenten lebt. Wer Statussymbole braucht, um sich mächtig und groß zu fühlen, wer schnelle Flitzer fährt wie die Großen dieser Welt, Kleider trägt wie eine Prinzessin und sich dafür in Schulden stürzt, ist genau der Staatsbürger, den das System braucht: der abhängige Bürger, der kuscht und jede Art von Arbeit nimmt (und am Arbeitsplatz kuschen muß, um ihn zu behalten), um seine Schulden zu bezahlen und weiter konsumieren zu können.

Der nicht erwachsene Mächtig-Ohnmächtige kann auch die Realität nicht sehen, geschweige denn sich an ihr orientieren. Er wird dazu neigen, Feindbilder zu entwickeln. Wer vermeidet, sein Leben selbst in die Hand zu nehmen und Dinge real anzupacken, sondern sich auf «die Firma» oder «die Regierung» oder den lieben Gott verläßt, braucht auch Gegenprojektionen oder Feindbilder wie den Teufel, die Chaoten und den Kommunismus, die seine Helden daran hindern, wie Superman zu agieren. Statt differenzierter Urteile gibt es verschiedene Brillen: So sind russische Atomkraftwerke schlecht und böse, das haben wir im Frühjahr 1986 erfahren. Deutsche Kernkraftwerke dagegen sind «was ganz anderes».

Auch das liegt im Interesse der Herrschenden: Feinde sind bekanntlich Blitzableiter: Sie lenken ab vom Versagen des eigenen Systems. Davon, daß die Profitsucht es inzwischen beinahe geschafft hat, die Welt zu zerstören.

Immer wieder sind wir bei den Beispielen darauf gestoßen, daß Leute gegen ihre eigenen Interessen handeln, nur um sich mächtig zu fühlen. Offensichtlich ist die reale Ohnmacht in so vielen Bereichen – wie sie letzten Endes mit der Arbeitsteilung eingezogen ist und noch fortschreitet – schwer zu ertragen. Viele Menschen scheinen sich von der Realität abzuspalten oder sie auszublenden und bewegen sich lieber in einer irrealen Sphäre. Es geht um «Macht» und um «Ehre», um die Abwendung von «Schande», also um abstrakte Werte, nicht um den realen Verlust oder realen Gewinn oder Nutzen.

Ein erwachsener Mensch (für mich ein «realistischer» Mensch) sieht die Realität – soviel er von ihr erfassen kann – und versucht, in und mit ihr zu leben, das heißt, ihr gerecht zu werden. Er fühlt sich behindert, wenn er tatsächlich behindert ist, zum Beispiel wenn er sich mit unnötigen Vorschriften aller Art auseinandersetzen muß, bevor er allgemein nützliche und sinnvolle Dinge tun kann. Ein nicht realistischer, also nicht erwachsener Mensch wird am «sozialen Abstieg» leiden, wenn er arbeitslos wird. Ein realistischer Mensch am fehlenden Geld und dem realen Anlaß, der ihn arbeitslos gemacht hat. Er wird jedoch versuchen, die Zeit, die er jetzt hat, für nützliche Dinge zu nutzen.

Offenbar bereitet es große Schwierigkeiten, sich in unserer Gesellschaft zu orientieren. Alles ändert sich in rasendem Tempo, die Traditionen haben keine Gültigkeit mehr. Für die Mutter in dem russischen Volkslied war es möglich, sich plötzlich gegen ihre anfänglich bekundeten Ziele zu verhalten, «denn es ist der Brauch». Dieses Bewußtsein gibt ihr den Halt und die notwendige Kraft. Sie wird damit fertig werden, daß sie ihre Tochter verliert.

Damit kommen wir auf die Ablösung im engeren Sinne zurück. Auch diese wird (vgl. Kapitel 7) in unserer Gesellschaft erschwert und nicht gefördert. Die familienähnlichen Sozialstrukturen bringen die Menschen dazu, die Verantwortung den jeweiligen Papas oder Mamas zu überlassen. Auch das ist erwünscht und nützlich für das System.

Daß jeder an seine Herkunftsfamilie gefesselt bleibt, ob er das möchte oder nicht, ist in der Gesetzgebung festgeschrieben.

Die CSU beruft sich dabei auf das «Subsidiaritätsprinzip» der katholischen Soziallehre. In unserer tagtäglichen Wirklichkeit kommt es drastisch zum Ausdruck, wenn ein vierzig-oder fünfzigjähriger Arbeitsloser auf seine Eltern verwiesen wird, wenn er länger als ein halbes Jahr arbeitslos ist und Arbeitslosenhilfe beantragen muß. Aber auch ein junger Mensch, der seine Energie auf die Selbständigkeit und die Ablösung ausrichten möchte, wird in diesem Bestreben zurückgeworfen, wenn BAföG ihn wieder an die Familie anbindet.

Trotzdem: Erwachsensein

Die Eigenschaften, die in der Einleitung dem Erwachsenen zugeschrieben wurden – an sich schon hohe Ziele –, sind unter Bedingungen unserer Gesellschaft schwer zu erlangen. Selbst die Ablösung von der Herkunftsfamilie wird, wie wir gesehen haben, von der Gesellschaft keineswegs unterstützt. Nein, Erwachsenwerden ist nicht unmöglich geworden, aber es ist ein harter und unbequemer Weg. Dem Ablösungsvorgang der Jugendlichen haftet in unserer Gesellschaft immer etwas Krisenhaftes an. Genau dieses Krisenhafte ist für die Eltern besonders erschreckend.

Aber wo Dinge nicht mehr allmählich fließend ineinander übergehen, wie es bei Naturvölkern oder traditionalistischen Gesellschaften der Fall ist, bedarf es einer Krise, um etwas Neues entstehen zu lassen.

Auch die Spaltungen, Trennungen, Risse unseres modernen Lebens enthalten, wie die Krisen, eine Chance. Die Isolierung der Menschen, jeder für sich, alle gegen alle, «schizoides in der Welt sein», wie Fritz Riemann das nennt, kann zu einer erhöhten Verantwortlichkeit führen:

Jeder einsame Wolf hat ein Gefühl, als hänge alles ganz von ihm alleine ab, als trage er die ganze Welt auf seinen Schultern, wie Atlas das der Sage nach tat.

Diese Einsamkeit aushalten zu können ist etwas, was wir erst lernen müssen. Vielleicht ist es der nächste Lernschritt, sich mit anderen zusammentun zu können, um gemeinsam gemeinsame Interessen zu vertreten.

Ein schwieriger Punkt ist sicher, daß Erwachsensein in unserer Gesellschaft Widersprüchliches bedeutet. Es erfordert ein großes Maß an *Bescheidenheit*, um mit der Ohnmacht leben zu können. Es heißt aber gleichzeitig *Unbescheidenheit*. Denn die volle Verantwortung zu tragen, die Welt auf seinen Schultern zu tragen, bedeutet auch, daß ich mich dafür genauso kompetent fühle, wie sich das die Mächtigsten dieser Welt anmaßen.

«Die Großen sind nur groß, solange wir vor ihnen auf den Knien liegen», las ich in Dublin auf dem Sockel eines Denkmals für einen Befreier aus dem Volk, Jim Laskin (1876-1947), «stehen wir auf!»

Widerstand und Entscheidung

Gerade weil es schwieriger als je zuvor in irgendeiner Gesellschaft geworden ist, erwachsen zu werden, ist es auch mit einer «Krise» beim Auszug aus dem Elternhaus und der Verselbständigung von den Eltern nicht getan. Es genügt nicht, sich selbst ernähren zu können und eine eigene Bleibe zu haben, obwohl das schon schwer genug und, wie gesagt, eine wichtige Voraussetzung ist.

Aber wenn der Prozeß des Erwachsenwerdens aufhört, drückt sich das häufig darin aus, daß Menschen mit vierzig oder fünfzig Jahren noch Jungengesichter über Bierbäuchen haben.

Ich glaube, daß mehrere «Krisen» im Leben notwendig sind, um die Realität begreifen und die Verantwortung tragen zu lernen. Und ich glaube, daß dieser Prozeß nicht nur bei Jugendlichen, sondern auch im späteren Leben etwas mit Widerstand und etwas mit Entscheidung zu tun hat.

Es ist wieder und wieder notwendig, sich als selbstverantwortlich und erwachsen darzustellen und zu beweisen, das heißt, sich aufzubäumen und auch: klare Stellung zu beziehen. Auch gegen unsinnige Anordnungen von Institutionen gilt es sich aufzulehnen. Oft scheinen Einrichtungen wie dafür geschaffen, um das Kindbleiben der Menschen zu verlängern oder zu verankern. Ich denke zum Beispiel an unnötige Wartezeiten bei Ämtern oder in Wartezimmern von Ärzten.

Natürlich darf Widerstand nicht in Trotz umschlagen und sich nicht verselbständigen. Auch Widerstand kann sich gegen die eigenen Interessen auswirken. Erwachsensein heißt auch: mit den eigenen Lebensenergien haushalten lernen.

Das heißt: sich zu ent-scheiden. Scheiden vom Müll der vergangenen Lebensstufe, um die nächste Stufe ohne Ballast erklimmen zu können, sich ablösen von Verkrustungen, die beim Weitergehen behindern.

Gäste kamen durchs Hoftor...
Kind, Kindchen hör mich an...
du mit dein'm Gesicht, nie und nimmer geb ich dich
weg an einen Mann...
Ach Mutter, ach Mama, seht nur seht, sie sind gekommen
Werber sind sie und ich bin die Braut...
Kind, Kindchen, ja, mein Kind, geh und nimm den Segen,
denn das ist der Brauch...

(Aus einem russischen Volkslied, übersetzt von Wolf Biermann)

9 Statt eines Nachworts

Liebe Mascha,
Du schreibst, wie sehr es Dich kränkt, daß Deine jüngere Tochter Verena, knapp 17 Jahre jung, kaum ausgezogen, nichts mehr «von Dir wissen will». Und das, wo Du gerade zu ihr ein so zärtliches, auch körperlich enges Verhältnis hattest. Du schreibst, daß Du Dich dadurch vor eine Frage gestellt siehst. Es kommt Dir so vor, als hättest Du alles falsch gemacht mit Verena, sonst hätte es nie so weit kommen können. Ach Mascha, glaub doch nicht, daß Du allein dastehst mit diesem Kummer. Gut, auf Dich kam diese Erleben besonders früh und plötzlich und daher unerwartet zu. Auch Verena war nicht in gleicher Weise vorbereitet wie ein junger Mensch, der allmählich über Jahre, meist während der Ausbildung, der Lehre oder des Studiums dem Elternhaus entwächst, bevor er auszieht. Und manchmal gelingt es ihm während dieser relativ langen Periode, Formen zu entwickeln, die weniger kränkend sind, als Verena das jetzt fertig bringt. Sie ist doch schlicht überwältigt von der Möglichkeit der Selbständigkeit in der Jugendwohngemeinschaft, es ist fast wie ein Rausch, daß es ohne Dich geht.
Ich habe mich inzwischen zu der Einsicht durchgerungen, daß wir El-

tern traurig sein dürfen, ja müssen, wenn uns unsere Kinder nach 16 oder zwanzig Jahren verlassen. Mag sein, daß wir sie bewußt oder unbewußt damals gewollt haben, um endlich jemanden zu haben, der uns wirklich braucht. Darum werden wir gleichzeitig mit der Trauer auch Enttäuschung verspüren, wenn wir sehen, daß die Kinder uns nicht mehr brauchen. Du glaubst, daß für Dich noch gar kein neuer Platz vorgesehen ist, nachdem Du von Deinem bisherigen als wichtigste Person für Verena verstoßen wurdest. Du kannst ruhig sein, Mascha, ich kenne Dich und Verena, Du wirst wieder einen «guten Platz» bei ihr bekommen, wenn es soweit ist. Sie will «nichts mehr von Dir wissen», weil sie schon soviel von Dir erfahren hat, bisher die Welt durch Deine Augen gesehen hat. Jetzt möchte sie sich mit ihren eigenen Augen umschauen. Aber es ist Dein gutes Recht, großen Schmerz und tiefe Trauer zu empfinden, weil du Verena verloren hast. Ich glaube, daß es sogar gut und wichtig für Euch beide und Euer künftiges, neues Verhältnis ist, wenn Du diesen Schmerz fühlst, akzeptierst und durchleidest. Dadurch könnt Ihr das alte Mutter-Kind-Verhältnis endgültig hinter Euch lassen.

Auch daß Du alles falsch gemacht hast, stimmt, ist richtig, muß so sein. Unsere Söhne und Töchter müssen uns als fehlbare Menschen erkennen, um selbständig zu werden. Jede menschliche Entscheidung ist fragwürdig. Sie hätte auch anders ausfallen können. Sie hätte anders ausfallen müssen, meinen unsere gescheiten, urteilsfähig gewordenen Kinder über viele Entscheidungen der Vergangenheit.

Ich persönlich empfinde beim Abschied von meiner Tochter die Zeit des Überganges besonders schwierig. Wir sind noch nicht völlig getrennt, sie und ich. Ich bin noch in vieler Hinsicht verantwortlich für sie. Mir erscheint das wie eine Gratwanderung: Wo ist sie tatsächlich noch auf meine Hilfestellung angewiesen, wo fehlt es mir an Vertrauen? Sie selbst ist überempfindlich geworden, was ihre Selbständigkeit anlangt. Mir scheint es so, als entspreche ihr Anspruch nicht immer ihrer Verantwortungsfähigkeit.

Dazwischen liegen auch für mich immer wieder Gekränktheit und der wichtige «Lernprozeß»: Ich lerne mehr und mehr, zu mir zu stehen. So bin ich bis heute geworden. Und ich konnte meine Aufgabe als Mutter im großen und ganzen nur als die Person erfüllen, die ich jeweils war. Und ich lerne dadurch auch mehr und mehr, andere Personen so zu akzeptieren, wie sie bis zum heutigen Tag geworden sind. Unter anderem meine Tochter. Ich lerne, sie nicht mehr zu bekritteln und an ihr herumzubiegen. Ich lerne, die «Überheblichkeit» ihrer 17 Jahre zu verkraften.

Ich weiß nicht, ob ich Dir Tröstliches sagen konnte, liebe Mascha. Ich hoffe, wir sehen uns bald und können über alles reden. Ich umarme Dich.

Lisa

Literatur

BENEDICT, RUTH: Urformen der Kultur, Hamburg 1955

BETTELHEIM, BRUNO: Die symbolischen Wunden, München 1973

BETTELHEIM, BRUNO: Kinder der Zukunft, Eschborn 1985

BLOS, PETER: Adoleszenz, Stuttgart 1983

BREIDENSTEIN, GERHARD: Unser Haus brennt, Reinbek 1982

COOPER, DAVID: Der Tod der Familie, Reinbek 1972

DEUTSCHES JUGENDINSTITUT (HG.): Immer diese Jugend, München 1985

DUFOYER, PIERRE: Dein Mädchen in der Reifungszeit, Frankfurt 1954

ELL, ERNST: Flegelalter, Tübingen-München 1973

EREL, SHLOMO: Aus dem Tagebuch eines Kibbuz-Sekretärs, Gerlingen 1979

ERIKSON, ERIK H.: Jugend und Krise, Frankfurt-Berlin-Wien 1981

FREUD, ANNA, DOROTHY BURLINGHAM: Heimatlose Kinder, Frankfurt 1982

FROMM, ERICH: Die Bedeutung der Mutterrechtstheorie für die Gegenwart, 1970, in: Analytische Sozialpsychologie und Gesellschaftstheorie, Frankfurt/M. 1971

HALPERN, HOWARD: Abschied von den Eltern, Hamburg 1981

HARNER, MICHAEL J.: The Jivaro – People of the Sacred Waterfalls, USA 1972

HEINZEN, GEORG, KOCH, UWE: Von der Nutzlosigkeit erwachsen zu werden, Reinbek 1986

HUMANIVERSITY PRESS. AUGUST 1986. Egmond aan Zee 1986

LEBOYER, FRÉDÉRICK: Geburt ohne Gewalt, München 1981

LITTEN, MARGOT Vom Abschied. Frankfurt 1987

MALINOWSKI, BRONISLAW: Geschlecht und Verdrängung in primitiven Gesellschaften, Hamburg 1962

MEAD, MARGARET: Jugend und Sexualität in primitiven Gesellschaften, Bd. 3, Geschlecht und Temperament in der primitiven Gesellschaft, München 1970

MILLER, ALICE Du sollst nicht merken. Frankfurt 1980

NEILL, A. S.: Theorie und Praxis der antiautoritären Erziehung, Reinbek 1968

RENTMEISTER, CILLIE: Frauenwelten – Männerwelten, Leverkusen 1985

RIEMANN, FRITZ: Die schizoide Gesellschaft, München 1975

RITTER, PAUL UND JEAN: Freie Kindererziehung, Reinbek 1972

RUSH, FLORENCE: Das bestgehütete Geheimnis, Berlin 1982

SCHIELE, ECKART: Probleme kollektiver Sozialisation, Berlin 1982

SCHULZE, HELMUT: Nesthocker Mensch, Stuttgart 1977

SHELL-STUDIE Jugend 81. Hamburg 1981

Spitz, René Vom Säugling zum Kleinkind, Stuttgart 1969

Stierlin, Helma: Eltern und Kinder. Das Drama von Trennung und Versöhnung im Jugendalter, Frankfurt/M. 1980

Troeller, Gordian: Verschult und verschaukelt, Bremen 1986

Mit Kindern leben

Dr. Donald H. McKnew/Dr. Leon Cytryn/
Herbert Yahraes
Warum kann Michael nicht weinen?
Depressionen bei Kindern (7934)

Napier/Whitaker
Die Bergers
Beispiel einer erfolgreichen
Familientherapie (7652)

Paul und Jean Ritter
Freie Kindererziehung in der Familie
Selbstbestimmung als Erziehungsprinzip
– ein mutiges Experiment (7162)

Ewa Rossberg
Einzelkinder (7452)

Sorosky/Baran/Pannor
Adoption
Zueinander kommen – miteinander leben.
Eltern und Kinder erzählen (7483)

The Boston Women's Health Book
Collective
Unsere Kinder – Unser Leben
Ein Handbuch von Eltern für Eltern
(7441)

Mit Kindern leben rororo

C 2181/2d

Arbeitsgruppe am Max-Planck-Institut für Bildungsforschung
Das Bildungswesen in der Bundesrepublik Deutschland
Ein Überblick für Eltern, Lehrer, Schüler (7832)

Sophie Behr/Helga Häsing
„Ich erziehe allein"
Problemlösungen und Ermunterungen für die Erziehung ohne Partner (7373)

Paulo Freire
Pädagogik der Unterdrückten
Bildung als Praxis der Freiheit (6830)

Thomas Gordon
Lehrer-Schüler-Konferenz
Wie man Konflikte in der Schule löst (7399)

Jürg Jegge
Dummheit ist lernbar
Erfahrungen mit «Schulversagern» (7680)

K. Klemm/H.-G. Rolff/K.-J. Tillmann
Bildung für das Jahr 2000
Bilanz der Reform, Zukunft der Schule (7942)

Dorothea Kraus/Jobst Kraus
Christel Scheilke/Christoph Scheilke
Jugendlexikon Erziehung
(handbuch 6202)

Alexander Sutherland Neill
Das Prinzip Summerhill: Fragen und Antworten
Argumente, Erfahrungen, Ratschläge (6690)

rororo

C 2284/1